やわらかアカデミズム
・〈わかる〉シリーズ

新版
よくわかる
子ども家庭福祉
第2版

吉田幸恵/山縣文治
|編著|

ミネルヴァ書房

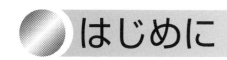
はじめに

　子ども家庭福祉のあり方は国内外の事情により大きく変化し続けており，その傾向は1990年代以降，いっそう強くなっています。

　わが国の子ども家庭福祉に最も大きな影響を与えた国際的な動向は，1989年に国際連合により採択された「児童の権利に関する条約」です。1994年にわが国でもこれに批准し，子どもにも大人と同じく人権があり，子どもは権利の主体であるという認識が広がりました。2016年には，わが国の子ども家庭福祉の中心的な法律である「児童福祉法」の改正において，その理念を示す第1条に「児童の権利に関する条約の精神にのつとり」という文言が加えられ，子ども家庭福祉が子どもの権利のためにあることが明確になりました。さらに2022年には，子どもの権利擁護に関する基本理念を定めた「こども基本法」が成立するとともに，2023年4月から内閣府に「こども家庭庁」が設置されました。これにより，子どもの権利擁護の取り組みは，今後より充実していくことが期待されます。

　一方，国内の動向に最も大きな影響を与えたのが，1990年代に開始された社会福祉基礎構造改革です。この改革では，社会福祉を提供する側の立場でつくられた基本的な枠組みを，利用する側，つまり子どもや家族の立場を重視して組み替えました。そして，このような新しい福祉のあり方を，本書で従来使用されてきた「児童福祉」と区別して，「子ども家庭福祉」と呼んでいます。

　本書は，初めて子ども家庭福祉を学ぶ人のためにつくりました。子ども家庭福祉の全体を学んでもらうというよりも，学習のポイントとなる項目を取り出し，それをわかりやすく説明するという方法をとっています。しかしながら，全体を読むと，子ども家庭福祉の大枠が理解できるように工夫しました。なお，今回は「新版」の第2版として，近年の社会の変化や政策動向等をふまえ，より新しい子ども家庭福祉を学べるよう，目次も含めて改訂しました。

　なお，本書では，法律や制度等の名称を正確に記載するようにしていますが，その名称に「子供」「子ども」「こども」を含むものがあります。これらはすべて同じ意味を示す言葉ですが，表記の方法が様々であるため，少々混乱してしまうかもしれません。法律や制度等において，表記「子供」「子ども」「こども」のどれを採用するかについては，法律や制度等の原案を作成する各省庁等の考えが反映されています。2023年度に発足，施行する「こども家庭庁」や「こども基本法」については，すべて平仮名にした表記となっていますが，当事者で

ある「こども」にもわかりやすく示し，支援からこぼれないようにするという内閣府による意図が込められています。一方，文部科学省は，公用文書には常用漢字である「子供」を使用することで統一してきました。また，「子ども」という表記については，子どもは権利の主体であるという新しい子ども観を象徴する言葉として使用されてきた経緯があります。

　子ども家庭福祉を学ぶ上では，どの表記が正しいかという視点ではなく，各表記には意味や意図があること，それらの理由や背景を理解しておくことが大切です。

　本書では，法律や制度等の固有名称以外の文章においては，権利の主体であるという意味が込められた「子ども」という表記を採用しています。また，「子ども」を意味する言葉には，「児童」「幼児」「少年」「未成年」など多数存在します。この点については，本書でも「Ⅱ-1　子どもとは何か」で解説しています。読んで学びを深めましょう。

　子ども家庭福祉が取り組むべき問題には，「子ども虐待」や「子どもの貧困」などさまざまあり，子どもを取り巻く社会の状況は未だに厳しいです。すべての子どもの人権が尊重され，健やかに生まれ育つ環境を整えることは，社会を健全に維持することにつながります。本書が，皆さんの興味や関心を広げ，子ども家庭福祉を学ぶ意欲を高めるきっかけになれば，執筆者一同幸せです。

　　2023年1月

吉田幸恵
山縣文治

もくじ

IX さまざまな状況にある子どもを 支える子ども家庭福祉の実際

SERIES
ya

やわらかアカデミズム・〈わかる〉シリーズ

新版
よくわかる
子ども家庭福祉
第2版

少子高齢社会の姿と子どもの育ち

 少子高齢社会の姿

○少子高齢社会を示す指標

　出生数や死亡数などの人口動態，年齢ごとの人口，人口構造などは，その時代の社会の活力のみならず，将来を推測する重要な指標です。

　現在，日本では，少子高齢化が進んでいます。少子高齢社会は，少子化と高齢化が同時に進行する社会のことをいいます。少子高齢社会の特徴は，少子社会を示す指標，高齢社会を示す指標，人口構造全体を示す指標，の大きく3つであらわすことができます。少子社会を示す指標には，出生数，**合計特殊出生率**[1]，年少人口指数，高齢社会を示す指標には，平均寿命，高齢化率，老年人口指数，社会全体の状況を示す指標には，人口ピラミッド，従属人口指数，老年化指数などがあります。

○少子社会の姿

　厚生労働省の発表によると，年間出生数は第2次ベビーブーム以降，ほぼ一貫して減少し続け，2021年には約81万人となり，統計の残る1899年以降で最低値となりました（図Ⅰ-1）。2005年には，出生数と死亡数が逆転し，その後その差は拡大し続け，2021年には約63万人となりました。

▷1　合計特殊出生率
一人の女性が一生（15〜49歳）の間に産む子どもの数。

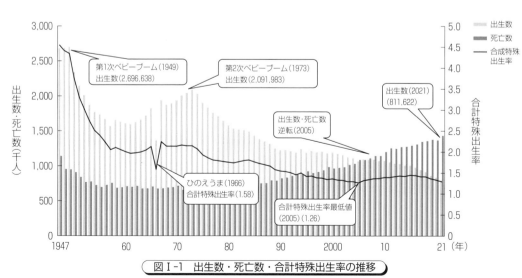

図Ⅰ-1　出生数・死亡数・合計特殊出生率の推移

出所：厚生労働省（2022）「令和3年度人口動態統計調査」より筆者作成。

一方，合計特殊出生率は，2005年の1.26を底に，その後やや回復基調にありましたが，2015年の1.45をピークに再び低下し，2021年には1.30となっています。これは，**人口置換水準**^{▶2}の2.07を大きく下回っており，日本は，今，長期的な人口減少局面に入っています。

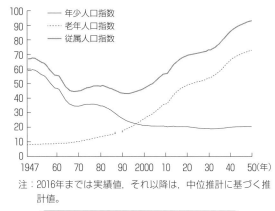

注：2016年までは実績値，それ以降は，中位推計に基づく推計値。

図Ⅰ-2　人口3区分に基づく指数の推移

出所：社会保障・人口問題研究所（2017）「日本の将来推計人口（平成29年度推計）」より筆者作成。

1970年から1975年頃の間に生まれた人たちのことを，第2次ベビーブーム（団塊ジュニア）世代といいます。この世代はすでに50歳前後となっています。現在出産の時期を迎えているのは，それよりさらに20年程度後に生まれ，出生数が120万人程度であった，1990年前後生まれです。その半数が女性であるとすると，60万人しか存在しておらず，少しくらい合計特殊出生率が上昇しても，出生数の減少が続き，総人口は減少することになるのです。

○少子高齢社会の姿

少子化と高齢化を絡めてみると，日本はどのような姿になっているのでしょうか（図Ⅰ-2）。**人口3区分**^{▶3}をもとにいくつか考えてみましょう。

年少人口指数が急激に低下し始めるのは1950年頃からです。それまで60程度であった指数が，2000年頃までの50年間に，3分の1となる20台になります。その後横ばいを続け，将来推計でも，この水準が維持されるとされています。

一方，老年人口指数は，長く10程度であったものが，1970年頃から上昇し始め，現在では50台となっています。これは，今後も上昇し続け，30年後の2050年には70台になると推計されています。

従属人口指数は，1990年代から上昇し始めていますが，その中身は，老年人口の増加によるものです。従属人口指数自体は，1960年頃までも5割を超えていましたが，当時は年少人口中心の従属人口であり，現在とはその中身が異なることがわかります。

従属人口とは生産活動よりも，社会サービスを含め消費活動の方が多い世代，生産年齢人口はその逆の世代ということです。日本は，生産年齢人口世代に社会を維持していくための負担が重くのしかかっているということであり，かつ，当面この状況がさらに深刻化していくと推測されます。

② 少子化を促進している要因

高齢化は，保健・医学的要因によりその多くを説明できますが，少子化は極めて社会的な問題であり，夫婦あるいは個人の選択的要因も影響しています。このような少子化の要因は，大きく3つに分けてとらえることができます。

▶2　人口置換水準
総人口が維持される水準。これを下回ると人口は減少し，上回ると上昇する。理論値は2.07であるが，子どもの死亡などにより，実際はそれより高くなる。

▶3　人口3区分
総人口（T）を，年少人口（J：0～14歳），生産年齢人口（P：15～64歳），老年人口（E：65歳以上）の3つの年齢区分に分けること。年少人口と老年人口を合わせて，従属人口（D）という。これに基づいて，さまざまな指標が作成される。
年少人口指数 = J/P ×100
老年人口指数 = E/P ×100
従属人口指数 = D/P ×100
老年化指数　 = E/J ×100
高齢化率　　 = E/T ×100

❍男女の社会的不平等に関わる要因

　制度上も，社会意識においても，男女の社会的不平等が存在していることは否定できません。子育てや家事は，長い間，女性の役割として位置づけられてきました。男女共同参画社会基本法の制定などにより，かつてよりは少なくとも職場における環境は整えられつつありますが，制度的な取り組みと，男女それぞれの個人的意識との間には，まだまだ大きなギャップが存在します。

　就労を通じた女性の社会進出が進むなかで，職場や社会が子育てに見合う環境になっていないと，結婚の忌避・延期，産児数の抑制などの選択を行う人も増えることになります。制度的な整備は徐々に進んできていますが，子育てと就労の両立を実現できるような社会には，まだ十分にはなっていません。

❍婚姻に関わる要因

　職業的安定は，経済的安定をもたらします。その結果，就労している女性の社会的地位が相対的に上昇します。一方，経済不況などが長期化すると，もともと高かった男性の社会的地位は非正規雇用の増加や解雇などにより女性以上に低下したイメージとなり，生活の不安定要素が高まっていきます。その結果，男女ともに，晩婚化や未婚化が進んでいきます。

　ここ20年の間に，初婚女性の年齢は2歳前後遅くなり，30歳代の婚姻が相対的に増加しました。男女別**生涯未婚率**[4]は，男性の場合，1980年代半ばから急激に上昇しはじめ，すでに20％を超えています。女性の場合，同時期頃から徐々に上昇し，10％を超えた状況です。とりわけ，男性の未婚率は，さらに上昇すると推測されています。

▷ 4　生涯未婚率
50歳時点で，一度も結婚したことのない人の割合。計算は，「45〜49歳」と「50〜54歳」の未婚率の平均値で算出。

❍子どもを育てることに関わる要因

　子どもをあまり産まない理由の一部は，すでに示した2つの要因とも大きく関連していますが，その他にも，さまざまな要因が指摘されています。たとえば，①養育費や保育・教育費などの経済的負担，②母親が子育てとは異なる自分自身の成長や生きがいに費やすことのできる自由時間の減少や，心身のゆとりの欠落からくる心理・精神的負担，③子どもの世話に実際に大きな労力がかかることからくる身体的負担，④子育ての実質的責任が母親にかかっているという家庭内での性別役割分業の固定化などの家庭内ジェンダー問題，⑤子どもの将来の生活像に夢がもてないこと，などです。

　以上のようなさまざまな要因が，さらにお互いに作用し合って，わが国の少子化は進んできました。このような要因への抜本的な対応策を社会的に準備できていない今日，少子化はさらに進んでいくものと予想されます。また，社会的要因は，子育て世代だけの問題ではなく，そのような体制や意識にさせた高齢者を含む社会全体の問題です。したがって，その解決には，社会全体で取り組む必要があります。

家庭
第１次社会化の場

地域
第２次社会化の場

学校
保育所・幼稚園
第３次社会化の場

図Ⅰ-3 子どもが育つ３つの場

出所：筆者作成。

3 子どもの育ちと環境

　子どもは育つ存在であると同時に，育てられる存在でもあります。このような子どもの育ちにおいて，家庭は重要な意味をもちます。一方，現代の家族は，構造と機能の急激な変化，家族に対する社会の価値観や意識の変化，これらと並行して進んだ家族機能の外部化・社会化により，子どもに対して果たす役割が大きく変化してきています。

　一般に子どもの育つ環境あるいは**社会化の場**は，３つあるといわれています（図Ⅰ-3）。このうち，家庭は第１次社会化の場といわれます。家庭は構成員の福祉（生活）を支えていく，もっとも身近な単位です。子どもにとって生活を支えられるとは，育てられる（＝社会化）こと，ということもできます。家庭は，子どもの人生の出発点であり，安全・安心の基地，さらには基本的な生活保障の場である必要があります。

　乳児期はさておき，子どもは大きくなるにつれ，家庭だけではなく，地域社会との関係のなかで生きていくことになります。地域住民や地域環境が子どもの社会化に影響してくるということです。これを第２次社会化の場といいます。公園，お寺や神社の境内，路地裏，子ども仲間，地域住民との交流など，子どもを取り巻くインフォーマルな環境が，子どもの育ちを支えているということです。第２次社会化の場は，子どもが初めて出会う，家庭とは異なる小さな社会であり，日常的な生活場面を通じて，非意図的に社会化を行うことが多く，子どもだけでなく，親も含めた育ちの場ということができます。

　フォーマルな立場で，子どもの社会化を行うのが，学校や保育所などの社会制度です。これを第３次社会化の場といいます。第３次社会化の場は，社会人として生きていくための基礎知識を，多くの場合，意図的な学習等を通じて提供するところに特徴があります。

　近年では，家族の機能低下，地域社会の福祉力の低下が指摘されています。そのため，両者の機能を回復する支援を行いつつも，それを代替する社会施策が必要となってきています。 （山縣文治）

▶5　社会化の場
社会化の場については，家庭を第１次社会化の場，学校などを第２次社会化の場ととらえる２段階説もある。

現代社会における多様な子ども家庭福祉問題

① 福祉問題としての子ども家庭福祉問題

　政策としての福祉の対象として，子どもは初期から意識されていました。国家として初めて福祉政策を確立したといわれるイギリスでも，初期の対象は，**有能貧民**▷1，**無能貧民**▷2，子ども，の3つだといわれています。日本の最初の福祉法といわれる**恤 救 規則**▷3（1874年）の対象も，極貧者，高齢者，重度障害者，子ども，とされています。**社会福祉6法**▷4でも，生活保護法に次いで，児童福祉法が成立しています。

　当初は，児童福祉という枠組みで，子どもを中心とした問題と考えられていましたが，現在では，子どもが育つ家庭を含めた支援を考える子ども家庭福祉という考え方が一般的になりつつあります。また，少子化が国家の危機をもたらすということが現実になり始めると，少子化対策や次世代育成支援対策など，国家的課題としての認識も広まっていくことになりました。

② 現代社会における子ども家庭福祉問題

○少子高齢社会の問題

　日本の人口動態の特徴は，人口減少，少子化，高齢化という3つの現象が，同時に進行する点にあります。このような状況をふまえ，国では，少子化を意識した計画から，少子高齢社会全体を視野に入れた社会のあり方を模索する社会保障全体の改革への取り組みが始まっています。

　少子高齢社会がもたらす大きな問題は，人口の高齢化による社会保障負担の増大です。これは，事実上，生産年齢人口の生活を圧迫することになります。また，年少人口の将来の生活に不安を与えることにもなります。このような状況が，年金保険制度非加入者の増加，結婚へのちゅうちょ感，あるいは出生数抑制の要因の一つになっているとも考えられます。

　人口3区分では，**生産年齢人口**▷5を，「15歳以上64歳」としています。しかし，現状では，少なくとも10代の層は，社会的には生産活動に専念している状況ではなく，高校生や大学生として扶養家族となっている人が多数です。そこで，より生産年齢という現実に近い「20歳以上64歳」人口が，高齢者1人に対して何人いるかという数値を図式化したものが図Ⅰ-4です。これによると，1965年頃の日本社会は，1人の高齢者に対して9人程度の生産年齢該当層が存在し，

▷1　**有能貧民**（able-bodied poor）
心身に問題はないのに，仕事が見つからず貧困状態にある人。

▷2　**無能貧民**（impotent poor）
障害や病気など，心身に問題があって仕事ができず貧困状態にある人。

▷3　**恤救規則**
⇨Ⅲ-3 参照。

▷4　**社会福祉6法**
成立順に，生活保護法，児童福祉法，身体障害者福祉法，知的障害者福祉法，老人福祉法，母子及び父子並びに寡婦福祉法（名称はすべて現在のもの）。

▷5　**生産年齢人口**
⇨Ⅰ-1 参照。

図Ⅰ-4　少子高齢社会の社会像

出所：社会保障・人口問題研究所（2020）「人口推計」等より筆者作成。

1人にかかる負担が少ない社会でした。これが，現在では約1.9人で1人になり，さらに2050年頃には1人強で支える肩車のような社会がやってくると予想されています。

○子どもの成長・発達をめぐる問題

　子ども期は，心身の成長発達の著しい時期です。遺伝と環境，成熟と学習のプロセスを経て，子どもは，身体的特性，情緒的特性，社会的特性などを個々に獲得し，それぞれの個性を身に付けていきます。

　今日では，子どもの身体的発達における問題点は，かつてに比べるとかなり減少していますが，生活習慣病，アトピー，皮膚病，肥満など，環境や食習慣との関連が疑われる病気，近眼など日常生活のあり方との関係が疑われる病気については増加傾向にあります。

　また，情緒面や社会性の発達は，身体的発達以上に今日では大きな問題となっています。人間は，基本的な発達課題を達成しながら成長する存在であるといわれますが，基本的発達課題が十分に達成できないままに，身体あるいは歴年齢のみが成長し，両者の間のバランスが失われているものも少なくありません。いわゆる心理的支援の必要な子どもです。

　このような結果が，子どもの自殺などに現れています。2016年の人口動態統計調査の年齢5歳階級区分別死亡原因をみると，10〜40歳未満の人たちの死因の第1位は自殺（表Ⅰ-1）であり，思春期から青年期の子どもや大人の生きづらさが顕著になっています。

○家庭生活における問題

　自信や生きる意欲の喪失は子どもばかりではありません。育てる

表Ⅰ-1　年齢別死因

年　齢	第1位	第2位	第3位
0歳	先天奇形等[*1]	呼吸障害等	SIDS[*2]
1〜4歳	先天奇形等	悪性新生物	不慮の事故
5〜9歳	悪性新生物	不慮の事故	先天奇形等
10〜14歳	自　殺	悪性新生物	不慮の事故
15〜19歳	自　殺	不慮の事故	悪性新生物
20〜29歳	自　殺	不慮の事故	悪性新生物
30〜39歳	自　殺	悪性新生物	心　疾　患

注：＊1　先天奇形等とは，先天奇形，変形及び染色体異常のこと。
　　＊2　SIDSとは乳幼児突然死症候群のこと。
出所：厚生労働省（2022）「令和3年度人口動態統計調査」。

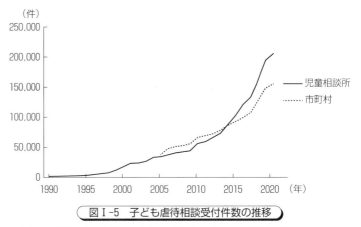

図Ⅰ-5　子ども虐待相談受付件数の推移

出所：厚生労働省（2021）「令和2年度児童相談所での児童虐待相談対応件数」。

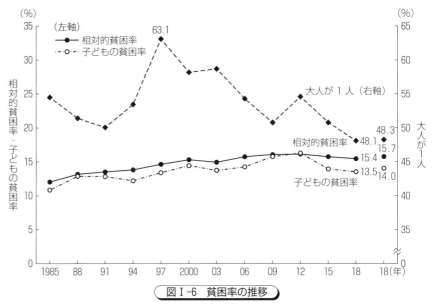

図Ⅰ-6　貧困率の推移

出所：厚生労働省（2020）「2019年 国民生活基礎調査の概況」を基に筆者作成。

親もまた，同様の状況にあります。とりわけ，母親の生活は，時間的にも精神的にも極めて窮屈なものとなっています。このようなストレスや自信喪失は，有職主婦よりも専業主婦に多いという結果が報告されています。ストレスや自信の喪失が高まると，子どもの虐待や養育の放棄につながることもあります。地域子育て支援は，このような状況への対応を図るものでもあります。

　児童虐待の防止等に関する法律制定（2000年）以降，子ども虐待問題への対応は，早期発見から在宅支援，代替的養護施策など，急速に整備されてきました。その結果，虐待相談の受付件数は急増し（図Ⅰ-5），児童相談所や市町村はその対応にかなりの時間を要する事態になっています。

　家庭での親子関係においては，この他にもさまざまな問題が生じています。たとえば，家庭が安らぎの場でなく，苦痛の場となっている子どもの存在，子

育て環境としての住宅の問題，母子家庭，父子家庭などのひとり親家庭の子育て問題，精神的に不安定であったり，社会生活能力が低かったりする保護者の存在などです。

　さらに，深刻と受け止められているのが，子どもの貧困です。2018年の国民生活基礎調査では，やや改善したとはいうものの，子どもの**相対的貧困率**[6]は13.5%（2013年調査では13.9%），とりわけ，ひとり親世帯の貧困率は48.1%と半数近くになっています（図I-6）[7]。

○学校や地域社会における問題

　現代の子どもがストレスを感じている場の一つが学校です。教育の場である学校に，家庭や地域でのさまざまな問題が持ち込まれています。学校現場だけでこれらの問題に対処するのは難しく，かつては校内暴力として表面化していたものが，今日ではこれに加えていじめの問題が深刻化するなど，学校が一部の子どもにとって安心して学び，遊べる場ではなくなっています。

　不登校問題も，学校現場に存在する問題のなかでは，関心が高まっているものの一つです。高校は就学が義務化されていないため，これが中退というかたちであらわれます。

　学校での問題は，地域社会での生活にも影響を及ぼします。地域社会の福祉問題は，かつてのような，地域社会からの孤立や，地域の福祉力の低下という問題だけでなく，子ども仲間がもたらす問題としてもあらわれています。とりわけ，インターネットあるいはスマホの普及は，人間関係を崩れさせる原因の一つとなっており，時には殺人の加害者や被害者となったり，性暴力の温床，ストーカー事件などにつながったりしています。

○子ども家庭福祉施策における課題

　施策そのものがニーズや，子ども家庭福祉の理念に合っていないという課題もあります。福祉施策は予防的視点をもちつつも，それで実際に生ずる現実のニーズのすべてに対応できるものではありません。多くの施策は計画的に進められますが，予測が外れたり，想定外の出来事が起こったりすることもしばしばです。

　このような状況にある課題としては，2016年に改正された児童福祉法の理念に合わせた子ども家庭福祉施策（とりわけ，社会的養護のあり方），社会的養護で育ったものの自立支援を含む，子ども・若者支援施策の展開などがあります。

　さらに，少子化社会への対応も喫緊の課題です。子ども家庭福祉施策は，直接的に出生数を上げる領域にまで踏み込むことについては，慎重でなければなりません。しかし，夫婦等が希望する子ども数を，就労支援策や経済的支援策を講ずることによって実現することは重要です。　　　　　　　　　（山縣文治）

▷6　相対的貧困率
貧困線（所得が，等価可処分所得の中央値の半分）に満たない所得の世帯の割合。詳細はIX-1参照。

▷7　図I-6の「大人が1人」世帯とは，ひとり親家庭，「大人が2人以上」世帯とは，多くが両親がそろっている世帯と推察される。

子ども家庭福祉の理念

1　児童福祉から子ども家庭福祉へ

○子ども家庭福祉という考え方

児童の権利に関する条約（1989年，以下，子どもの権利条約）や**国際家族年**（1994年）は，児童福祉の分野においても，従来の保護的福祉観を大きく転換させ，主体性の福祉観ともいえる，利用者や住民の主体的意思を尊重した福祉観の必要性を明らかにしました。社会福祉全体でも，**利用者本位**の制度への転換が図られることとなりました。

この時期，従来の「児童福祉」という用語から，新たに「子ども家庭福祉」という用語を使うことで，このような福祉観の転換を積極的に意識する必要性が主張されはじめます。

「子ども家庭福祉」という用語の端緒は，中央児童福祉審議会の意見具申「今後のわが国の児童家庭福祉の方向について」（1981年）と考えられます。ここでは，子どもと子どもが生活する家庭の双方を視野に入れた新しい福祉観の必要性を主張する内容が中心でした。今日の子ども家庭福祉行政や研究に大きな影響を与えている柏女霊峰は，「子ども家庭福祉の概念は，子どもを直接のサービスの対象とする児童福祉の視点を超え，子どもが生活し成長する基盤となる家庭をも福祉サービスの対象として認識していこうとする考え方のもとに構成された概念である」と述べています。

その後，全国社会福祉協議会の児童家庭福祉懇談会では「児童福祉から児童家庭福祉へ」（1990年）というタイトルの提言を行っています。この頃から，子ども家庭福祉という用語は，厚生労働省や地方自治体でも使用されることが珍しくなくなっていきます。

○子どもという存在の見方

子ども家庭福祉における，子どもという存在の見方は，基本的には人間一般の見方に共通しますが，子ども期固有の部分がこれに加わることになります。一般に誤解されやすい部分を含め，改めてその見方は，以下のとおりです。

①　独立した人格の主体としての存在
②　**受動的権利**と**能動的権利**を同時に有する存在
③　成長発達する存在

ポイントは，子どもは保護者（親）や社会によって育てられる必要がありま

▷1　児童の権利に関する条約
⇨Ⅱ-3参照。

▷2　国際家族年
国連が設定する国際年の1つ。「家族：変わりゆく世界における資源と責任」をテーマに，「家族から始まる小さなデモクラシー」をモットーとして展開された。

▷3　利用者本位
利用者のニーズや意向を尊重する考え方。福祉ニーズの把握や供給において，措置制度や選別主義から，選択制度や普遍主義への転換を進める契機となった。
⇨Ⅰ-4参照。

▷4　柏女霊峰（2013）『子ども家庭福祉論 第3版』誠信書房，2。

▷5　受動的権利
成長発達を社会的に保障される人権・権利。

▷6　能動的権利
自分を表現したり，意見や態度を明らかにしたりする人権・権利。

すが，それに服従する存在ではなく，自由な意思をもった独立した存在であるということです。言い換えると，子どもは権利・人権の主体であり，その権利は，日本も加入している子どもの権利条約に基づくものであるということです。ユニセフでは，子どもの権利条約に示す権利の特性を，生きる権利，守られる権利，育つ権利，参加する権利の4つとしています。網野武博は，前2者を受動的権利，後2者を能動的権利と整理しています。

○親という存在の見方

　子ども（未成年者）は，民法では，親権のもとに服しており，法定代理人（多くの場合，親権者）の同意がなければ，契約行為が制限されると規定しています。なお，未成年の定義については，2022年4月から18歳未満となりました。ただし，少年法では少年は20歳未満のままであり，18〜19歳は特定少年として従来とは異なる対応が行われます。

　親は子どもにとって重要な意味をもちますが，絶対的な存在ではありません。親権は，子どもの利益のために行使すべきものであり（民法第820条），不適切と判断された場合は，親権の一時停止（同第834条の2）や喪失（同第834条）も可能となっています。また，養子縁組（普通養子縁組，特別養子縁組）を結ぶと，親権は実親から，養親に移ります。

　子ども家庭福祉では，親という存在の特性を以下の①〜④のように，育てる主体であるだけでなく，自らも親としての機能を高めていく必要性がある存在であり，それが不適切であると判断されると，交替可能な存在と位置づけています。

①　親権の行使者・子どもの養育の主体としての存在
②　子育て力を高めていく必要がある存在
③　家庭を切り盛りする主体という存在
④　機能しなければ交替可能な存在（養子縁組，里親，施設養育など）

❷ 子ども家庭福祉関連法等にみる理念

○子どもの権利条約

　子どもの権利条約（1989年）には，明確に理念をうたった項目はありませんが，子どもが独立した1つの固有の人格であること，子どもは受動的権利のみならず，能動的権利をもった存在であること，子どもへの関わりにおいては常に最善の利益（the best interest）が考慮されなければならないことが定められています。

　条約の特徴は，とりわけ，意見表明権，思想信条の自由，表現の自由などの能動的権利を子どもにも認めたところにあります。保護され，育成される権利だけでなく，子どもが自分自身で考え，行動することを尊重すべきであるということです。

▶7　民法第5条第1項により，未成年者が法律行為をするには，その法定代理人の同意を得なければならない。ただし，単に権利を得，または義務を免れる法律行為については，この限りでない。親権については Ⅱ-1 参照。

表 I -2　児童福祉法の理念等

第1条　全て児童は，児童の権利に関する条約の精
　　　神にのつとり，適切に養育されること，その
　　　生活を保障されること，愛され，保護される
　　　こと，その心身の健やかな成長及び発達並び
　　　にその自立が図られることその他の福祉を等
　　　しく保障される権利を有する。
第2条　全て国民は，児童が良好な環境において生
　　　まれ，かつ，社会のあらゆる分野において，
　　　児童の年齢及び発達の程度に応じて，その意
　　　見が尊重され，その最善の利益が優先して考
　　　慮され，心身ともに健やかに育成されるよう
　　　努めなければならない。
第3条　前2条に規定するところは，児童の福祉を
　　　保障するための原理であり，この原理は，す
　　　べて児童に関する法令の施行にあたつて，常
　　　に尊重されなければならない。

表 I -3　児童憲章前文

児童は，人として尊ばれる。
児童は，社会の一員として重んぜられる。
児童は，よい環境のなかで育てられる。

○児童福祉法

　児童福祉法（1947年）は，子ども家庭福祉の基本法であり，第1条から第3条の総則において，理念が明確に示されています（表 I -2）。

　第1条には，子どもには，子どもの権利条約の精神にのっとり，養育，生活保障，成長，発達などが保障される権利が存在することが明記されています。

　第2条では，国民に対して，子どもの最善の利益を優先的に考慮し，育成するよう努める義務を課しています。また，子ども育成の第一義的責任が保護者にあるとしつつも，国や地方公共団体に保護者とともに育成する責任があることを明示しています。

　第3条は，原理の尊重と呼ばれる条で，第1条および第2条に規定する子どもが権利を有する存在であることや児童育成の責任は，厚生労働省の管轄のもののみならず，わが国の子どもに関わるすべての法令において，常に尊重すべきであることを規定しています。

○児童憲章

　児童憲章（1951年）は，児童福祉法の理念をより具体化する国民の協約として宣言されたものです。児童憲章は母子健康手帳にも記載され，すべての親子への周知が図られています。前文と12項からなり，前文で簡潔に子ども観を示しています（表 I -3）。

○子ども・子育て支援法

　2012年に成立した子ども・子育て支援法は，今後の子ども家庭福祉施策の基本的方向を示したものです。この法律では，第2条で，法律の理念を示されて

おり，子ども・子育て支援において，第1項では社会全体で取り組むこと，第2項では質の高いものであること，第3項では地域の状況に合わせて柔軟に取り組むべきことを示しています。

③　子ども家庭福祉の基本理念

　子ども家庭福祉施策や実践においては，まずは，子どもと家庭のウェルビーイング（well-being）を図ることが重要です。ウェルビーイングとは，生存権や社会権が保障されていることを前提に，「個人の権利や自己実現が保障され，身体的・精神的・社会的に良好な状態を実現すること」を意味しています。

　自立は，ウェルビーイングを実現するための人間のありようということができます。一般に自立というと，経済的な自立を中心に考えることが多いと思いますが，社会福祉では，むしろ，社会的自立や自己決定などを重視します。自分で判断し，必要に応じて主体的に社会福祉サービスの利用決定を行うことなどが自立であって，社会福祉サービスを利用しない状態だけが自立であるとは考えません。自己を強化すること（エンパワメント），自己の強みを発揮させること（ストレングス），自己決定能力の向上を図ることなどをより重視するということです。

　第2は，それを社会全体で支えていくということです。社会全体とは，行政はむろんのこと，企業や住民一般をも含むということです。支え方には，直接的な行為だけでなく，親子の育ちをあたたかく見守る眼差し，納税等を通じて子ども家庭福祉施策の拡充を図ることなども含まれます。

　このような基本理念は，児童福祉法の基本理念に，子どもの権利条約の人権観を加えたものということができます。

④　子ども家庭福祉の理念の具体化のために

　子どもの権利条約や児童福祉法にみられるように，子どもの最善の利益を考慮した施策や実践が重要です。その際に，時としてぶつかり合うのが，親権です。

　親権[8]には，監護及び教育の権利義務（民法第820条），居所指定権（同第822条），職業許可権（同第823条），財産管理権および代表権（同第824条）などがあります。とりわけ，監護及び教育の権利義務は，子ども虐待事案などでは争点になることが珍しくありません。

　子どもの日常の生活に直接関わるのは，保護者や子ども自身です。したがって，子どもの最善の利益を図るためには，サービスを供給する側の意識や制度改革だけでは不十分であり，子ども自身や保護者もこのことを自覚する必要があります。子ども家庭福祉の理念は，サービスを供給する側だけでなく，子ども自身，保護者，地域住民が共通に理解すべき課題なのです。　　　　（山縣文治）

▷8　懲戒権については2022年の民法改正で廃止となった。

参考文献
　網野武博（2002）『児童福祉学──「子ども主体」への学際的アプローチ』中央法規出版。

子ども家庭福祉の意義と基本的枠組み

 ### 子ども家庭福祉の意義

　子ども家庭福祉を推進することには，さまざまな意義があります。これを，子ども，家庭，地域社会，社会全体という大きく4つの側面から考えてみます。

　○子ども

　子ども家庭福祉は，何よりも子ども自身のために存在するものです。したがって，その意義は，子ども自身の育ちにおいて，もっとも顕著にあらわれる必要があります。

▷1　能動的権利
⇨Ⅰ-3 参照。

▷2　受動的権利
⇨Ⅰ-3 参照。

　子どもの育ちは，**能動的権利**と**受動的権利**の，両者の基盤の上に保障される必要があります。子ども家庭福祉は，このような，能動的権利と受動的権利を包括的に保障する理念であり，政策であり，また実践でもあります。

　○家　庭

　家庭は，子どもの育つ環境であり，また子どもを育てる主体でもあります。したがって，家庭の機能が適切に遂行されていなければ，子どもの育ちも揺らぐことになります。子どもの権利条約や国際家族年などを経て，保護的な福祉観からの脱却の必要性と，家庭のなかで育つ存在の意識化の必要性が認識されつつあります。子ども家庭福祉が家庭を視野に入れるべきこと，また，家庭への向き合い方に社会との協働子育てという視点を加えることが求められているということです。このような社会的な認識の変化もあり，子ども家庭福祉は，家庭の機能が適切に遂行できるよう支援するものとして，また，必要に応じて代替するものとして，家庭においても意義深いものとなっています。

　○地域社会

　地域社会もまた，子どもの育ちにおいては重要な意味をもちます。第1次産業中心の社会では，地域は生産の基礎を共有する重要な存在であり，そのために，有形無形のつながりを大切にする社会でした。

　現在では，このようなつながりは希薄化し，地域と家庭との関係においても，家庭内の人間関係においても，個別性が重視される社会となっています。子ども家庭福祉は，このような人と人とのつながりの弱くなっている社会において，親子の育ちに関わることによって，つながりの必要性を再認識させ，新たな地域社会のあり方を模索するものでもあります。これは，子ども家庭福祉に限らず，高齢者福祉，障害者福祉，在留外国人に対する福祉などからもアプローチ

されており，その総体が地域福祉として開花することが期待されています。

○社会全体

子どもは一人の人間として生きる，独立した社会の一員という存在です。一方，社会の側からみると，今の社会の活力となるだけでなく，将来の社会を支える重要な存在です。子どもは，決して次代を担うために生まれてきたわけではありません。しかしながら，国家や地域社会の持続を考えたとき，子どもが減少する社会は，それを困難にさせることになります。

したがって，子ども家庭福祉は，結果として，国家や地域社会を維持していくための意義をもつということになります。

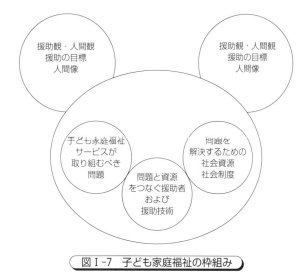

援助観・人間観
援助の目標
人間像

援助観・人間観
援助の目標
人間像

子ども家庭福祉
サービスが
取り組む
べき問題

問題を
解決するための
社会資源
社会制度

問題と資源
をつなぐ援助者
および
援助技術

図I-7 子ども家庭福祉の枠組み

出所：筆者作成。

2 子ども家庭福祉の基本的枠組み

子ども家庭福祉の概念は，子ども家庭福祉問題の見方によって異なります。したがって，統一的構造を提示することは困難であり，ここでは，共通の要素を中心に，基本的枠組みを示すこととします（図I-7）。

子ども家庭福祉は，その立場によって，理念としてとらえたり，制度としてとらえたり，あるいは実践としてとらえたり，さらにはそれらの総体としてとらえたり，さまざまなとらえ方があります。これは，図に示す4つの基本的枠組みのどの部分，あるいはどの関係に力点をおいているかの違いであるということができます。いずれにしても，現代の子ども家庭福祉は，このような構成要素の全体を視野に入れて考える必要があります。

○子ども家庭福祉が対象とする問題

何を問題と考え，何を問題ではないと考えるかは，時代や立場によって異なります。いずれにしても，問題と考えられるものが，子ども家庭福祉が取り組むべき課題の範囲を示しており，そうでないものは公的責任の外にあるということになります。

○問題を解決するための社会資源・社会制度

問題として取り上げた課題については，それを解決したり，緩和したりする必要があります。それが，社会資源であり，社会制度です。これには，以下のような類型があります。

利用サービス：地域子育て支援拠点事業，児童館など。

訪問サービス：母子家庭等日常生活支援事業，居宅訪問型保育事業など。

通所サービス：保育所，認定こども園，児童発達支援センターなど。

入所サービス：児童養護施設，乳児院，障害児入所施設など。

金銭給付：児童手当，児童扶養手当，特別児童扶養手当など。

相談支援サービス：児童相談所，児童家庭支援センター，児童委員など。

○援助者・援助技術

問題が明らかにされ，それに対応するサービスが整備されれば問題が解決するかというと，必ずしもそうではありません。両者の間がうまく結びつかなければ効果的に解決を図ることはできません。そこで両者を結びつける仕組み，サービス供給システムが必要となります。これを担うのが第3の構成要素である，援助者であり，その際に行使する技術が援助技術です。

援助者には，保育士，児童指導員，母子・父子自立支援員，児童福祉司，スクールソーシャルワーカーなどが，援助技術には，ソーシャルワーク，ケアマネジメント，技術としての保育などがあります。

なぜこのような媒介的なサービスが存在するかというと，福祉問題を抱えている人のなかには，さまざまな理由で資源と結びつかない人が多くいるからです。たとえば，虐待する親，子育てを放棄した親など，問題に気がついていない人，あるいは問題に気がついても，世間体が悪いために我慢している人などです。資源を知らない人，資源の利用が心身上の理由により困難な人などもいます。このような人の立場に立って，一緒に解決を図る人，これが社会福祉の援助者です。

○援助観・人間観

子ども家庭福祉を考える上で最も重要なのは，何のために援助するのか，どのような生活がその人らしいと考えるのかを決定する援助観や人間観です。具体的には，どのような子ども像や社会像に基づいて，子ども家庭福祉の政策や実践を展開するかということで，援助の目標や人間像ということもできます。

かつては，社会福祉の援助観は**選別主義**[3]的にとらえられがちでしたが，今日では，問題の普遍化，一般化に伴い，**普遍主義**[4]的なとらえ方をする場合が多くなっています。言い換えると，制度の側から構想する援助観ではなく，利用者の生活全体の視点から構築する援助観への転換です。その前提には，子どもの最善の利益を考慮しつつ，子どもとそれを養育する家庭の福祉の向上を図るという視点があります。

③　子ども家庭福祉支援の特性

子ども家庭福祉領域でのソーシャルワーク実践において大きな課題となるのは，子どもは「親権のもとに服する存在」，保護者は「親権の行使の主体」という親子関係の特性です。本人の意思を尊重したソーシャルワーク実践が求められている時代において，これは，大人と大きく違う点であるだけでなく，事案によっては，ソーシャルワークの価値そのものが問い直されることとなります。

▷3　選別主義
制度の側が「選別」した人のみにサービスを提供するという考え方。サービスが必要な人に，低料金で集中的に提供できるという利点がある一方で，スティグマを生じさせたり，利用者の意向を反映させにくかったりするという課題がある。

▷4　普遍主義
サービスの対象は設定するが，利用は本人の意向を中心に行うという考え方。利用者の「選択」が重視され，利用者本位の制度になるという利点がある一方で，意思決定能力が低い人や申請をちゅうちょする人はサービス利用に結びつきにくいという課題がある。

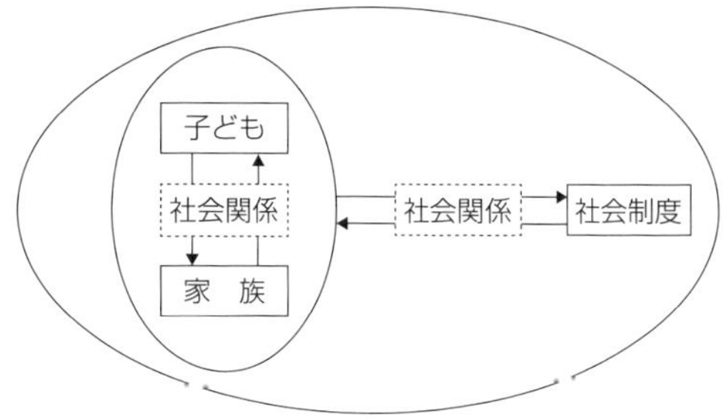

　近年では，子ども家庭福祉分野においても，契約という概念がより重視されるようになっています。ソーシャルワーク的な意味合いでの契約はソーシャルワーカーと子ども自身の間で結ぶことは可能ですが，法的な意味合いでの契約は，ソーシャルワーカー（ソーシャルワーク機関）と子ども自身では結ぶことはできず，あくまでも保護者と結ぶことになります。したがって，保護者の適切な判断が重要となりますが，虐待など，社会的にみて不適切と考えられる状況でさえ，親権に制限を加えることには困難を伴います。**未成年後見人**の選任も，**成年後見人**の選任ほど容易ではありません。

　両親等が婚姻関係にある場合には，夫婦共同親権となり，問題はさらに複雑となります。すなわち，両親の意向が異なると，一方の意向のみで契約を結ぶことができず，両親の意向の調整もソーシャルワーカーには求められることになります。これは，子ども虐待に関わるソーシャルワーク場面では，時として大きな壁となって立ちはだかります。

　人権・権利の視点からも，児童福祉法の規定からも，子どもは独立した固有の人格の主体としてみなされるべきことは明らかです。しかしながら，社会的契約という場面では，意思決定は親（親権者）を通じてしか行うことができないのです。すなわち，家族が一つの人格としてとらえられ，それが権利の主体であるかのように位置づけられてしまっているということです。家族の意思は，事実上親の意思であり，本来独立した権利の主体である子どもの意思が反映しにくい構造となっているのです。

　社会生活次元で個人と家族との関係を改めて整理すると，個人（子ども）を主体としてとらえ，家族を客体としてとらえる**社会関係**と，家族の一員として個人が所属する家族を主体としてとらえ，他の社会制度を客体としてとらえる社会関係との，2つの意味合いがあるということです。すなわち，家族は客体であるだけでなく，主体となる場合があり，その際には，子ども自身の意思が埋没する可能性があります（図Ⅰ-8）。

　子どもにとって，家族は客体であるだけでなく，統合された主体にもなる可能性があるということ，子ども家庭福祉の支援の最大の特性はこの点にあります。家庭あるいは親への支援は，子どもの最善の利益を考慮しての支援であり，単に権利の主体としての支援ではないということを支援者は意識する必要があります。

（山縣文治）

図Ⅰ-8　子どもと家族を巡る社会関係の二重構造
出所：筆者作成。

▷5　未成年後見人
親権者の死亡，親権の一時停止や喪失等により親権の行使者が存在しなくなった場合に，法定代理人として，家庭裁判所の審判を経て，親権を行使する人。

▷6　成年後見人
認知症，知的障害，精神障害などにより判断能力が不十分な場合に，法定代理人として，家庭裁判所の審判を経て，財産管理や医療・福祉サービスの利用決定などの身上監護を行う人。成年後見人には，配偶者や子どももなることができる。

▷7　社会関係
岡村重夫の提唱する社会福祉学固有の概念で，個人と社会制度の間に結ばれる関係のこと。詳細は，岡村重夫（1983）『社会福祉原論』全国社会福祉協議会，参照。

子どもとは何か

 ## 子どもと大人の違い

　子どもと大人の違いを説明するのは簡単ではありません。一般的にはよく年齢を基準に区分して説明されますが，それ以外にも精神的な成熟度や経済的自立などの側面から説明されることもあります。一般的には子どもは大人と比較して未成熟な存在と考えられており，子どもを保護・育成するために，民法には親権が規定されています。山縣文治は，子ども家庭福祉における子どもという存在の見方について，①一個の独立した人格の主体，②受動的権利と能動的権利を同時に有する存在，③成長する存在，の３点をあげて説明しています。[1]

> ▷ 1　山縣文治（2018）『子ども家庭福祉論 第2版』ミネルヴァ書房，31-32。

2 法律によって変わる子どもの年齢

　児童の権利に関する条約では，子どもを「18歳未満のすべての者」と定義していますが，日本国内の法律ではさまざまな年齢区分で子どもを定義しています。なお，法律用語としてはほとんどが「子ども」ではなく「児童」として定義されています。

○18歳未満の者を指している場合

　児童の権利に関する条約と同じく18歳未満の者としている法律としては，児童福祉法，児童虐待の防止等に関する法律，児童買春，児童ポルノに係る行為等の規制及び処罰並びに児童の保護等に関する法律などがあります。なお，児童福祉法では，さらに乳児（満1歳に満たない者），幼児（満1歳から，小学校就学の始期に達するまでの者），少年（小学校就学の始期から，満18歳に達するまでの者）に区分しています。また，民法では，2018年の法改正により成人年齢が20歳から引き下げられ，18歳をもって「成年」，18歳未満の者を「未成年」としています（2022年4月1日に施行）。

○20歳未満の者を指している場合

　20歳未満の者としている法律としては，母子及び父子並びに寡婦福祉法，特別児童扶養手当等の支給に関する法律などがあります。少年法では，20歳未満の者を「少年」と定義しています。

○18歳に達する日以後の最初の3月31日までの間にある者を指している場合

　18歳に達する日以後の最初の3月31日までの間にある者とする法律には，児童手当法，児童扶養手当法，子ども・子育て支援法などがあります。これは年

度の途中で手当等の支給を打ち切らないという考え方に基づいています。なお，子ども・子育て支援法では，「児童」ではなく「子ども」と定義しています。

◯その 他

労働基準法では，満18歳未満の者を「年少者」，満15歳に到達した日以後最初の3月31日が終了するまでの者を「児童」と区分し，それぞれに対してさまざまな保護規定を設けています。学校教育法では，幼稚園児を「幼児」，小学生を「学齢児童」，中学生を「学齢生徒」，高校生を「生徒」，大学生を「学生」と区分しています。

3 親権と子ども

◯親権とは

民法では「成年に達しない子は，父母の親権に服する」（第818条）と規定されています。親権には，①監護及び教育の権利義務（第820条），②居所指定権（第822条），③職業許可権（第823条），④財産管理権および代表権（第824条）があります。

◯親権と子どもの権利保障

日本では親権が非常に大きな影響力をもち，親が子どもへの虐待などの不当な養育を行っている場合でも，懲戒権を主張して子どもへの虐待を正当化しようとする親がみられ，そのために児童相談所などによる社会的介入が躊躇される場合が多くあります。

しかしながら，民法第820条には「親権を行う者は，子の利益のために子の監護及び教育をする権利を有し，義務を負う」と規定されているように，あくまでも親権は「子の利益」のために行使されるものであり，親の一方的な養育を認めているわけではありません。親が子どもへの虐待など不当な養育を行っている場合は，親権の濫用にあたります。このような場合は親権の制限を考慮する必要があります。

◯親権に関する民法改正

2011年に子ども虐待の防止等を図り，子どもの権利利益を擁護する観点から親権に関する民法等の改正が行われました。この改正では，必要に応じて適切に親権を制限することができるようにするために，従来の親権喪失に加えて，2年以内の期間に限って親権を停止する制度が新設されるとともに，子ども本人や未成年後見人等にも請求権が与えられました。また，親権喪失や親権停止の原因も見直され，子どもの利益が害されている場合には親権を制限することができることが明記されました。さらに，未成年後見制度も見直され，未成年後見人は複数の人や法人でもよいこととされました。

なお，2022年12月に民法が改正され，親権者に必要な範囲で子どもに制裁を加えることを認める懲戒権が削除されました。 （福田公教）

2 # 子ども観の変遷と子どもの権利保障のあゆみ

1 子ども観の変遷

○古代・中世の子ども観

古代・中世の社会では，子どもが固有の存在として位置づけられておらず，また，子ども期というべき時期も認識されていませんでした。古代の社会では，子どもは「大人の所有物」として認識されていました。中世の社会では，とりわけ貴族社会において，子どもは大人と同じような行動などが求められ，いわゆる「小さな大人」として位置づけられていました。

○子どもの発見・児童の世紀

近代の社会では，子どもが固有の存在として認識されはじめます。たとえば，18世紀にルソー（Rousseau, J. J.）は著書『エミール』において，子どもは大人とは違う固有の存在であるとし，それにふさわしい社会的な対応の必要性を主張しました。このような考え方は，その後「子どもの発見」として広く知られることになりました。

20世紀に入ると，子ども中心主義の新しい教育運動が起こり，子どもへの関心が高まっていきました。スウェーデンの教育学者であるエレン・ケイ（Key, E.）の著書『児童の世紀』は，20世紀の子どもへの関心の高まりをあらわす言葉として広く知られることになりました。

○保護される存在から権利主体としての子どもへ

このように子どもは固有の存在として認識されはじめますが，20世紀中頃までは，子どもは未熟な存在であるため大人が保護しなければならないといった考え方が強調されていました。1959年に国際連合（以下，国連）において採択された児童の権利に関する宣言（通称，子どもの権利宣言）の前文では「児童は，身体的及び精神的に未熟であるため，その出生の前後において，適当な法律上の保護を含めて，特別にこれを守り，かつ，世話することが必要である」と記述しています。

このような保護される存在としての子どもから**権利主体としての子ども**[1]へと考え方が転換していく契機となったのが児童の権利に関する条約です。この条約では，受動的権利に加えて能動的権利も規定され，子どもは未熟であるから保護する必要があるということに留まらず，固有の権利主体としてとらえることが強調されるようになりました。

▷1　権利主体としての子ども
子どもを一人の独立した人格として認め，権利をもつ存在としてとらえること。

2　子どもの権利保障のあゆみ

○ジュネーブ宣言

1909年にアメリカのルーズベルト大統領が招集して子どもをテーマとした白亜館会議が開催されるなど，20世紀に入って子どもの権利保障に関する関心が高まっていきました。しかしながら，第一次世界大戦によって多くの子どもの犠牲者か出ました。その反省から1922年に児童救済基金が世界児童憲章を策定し，1924年には国際連盟がジュネーブ宣言を採択しました。ジュネーブ宣言では「人類が児童に対して最善のものを与えるべき義務を負う」「児童は，危機の際には，最初に救済を受ける者でなければならない」としています。

○児童の権利に関する宣言

第二次世界大戦によって再び多くの子どもの犠牲者が出ることになりました。その反省を込め，1948年に国連で世界人権宣言が採択され，さらに1959年には子ども固有の人権宣言である児童の権利に関する宣言が採択されました。前文と10条の本文から成り，前文では「人類は，児童に対し，最善のものを与える義務を負う」と規定しています。

○国際人権規約

1966年に国連において国際人権規約が採択されました（1976年発効。日本は1979年に批准）。国際人権規約は，世界人権宣言の内容を条約化したもので，人権に関する条約のなかで最も基本的な条約です。「経済的，社会的及び文化的権利に関する国際規約」（A 規約，社会権規約）と，「市民的及び政治的権利に関する国際規約」（B 規約，自由権規約）があります。

国際人権規約は，すべての人間に共通する権利について規定したものであって，子どもに関する権利を具体的に規定したものではなく，子どもの権利保障という観点からみると十分といえるものではありませんでした。

○児童の権利に関する条約

児童の権利に関する条約は，国際人権規約において定められている権利を子どもに対しても認め，子どもの人権の尊重および確保の観点から必要となる事項を詳細かつ具体的に規定したものです。

1978年にポーランドは国連人権委員会に「児童の権利に関する条約」の草案を提出しました。このポーランドの案を検討して最終草案を作成するために，国連人権委員会のなかに児童の権利に関する条約の作業部会が設置され，児童の権利に関する宣言の条約化が検討されることになりました。長期間にわたって議論が重ねられ，児童の権利に関する宣言採択の30周年となる1989年に国連において児童の権利に関する条約が採択され，1990年 9 月に発効となりました。日本は，1994年にこの条約を批准しています。　　　　　　　　　　　（福田公教）

3 児童の権利に関する条約

1 児童の権利に関する条約の成立

　第一次世界大戦後，国際的に子どもの権利について考えられるようになり，世界児童憲章（1922年），ジュネーブ宣言（1924年）が採択されました。第二次世界大戦後には，世界人権宣言（1948年），児童の権利に関する宣言（1959年）が採択されました。その後，さまざまな議論を経て，1989年11月に国連において児童の権利に関する条約（通称，子どもの権利条約）が採択され，1990年9月に発効となりました。2017年3月現在，児童の権利に関する条約の締約国・地域の数は196となっていて，未締約国は1か国（アメリカ）となっています。

　また，児童の権利に関する条約を補完するために，2000年には「武力紛争における児童の関与に関する児童の権利に関する条約の選択議定書」が採択されました（2002年発効）。児童の権利に関する条約では，15歳未満の子どもを軍隊に採用しないことを定めていますが，武力紛争における関与から子どもを一層保護するために，この選択議定書では年齢を18歳未満に引き上げています。

　同じく，2000年には，性的搾取などから子どもを一層保護するために，「児童の売買，児童の買春および子どものポルノグラフィーに関する児童の権利に関する条約の選択議定書」が採択されました（2002年発効）。さらに，2011年には，子どもの権利侵害に対して直接国連へ救済を求めることができる通報制度を規定した「通報制度に関する児童の権利に関する条約の選択議定書」が採択されました（2014年発効）。日本は，2004年8月に「武力紛争への子どもの関与に関する選択議定書」を，2005年1月に「子どもの売買，買春及び児童ポルノに関する選択議定書」を批准しています。

2 児童の権利に関する条約の内容

　児童の権利に関する条約は，前文と54条の本文から成ります。**ユニセフ**は，児童の権利に関する条約が定めている子どもの権利を，①生きる権利，②守られる権利，③育つ権利，④参加する権利，の4つの柱に分けて説明しています（表Ⅱ-1）。

　この条約の大きな特徴は，受動的権利に加えて能動的権利も規定したことにあるといわれています。受動的権利とは，子どもが大人から保護や支援など何かをしてもらう権利であり，ジュネーブ宣言や児童の権利に関する宣言におい

▷1　ユニセフ（UNICEF）
国際連合児童基金（United Nations Children's Fund）の略称。国連の機関の一つ。1946年発足当初の英文表記は United Nations International Children's Emergency Fund であったが，1953年に現在の表記となった。略称については UNICEF がそのまま使われている。

表Ⅱ-1 児童の権利に関する条約の４つの柱

生きる権利	子どもたちは健康に生まれ，安全な水や十分な栄養を得て，健やかに成長する権利を持っています。
守られる権利	子どもたちは，あらゆる種類の差別や虐待，搾取から守られなければなりません。紛争下の子ども，障害をもつ子ども，少数民族の子どもなどは特別に守られる権利を持っています。
育つ権利	子どもたちは教育を受ける権利を持っています。また，休んだり遊んだりすること，様々な情報を得，自分の考えや信じることが守られることも，自分らしく成長するためにとても重要です。
参加する権利	子どもたちは，自分に関係のある事柄について自由に意見を表したり，集まってグループを作ったり，活動することができます。そのときには，家族や地域社会の一員としてルールを守って行動する義務があります。

出所：ユニセフホームページ「子どもの権利条約」(https://www.unicef.or.jp/about_unicef/about_rig.html, 2018. 8. 28) より筆者作成。

て強調されてきた権利です。ユニセフの４つの柱のうち，①生きる権利，②守られる権利は受動的権利になります。

　能動的権利とは，子ども自身が権利を行使する主体として何かをする権利です。ユニセフの４つの柱のうち，③育つ権利，④参加する権利は能動的権利になります。具体的には，意見を表明する権利（第12条），表現の自由（第13条），思想，良心および宗教の自由（第14条），結社および集会の自由（第15条）などがあげられます。

❸ 児童の権利に関する条約と児童福祉法

　児童の権利に関する条約では，締約国は条約が発効して２年以内に，その後は５年ごとに，子どもの権利の実現のための取り組みなどについて国連の子どもの権利委員会に報告することが求められています。子どもの権利委員会はこれに基づき勧告を行うことになっています。

　わが国では，勧告を受け止め，2016年５月に児童福祉法が改正され，子どもを権利主体として位置づけて，子どもの権利に関する条約の精神にのっとり，子どもの最善の利益が優先して考慮されることが明記されることになりました。

　最新の国連勧告は，2019年３月に第４回・第５回総括所見[2]として採択されています。そのなかで委員会は，条約に基づいて日本がとるべき措置について，多様な勧告をしています。とりわけ緊急の措置をとるべき分野として，差別の禁止，子どもの意見の尊重，体罰，家庭環境を奪われた子ども，リプロダクティブヘルスおよび精神保健，少年司法に関する課題をあげています。

（福田公教）

▶2　外務省「第４回，第５回政府報告審査後の子どもの権利委員会の総括所見（仮訳）」(2019年３月) (https://www.mofa.go.jp/mofaj/files/100078749.pdf, 2022.10.2)。

子どもの権利保障に関する取り組み

 子どもの権利保障に関する国の取り組み

◯啓発活動

　法務省では，①人権週間，②人権教室，③人権の花運動などの取り組みを行っています。①人権週間は，12月4日から10日までの1週間で，この期間中に集中的な啓発活動を行っています。②人権教室は，いじめ等の人権問題について考える機会を作ることによって，相手への思いやりの心や生命の尊さを体得すること等を目的とした啓発活動です。③人権の花運動は，学校に配布した花の種子などを，子どもたちが協力して育てることによって生命の尊さを実感し，そのなかで豊かな心を育み，優しさと思いやりの心を体得することを目的とした取り組みです。

　また，厚生労働省では，児童福祉週間や児童虐待防止推進月間などを定めて，この期間中に子どもの権利に関して集中的な啓発活動を行っています。

◯相談体制の整備

　法務省では，子ども向けの人権相談として，①子どもの人権110番，②子どもの人権SOSミニレター，③インターネット人権相談受付などを行っています。文部科学省では，いじめ問題などについて，夜間・休日を含めて，いつでも簡単に相談機関に相談できるようにするための専用相談電話として「24時間子供SOSダイヤル」を設置しています。

◯人権擁護委員・子どもの人権専門委員

　人権擁護委員は，国民に保障されている基本的人権を擁護し，自由人権思想の普及高揚を図るために，人権擁護委員法に基づき法務大臣によって委嘱された民間のボランティアです。配置されている市町村の区域内において職務を行っています。また，子どもの人権問題を主体的，重点的に取り扱うために，人権擁護委員のなかから子どもの人権専門委員が指名されています。子どもの人権専門委員は「子どもの人権が侵犯されることのないように監視し，もしこれが侵犯された場合には，その救済のため，速やかに適切な措置を採るとともに，子どもの人権擁護のための啓発活動を行い，もって子どもの人権擁護を図ることに努める」とされています。

▶1　法務省人権擁護局長通達（1994）「子どもの人権専門委員設置運営要領」第1（平成6年7月1日）。

 子どもの権利保障に関する動向

　日本が1994年に児童の権利に関する条約を批准してから，地方自治体において子どもの権利に関する条例を制定する動きが広がっています。たとえば，兵庫県川西市の「**川西市子どもの人権オンブズパーソン条例**」(1998年)，大阪府箕面市の「子ども条例」(1999年)，神奈川県川崎市の「子どもの権利に関する条例」(2000年) などがあります。

▷2　川西市子どもの人権オンブズパーソン条例
⇨Ⅶ-8 参照。

　2022年の児童福祉法改正では，子どもの意見聴取の仕組みが整備されました。具体的には，①**子どもの権利擁護に係る環境整備**を都道府県等の業務として位置づけ，施設等における処遇について，都道府県の児童福祉審議会等による調査審議・意見具申等の方法により，子どもの権利擁護に関する環境を整備する。②**児童相談所や児童福祉施設における意見聴取等**として，各種措置等がとられる際，子どもの最善の利益を考慮するとともに，子どもの意見または意向を勘案して措置等を行うために，あらかじめ，子どもの事情（年齢や発達状況など）に応じた意見聴取を講じなければならない。③**意見表明等支援事業**として，施設等に措置されている子ども等を対象に，子どもの福祉に関し知識または経験を有する者（**意見表明等支援員**[3]）が意見聴取を行い，それを勘案して関係機関との連絡調整等を行う。これらの３つの取り組みが規定されました。

▷3　意見表明等支援員
一般にアドボケイト（代弁者）と呼ぶ。虐待等による困難を抱える子どもの意見を尊重し，子どもの権利を保障するための仕組みとして注目されている。

3　子どもの権利保障に関する民間の取り組み

○チャイルドライン

　チャイルドラインは，「子どもの話を聴くとともに，子どもの話に耳を傾ける大人を増やし，電話から見える子どもの現状を広く社会に発信していくことで，子どもが生きやすい社会の実現[4]」をめざした活動です。日本では，1998年に初めて「せたがやチャイルドライン」が開設され，その後，全国各地にチャイルドラインの活動が広がっていきました。1991年には，チャイルドライン支援センターが設立され，チャイルドラインを運営する団体に対する支援が行われています。

▷4　チャイルドライン
(http://childline.or.jp/supporter)。

○オレンジリボン運動

　子どもの権利保障のなかでも子ども虐待の防止のための取り組みとしてオレンジリボン運動が展開されています。オレンジリボン運動は，子ども虐待防止のシンボルマークとしてオレンジリボンを広めることで，子ども虐待をなくすことを呼びかける市民運動です。オレンジリボン運動をとおして子ども虐待の現状を伝え，多くの人に子どもの虐待の問題に関心をもってもらうことで，虐待のない社会を築いていくことをめざしています。

　2006年度からは，認定NPO法人児童虐待防止全国ネットワークがオレンジリボンの総合窓口を担い，オレンジリボンの普及を通じて全国的に，子ども虐待への関心を広げる啓発活動を実施しています。　　　　　　　　　（福田公教）

欧米の子ども家庭福祉の展開

ここでは，欧米の子ども家庭福祉の展開について述べていきますが，全体に触れることはできないので，イギリス，アメリカを中心にいくつかの項目を取り上げて述べていきます。

1　イギリスの救貧法の展開と子ども

1601年にイギリスにおいて救貧法（エリザベス救貧法）が制定されました。救貧法の対象は，①有能貧民，②無能貧民，③子どもの3つに分けられていて，子どもが対象として含まれていました。子どもの保護は，住み込みの職人見習いである教区徒弟制度などが行われていました。1834年には救貧法が大幅に改正されました。新救貧法は，①救貧行政の全国統一，②院内救済，③**劣等処遇**[1]，の原則のもとに救済が行われました。

19世紀には，新救貧法の他にも工場法が制定され（1833年），子どもの長時間労働の制限などが定められました。また，1908年には児童法が制定されました。この法律は，従来の子ども家庭福祉関係の法律を整理したもので，子どもの保護や犯罪少年の処遇などについて規定されました。

民間の活動としては1866年に孤児などを保護するバーナードホームが開設されました。バーナードホームは，小舎制，里親などを提唱・実践し，その活動は**石井十次**[2]に大きな影響を与えたといわれています。

2　アメリカの白亜館会議

20世紀に入って子どもの権利保障に関する関心が高まっていくなかで，1909年にアメリカのルーズベルト大統領が招集して白亜館会議が開催されました。この会議では，子どもをテーマとした議論が行われ，家庭で子どもが養育されることの重要性が主張されました。この会議は，その後のアメリカの子ども家庭福祉の方向性を定めたといわれています。1930年の第3回白亜館会議ではアメリカ児童憲章が採択され，その後のアメリカの子ども家庭福祉の施策にも影響を与えました。

3　ベヴァリッジ報告と家族政策

イギリスでは，1942年に，ベヴァリッジを委員長とする委員会によって『社会保険及び関連サービス』（通称，ベヴァリッジ報告）がとりまとめられました。

▷1　劣等処遇
救貧法による救済は，労働して賃金を得ている者の最低限の生活を下回るものでなければならないとする原則。

▷2　石井十次
⇨Ⅲ-2 参照。

ベヴァリッジ報告では，①貧困，②疾病，③無知，④不潔，⑤怠惰を5巨人悪と呼び，これらに対応するために，社会保険を中心として，家族手当，国民保健サービス，完全雇用政策など，所得保障のための新しい社会保障制度の創設が提案されました。

　ベヴァリッジ報告で提案された家族手当は，子どものいる家庭といない家庭の経済的負担の不均衡等を調整することを目的とするもので，1946年に家族手当法が制定されました。

4　代替的養育

　2009年に国連において「児童の代替的養護に関する指針」が採択されました。この指針では，子どもを家族の養育から切り離すことは最終手段とみなされるべきであるとしており，代替的養護はできる限り一時的なもので，短期間であるべきとしています。さらに，施設養護については，子どもの最善の利益に沿っている場合に限られるべきであるとして，里親委託や養子縁組の家庭的養護を優先すべきことが示されました。

　欧米の里親委託率をみると，オーストラリアは約9割，カナダ（BC州）やアメリカは8割以上，イギリスは約7割となっていて，欧米の主要国では里親委託が主流となっています。制度が異なるため単純に比較はできませんが，日本は代替的養護の約8割が施設養護となっており，里親委託率の向上が課題となっています。

5　子どもの貧困対策

　近年，日本では子どもの貧困が社会問題になっていますが，欧米においても子どもの貧困に対してさまざまな対策がなされています。アメリカでは，1965年からヘッドスタート事業が展開されています。ヘッドスタート事業は，貧困世帯の就学前の子どもと保護者を対象にしたプログラムで，貧困の世代間連鎖を断ち切ることを目的としたものです。全国共通の固定化されたプログラムが構築されているわけではなく，教育プログラム，保健プログラム，親の関与を促進するプログラム，ソーシャルサービスの4つの柱から各推進機関がプログラムを構築することになっています。

　イギリスでは1999年に，ブレア首相が2020年までに子どもの貧困を撲滅すると宣言し，積極的に支援策が講じられてきました。その一環として，就学前の子どもを対象としたサービスプログラムとしてシュア・スタート地域プログラムが展開されるようになりました。このプログラムは，貧困世帯の子どもに対して早期に介入を行うことで貧困の連鎖を絶つことを目的としたものです。2005年以降は，**チルドレンズ・センター**が実施するプログラムに再編されて実施されています。

　　　　　　　　　　　　　　　　　　　　　　　　　　（福田公教）

▶3　三菱UFJリサーチ＆コンサルティング（2021）「乳幼児の里親委託推進等に関する調査研究報告書」によると，2018年前後の欧米の里親委託率は，オーストラリア92.3%，カナダ（BC州）85.9%，アメリカ81.6%，イギリス73.2%，イタリア52.4%となっている。

▶4　室田信一（2015）「アメリカ──ヘッドスタート事業が示唆する『平等な教育』の現在形」埋橋孝文・矢野裕俊編著『子どもの貧困/不利/困難を考えるⅠ』ミネルヴァ書房。

▶5　チルドレンズ・センター
就学前の子どもや親に対して，幼児教育，保育サービス，保健医療サービス，親に対する情報提供・助言など統合的な乳幼児サービスを実施する場所。自治体ごとに実施プログラムは異なり，多様な支援が実施されている。

▶6　所道彦（2015）「イギリス──子どもの貧困対策の到達点」埋橋孝文・矢野裕俊編著『子どもの貧困／不利／困難を考えるⅠ』ミネルヴァ書房。

2 明治期に子どもを支えた民間活動

1 明治期における児童に関する施策

　明治期における児童に関する施策はまだ不十分でした。その代わりに，キリスト教や仏教関係の宗教団体や篤志家などの民間人あるいは民間団体による慈善救済事業が活発に展開され，子どもの支援が行われていました。

　また，当時は施設の運営資金などの補助もないため，自身で直接事業を行う者もあれば資金援助を行う者などもおり，それぞれの方法で児童の幸福追求のために尽力しました。

2 孤児等のための施設（児童養護施設）

　民間児童福祉事業のなかでも，特に孤児や棄児等を収容する現在でいうところの児童養護施設が数多く設置されました。主なものとして，長崎の岩永マキ，ド・ロ神父らによる浦上養育院（1874（明治7）年），福田会育児院（1879（明治12）年）などがあげられます。

　なかでも，1887（明治20）年に**石井十次**によって設立された岡山孤児院は有名です。敬虔なクリスチャンであった石井はキリスト教慈善思想に影響を受け，一時期の入所児童が1,200名に達するほど，多くの子どもを保護しました。

　また，石井は，「岡山孤児院十二則」を策定して施設の経営・処遇の近代化をめざしました。具体的には，家庭的な雰囲気のなかで少人数で生活をすることができる小舎制を採り入れたり，里親制度を導入したりするなど現代にも通じる先駆的な試みを行いました。なお，この施設の運営は倉敷紡績社長大原孫三郎ら実業家や一般後援者の寄付によって行われていました。

3 障害児施設

　障害児の施設では先駆的なものとして，1891（明治24）年にわが国最初の知的障害児を対象とした施設として**石井亮一**が創設した滝乃川学園があげられます。石井亮一は，濃尾大地震の際，孤児となった十数名の少女を引き取り，保護したのをきっかけに滝乃川学園の前身となる孤女学院を東京に設立しました。このとき連れて帰った孤児のなかに知的障害児がいたことから知的障害児を専門に保護し，教育する滝乃川学園を開園しました。

▷1　**石井十次**（1865-1914）
キリスト教思想に基づき，孤児教育事業に邁進し，岡山孤児院を創設した。
出所：遠藤興一編（1999）『写真・絵画集成　日本の福祉1　いしずえを築く』日本図書センター，46。

▷2　**石井亮一**（1867-1937）
立教女学校教頭であったが，孤女学院創設後，障害児教育に専念。知的障害児教育の研究のため渡米し，帰国後は臨床心理学に基づく科学的処遇の実践をめざした。日本の知的障害児教育の父と呼ばれている。

『人道』第1号（1905年）
留岡幸助が主催する家庭
学校機関誌。わが国の慈
善事業発展に活躍した
人々の論考が掲載されて
いる。
出所：穴戸健夫・丹野喜久子編
（1999）『写真・絵画集成 日
本の福祉2 自立への道』日
本図書センター，166。

4 非行・不良少年に対する施設

　非行・不良少年たちに対する感化事業も明治期に活発に行われるようになりました。池上雪枝が私費を投じて大阪に設立した池上感化院（1884（明治17）年）がそのはじめとされ，そのほかにも高瀬真卿が東京に設立した私立予備感化院（1885（明治18）年）などがあげられます。

　1899（明治32）年には留岡幸助が東京に新しい教護技術を導入した「家庭学校」を開設しました。留岡幸助は，北海道での教誨師の頃の経験とアメリカ留学の研究から，犯罪者となる要因は少年時代にあるとし，不良少年に良い環境と教育を与える感化教育こそが犯罪問題の根本的な解決方法だと考え，家庭主義的な処遇による教護指導を行いました。この家庭学校での取り組みは，今日の**児童自立支援施設**の原型となっています。

5 保育施設

　保育事業は，貧困家庭の子どもを対象として発展しました。新潟において1890（明治23）年に，赤沢鍾美が静修学校を設立し，そこに通う生徒が子守をしながら連れてくる幼児を預かるために付設託児所を始めました。これがわが国の保育所のはじまりといわれています。また，1900（明治33）年には，野口幽香が森島峰とともに貧困家庭の子どもたちを対象とした二葉幼稚園（現，二葉保育園）を設立しました。1894（明治27）年に設置された東京紡績の工場に付設された保育所なども保育事業の先駆的取り組みとしてあげられます。

（松本しのぶ）

▷ 3　児童自立支援施設
　⇨ Ⅵ-11 参照。

（参考文献）
　西尾祐吾編（1995）『新・児童福祉論』八千代出版。
　新・社会福祉学習双書編集委員会編（2000）『児童福祉論』全国社会福祉協議会。
　池田敬正・土井洋一編（2000）『日本社会福祉綜合年表』法律文化社。
　井村圭壯・藤原正範編（2007）『日本社会福祉史──明治期から昭和戦前期までの分野別形成史』勁草書房。
　菊池正治・清水教惠・田中和男・永岡正己・室田保夫編著（2014）『日本社会福祉の歴史 付・史料──制度・実践・思想［改訂版］』ミネルヴァ書房。
　伊藤清（1995）『戦前期社会事業基本文献集⑬ 児童保護事業』日本図書センター。

　第二次世界大戦以前の子ども関連施策の展開

1　明治期以前

　わが国の児童救済事業は，593年に聖徳太子が救済施設として四天王寺に設立した四箇院の内のひとつ「悲田院」において孤児や捨て子の収容保護を行ったことがはじまりとされています。その後，平安朝の頃までは皇室を中心に，それ以降は僧侶の手によって仏教の信仰に基づく救済が行われていました。

　室町時代から戦国時代は，戦乱によって人々の生活が困窮したことにより，堕胎や間引き，捨て子や子どもの身売りなどが横行しました。そのようななか，16世紀半ばにキリスト教が伝来し，宣教師らによるキリスト教思想に基づく子どもの救済活動が行われました。また，江戸時代には，幕府が棄児禁止令や間引き禁止令を出したり，貧民救済制度の一環として収容施設の設立や孤児救済のための基金制度などを設けたりしました。しかし，施策としては十分な効果が得られるものではありませんでした。

2　明治期

○貧困児童救済対策

　明治政府は子どもの福祉に関する法律の制定を比較的早く整備しましたが，それは子どもの保護というよりは国策であった富国強兵，殖産興業政策を目的としていたと考えられます。つまり，未来の強兵・労働力として子どもの存在は大きく，そのための福祉施策がとられていたといえます。

　江戸時代より，幕府と藩の搾取に加え，天災や飢饉などにより人々の生活は困窮していました。そのため，堕胎，間引き，捨て子などが頻繁に行われていました。このことから，明治政府は，1868（明治元）年には「堕胎禁止令」を，1871（明治4）年には棄児の防止を目的として，棄児を育てる者にはその子どもが数えで15歳（明治6年に満13歳に改正）になるまで年間7斗の米を支給する「棄児養育米給与方」を公布しました。続いて，1872（明治5）年には「人身売買禁止令」，1873（明治6）年には多子を出産した貧困者に対して養育一時金5円を支給するという「三子出産ノ貧困者へ養育料給与方」などが制定されました。

　そして，これらを含めた総合的な福祉法として1874（明治7）年に「恤 救 規 則」が制定されました。この法律では，日本古来の親族相救，隣保相扶という

親族や近隣の者の相互扶助による救済を最優先とし，国による救済の対象は「無告の窮民」すなわち扶養や養育する者が誰もいない者で，①障害者，②70歳以上の労働不能な高齢者，③病者で極貧の者，④13歳以下の孤児，と限定していました。このような厳しい条件のため，救済の対象となる者はほとんどなく，実質的な救済にはなりませんでした。また，その救済方法は給与米の給付による在宅保護としており（後に現金給付へと変更），子どもに関しては13歳以下の孤児を育てている者に対して，年間7斗の米が支給されていました。

○民間事業の発展

　明治期には，公的救済の不十分さを補うために，宗教団体や篤志家などの民間人あるいは民間団体による児童福祉事業が発展しました。たとえば，孤児や棄児を対象として設立された施設としては，石井十次による岡山孤児院があげられます。また，日本初の知的障害児施設である石井亮一の滝乃川学園，保育事業としては貧児を対象とした**野口幽香**らによる二葉幼稚園などがあげられます。

> ▷2　野口幽香
> ⇨Ⅲ-2参照。

○非行児童への取り組み

　1900（明治33）年には，「感化法」が施行されました。当時，街には浮浪児等が激増し，特にこれらの少年が犯す放火が頻発し，市民生活を脅かすものとなっていたため法的整備が必要とされました。この法律はいわば児童福祉法と少年法との間に位置するもので，施設保護を公的責任により行うことを法的に打ち出した最初のものです。この法において，感化教育を施す施設「**感化院**」を北海道および府県に設置するとされました。

　また，池上雪枝や高瀬真卿，**留岡幸助**ら民間人の非行・犯罪を犯す児童に対する取り組みも感化法成立に影響を与えたと言われています。

> ▷3　感化院
> 少年犯罪者を懲罰ではなく，教育や道徳的な視点で対応することにより，少年の考え方や生き方などを自然と変化させることを目的とした施設。院内では職業教育などが行われた。現在の児童自立支援施設の原型である。

○働く児童への取り組み

　労働児童保護対策としては，日清戦争以降の労働運動の本格化により，1911（明治44）年に「工場法」が制定されました。これは無制限の労働日数，深夜労働，低賃金，工場の不衛生等から疾病や労働災害が非常に多かったことが背景となっています。成立5年後に施行されたこの法律の内容は，12歳未満の児童の就業禁止，女子・年少者（15歳未満の者）の深夜業（午後10時から午前4時）の禁止，年少者の12時間労働の禁止等が規定されていました。

　その結果，法律の遵守を義務づけられた工場では15歳未満の者を解雇することも多くありました。そのため，年少の児童は，法の適用外であった小規模工場において過酷な労働条件の下で働くか浮浪児となるか，女児の場合は身売りするかなど，さらに厳しい生活状況へ追い込まれることも少なくありませんでした。

> ▷4　留岡幸助
> ⇨Ⅵ-11参照。

③　大 正 期

○非行児童への取り組み

　大正期は，生活の貧しさから児童の非行，犯罪が増加していたため，1922（大正11）年に「少年法」および「矯正院法」が成立しました。この少年法は現在の少年法の前身であり，18歳未満の者を対象とし，保護処分や少年審判所の手続きについて規定しています。当時の保護処分には，訓戒，誓約，寺院・教会・保護団体等への委託，少年保護司の観察に付すること，感化院送致，矯正院送致，病院送致などがありました。矯正院[5]は国立で設置され，16歳未満の者とそれ以上（上限は23歳）の者とでは区別して扱うこととされていました。

○地域における相談支援

　大正時代には，現在の民生児童委員制度の前身である岡山県済世顧問制度（1917（大正6）年），大阪府方面委員制度（1918（大正7）年）が開始されました。そして，1920（大正9）年には，東京府児童保護員制度が始まりました。児童保護員は，担当区域を巡視し，不良児，浮浪児，不就学児，貧困児などについて，警察，学校，保護施設と連絡をとって，子どもの保護をしていました。

④　昭和期（第二次世界大戦以前）

○貧困児童への取り組み

　昭和初期は，世界大恐慌や東北地方の大凶作などにより，国民の生活は非常に苦しいものとなりました。その影響は，欠食児童の増加，親子心中，児童虐待の増加など児童に関する深刻な問題を生みました。そこで，1929（昭和4）年にはそれまでの恤救規則に代わって「救護法」が制定されました。しかしながら，財政的な問題から施行は1932（昭和7）年まで先送りされました。

　この法律においても家族・親族による扶養が原則とされてはいましたが，「無告の窮民」つまり「全く身寄りがないこと」という条件は撤廃されました。救済の対象は，①65歳以上の高齢者，②13歳以下の児童，③妊産婦，④傷病人・障害者に限定され，労働能力のある者は除外されました。また，それまでの在宅保護に加え，施設保護も行われるようになりました。救護施設としては，養老院，孤児院，病院等が示され，その費用は居住地の市町村が負担することとなりました。

○非行児童への取り組み

　1933（昭和8）年には，それまでの感化法を廃止し，「少年教護法」が制定されました。この法律は少年の不良化防止を目的とし，少年教護院での教育的保護や少年鑑別機関などに関する規定がされていました。その対象は不良行為をしたもしくはそのおそれのある14歳未満の児童であり，少年教護院へ入院させるほか，少年教護委員の観察に付することなどによる保護を図っていました。

◯児童虐待への取り組み

1933（昭和8）年に「児童虐待防止法」が制定されました。児童虐待防止法は，その対象を14歳未満の児童とし，その児童を保護すべき責任のある者が児童を虐待した場合，訓戒，在宅指導，親族委託，保護施設入所等の方法によりその児童の保護を図ろうとするものでした。この法律の制定には，工場法等で対応できない児童労働における虐待を防止する意味もありました。この法律は後に，第二次世界大戦後に成立した児童福祉法第34条の**禁止行為**に吸収され，廃止されることとなります。

◯母子保護への取り組み

1937（昭和12）年には，「母子保護法」が成立しています。この法律は13歳以下の子を持ち，生活が困難で，子どもの養育も不可能である母または母に代わる祖母に対して経済的扶助を行うことを目的としていました。昭和恐慌以降，社会的な問題となっていた母子心中の増加に対応するものとして成立しましたが，夫が失業中の母などは救済の対象外であり，「母の性向」いかんによっては受給できない場合もありました。また，現在の**母子生活支援施設**にあたる施設の設置も法に規定されていました。

◯戦時下における児童福祉施策

満州事変以降の軍事下において児童に対する施策は，明治期と同様に必ずしも児童保護を第一の目的として行われたのではなく，次代の国家を担う人的資源の保護・育成を目的として進められていました。そのようななか，1938（昭和13）年には厚生省（現，厚生労働省）が設置され，同じ年，「社会事業法」（現・社会福祉法）が制定されました。この法律で規定された児童福祉に関する事業は，「育児院，託児所，その他の児童保護を為す事業」とされ，厚生省社会局には児童課が置かれました。

以上のように，明治期，大正期，昭和期（第二次世界大戦以前）の孤児や棄児，親子心中，欠食児童，非行などといった児童に関する問題は，常に貧困が背景にあったといえます。

また，3つの時代の施策を概観しましたが，これらの施策の目的は必ずしも児童保護ではなく，国力の増強を目的としたものも多く存在しました。しかしながら，それにより児童福祉に関する施策が推進されたともいえます。また，これらの施策だけではすべての児童の問題に対応できるわけではありませんでした。

そして第二次世界大戦後，児童を取り巻く環境がより悪化した状況で児童福祉に関する総合的な法律の制定がさらに必要とされました。これらの流れを受けて，1947（昭和22）年に「児童福祉法」が制定されました。　　（松本しのぶ）

▷6　禁止行為

児童福祉法第34条に規定されている行為で，何人もそれらの行為をしてはならないとされている。具体的には，身体障害等がある児童を公衆の観覧に供する行為，児童にこじきをさせる行為等があげられる。

▷7　母子生活支援施設
⇨Ⅵ-10参照。

（参考文献）
　児童福祉法研究会編（1978）『児童福祉法成立資料集成　上巻』ドメス出版。
　山内茂・山崎道子・小田兼三編（1989）『児童福祉概論［改訂版］』誠信書房。
　西尾祐吾編（1995）『新・児童福祉論』八千代出版。
　池田敬正・土井洋一編（2000）『日本社会福祉綜合年表』法律文化社。
　伊藤清（1995）『戦前期社会事業基本文献集⑬　児童保護事業』日本図書センター。

4　戦後混乱期と児童福祉法の成立

1　戦後混乱期の児童を取り巻く状況

　第二次世界大戦終了直後は戦争の爪痕が大きく，国民全体が貧しい生活を強いられました。子どもたちも例外ではなく，戦災で肉親を亡くしたり，満州などから引き揚げの途中で親を失ったり，貧困によって親が育てられない子どもなどが大勢いました。孤児や浮浪児となり，物乞いや，靴磨き，闇市の手伝いなどで賃金を得て生活している子どももいました。また，子どもたちによる窃盗などの犯罪や飲酒，喫煙などの非行行為が問題となっていました。このような状況は子どもの健全な育ちの面からも治安維持の面からも，早急な対応が必要とされました。しかしながら，子どもたちを収容し，保護するはずの（児童）養護施設などの児童福祉施設は，戦災で打撃を受けただけでなく，財政的にも苦しく，絶対的に数が少ない状況で十分な役割を果たせませんでした。

　こうした状況から1945（昭和20）年9月に「戦災孤児等保護対策要綱」が出されました。この要綱は，個人家庭への委託，養子縁組の斡旋による孤児の保護を基本としていましたが，効果的な対策とはいえませんでした。次いで，1946（昭和21）年4月には「浮浪児その他の児童保護等の応急措置実施に関する件」が出され，「**児童保護相談所**」が設けられ，浮浪児の取り締まりが強化されました。そして，同年9月には大都市を対象とした「主要地方浮浪児保護要綱」が出され，警察との連携の下での浮浪児の発見，収容施設への指導助成などが行われ，浮浪児対策の組織的強化が図られました。

　当時，浮浪児を発見し，収容する作業は，通称「狩りこみ」と呼ばれていました。警官と福祉関係者が浮浪児たちの周りを包囲し，トラックへと追い込むという強制的な方法で児童の保護を行っていました。しかしながら，施設に子どもたちを収容しても自由な暮らしを望んで施設から逃げ出し，収容と脱走を繰り返すことも多く，問題の根本的な解決はできませんでした。

　また，戦争で夫を亡くした母子世帯の増加も深刻な問題でした。さらに，貧困のため，妊産婦や乳幼児が病気や栄養失調になることが多く，乳幼児死亡率が非常に高い状況でした。このような状況から早急に子どもおよび子どものいる家庭を保護する施策が求められました。

街頭でたむろする浮浪児たち
浮浪児たちのなかには，かっぱらい，窃盗等の犯罪行為や喫煙，飲酒などの非行行為を行う者も少なくなかった。
出所：穴戸健夫・丹野喜久子編
　　（1999）『写真・絵画集成 日本
　　の福祉2 自立への道』日本図
　　書センター，154。

② 児童福祉法誕生

　敗戦後の日本は貧困の中，連合国軍最高司令官総司令部（以下，GHQ：General Headquarters の略）の指導と援助のもとで復興を推し進めていました。GHQ は日本に対して政治や経済の指導を行い，1946（昭和21）年に制定された日本国憲法や**生活保護法**も GHQ の指導の下で作成されました。子どもに関する施策も同様で，浮浪児への早急な対策等が GHQ から求められ，1947（昭和22）年12月に「児童福祉法」が制定されました。児童福祉法は，戦前までの児童に関する法律のように特定の問題を抱えた子どものみを対象としたものではなくすべての児童を対象とし，その健全な育成，福祉の積極的増進を目的とした画期的な内容であり，子どもに関する総合的な法律といえます。また，国および地方公共団体が親とともに児童の健全育成の責任を負うことも法に明記されました。

　この児童福祉法の制定によって孤児や親が養育できない多くの子どもたちの救済が行われることになりました。また，生活保護法により母子家庭等の貧困家庭の救済が国によって行われるようになり，子ども個人，子どものいる家庭の両面から援助が可能となったといえます。

　さらに，児童福祉法成立の翌年には**児童福祉施設最低基準**が制定され，施設設備，職員等の基準が決められ，施設で暮らす子どもにも一定基準の生活が約束されました。一方，戦後の混乱のなかで保護を必要とする子どもへの対応に追われ，児童福祉法の理念の具現化であるすべての児童を対象とした取り組みはなかなか実現されにくい状況でした。

（松本しのぶ）

▷2　**生活保護法**
現在，旧生活保護法と呼ばれるもの。1946年に制定された。生活困窮者を国家責任で無差別平等に保護するとしたが，能力があるにもかかわらず勤労を怠る者等は対象から除外された。1950年に現行法に改正された。

▷3　**児童福祉施設最低基準**
現在の「児童福祉施設の設備及び運営に関する基準」のこと。
⇨Ⅶ-5 参照。

（参考文献）
　児童福祉法研究会編（1978）『児童福祉法成立資料集成　上巻』ドメス出版。
　菊池正治・清水教惠・田中和男・永岡正己・室田保夫編著（2014）『日本社会福祉の歴史 付・史料──制度・実践・思想［改訂版］』ミネルヴァ書房。

子ども家庭福祉法制の整備（1950～1980年代）

1 児童福祉法成立～1950年代前半

　児童福祉法成立と同時期には，身体障害者福祉法（1949年），生活保護法（1950年：新法），社会福祉事業法（1951年：現，社会福祉法）などが成立し，戦後復興に向けた基本的な体制がつくられていきました。

　しかし，復興は容易ではなく，児童福祉法の理念とは裏腹に，日本でも当時は戦災孤児や浮浪児への対応に追われ，その後も貧困家庭の子どもや貧困に起因する非行問題などに対して，戦前期と同様の保護を中心に展開されました。

　児童福祉法成立の翌年（1948年）には，児童福祉施設最低基準▷1が制定され，施設設備や職員配置等の基準が定められました。これにより，施設で生活する子どもに一定基準の生活が約束されましたが，当初からその基準は子どもの人権保障の観点からみると極めて低く，現在もその傾向は続いています。

　また，1950年代になると，ボウルビィ（Bowlby, J.）により指摘された**ホスピタリズム**▷2について，養護施設長らが中心となって活発な議論が行われました。議論により施設養護の改良がめざされましたが，施設生活水準の向上につながる抜本的な制度改正にはつながりませんでした。

2 高度経済成長期──1950年代後半～1970年代前半

　1950年代後半から1970年代前半は，戦後処理を経て高度経済成長期と呼ばれた時期にあたります。経済成長が飛躍的に進展したので，それを支えるために保育所の整備が進むとともに，社会福祉政策も拡充されていきました。

　一方，急激な経済成長は，核家族化や都市部への労働者の流入とそれに伴う過疎・過密化および地域社会の弱体化を加速させました。これに伴い，子どもの生活基盤も弱くなり，親の失業や離婚，病気等さまざまな場面において制度的対応が求められるようになっていきました。

　この時期は，児童扶養手当法（1961年），特別児童扶養手当等の支給に関する法律（1964年），児童手当法（1971年）といった経済的支援制度が開始される一方，母子福祉法（1964年，現，母子及び父子並びに寡婦福祉法）の制定や，児童福祉法から母子保健法（1965年）が独立して制定されるなど，ひとり親への支援や母子保健施策も進められました。

　さらに，1957年に精神薄弱児通園施設（現，児童発達支援センター），1967年に

▷1　現，児童福祉施設の設備及び運営に関する基準。

▷2　**ホスピタリズム**
長期間の施設入所が子どもの心身の発達に問題を起こすことであり，「施設症（病）」と訳されることもある。20世紀初頭から乳児院などで養育されている乳児の死亡率が高いことが指摘され研究が始まったが，その後，身体問題だけでなく情緒や言葉などの知的・精神的発達の遅れが指摘されるようになり，里親養育をはじめとする個別ケアの重要性が強調されるようになった。

重症心身障害児施設（現，障害児入所施設）が創設され，1974年には障害児保育が開始され，障害児施策が進展しました。

　一方，急激な経済成長がもたらした子どもの生活基盤の変化に伴う影響は，従来の貧困を起因とする非行から，価値観の葛藤に起因する反抗型非行への変化をもたらし，「第2の非行の波」として社会問題化しました。こうしたことを受け，1971年には情緒障害児短期治療施設（現，児童心理治療施設）が創設され，軽度の少年非行への早期・予防的対応が行われるようになりました。

　また，社会福祉制度の利用決定を行政が行う**「措置制度」**がこの時期に確立しました。措置制度は，生活が困難な人々に対して必要な福祉サービスを行政が責任をもって決定する制度ですが，利用者による施設やサービスの選択は保障されていないという課題がありました。

▷ 3　措置制度
⇨Ⅲ-6参照。

❸ 「福祉見直し」による政策の縮小──1970年代後半〜1980年代

　高度経済成長を背景に，子ども家庭福祉および社会福祉政策は拡充され続けてきましたが，オイルショックによる景気後退を受けて財政確保が困難となったことから一転し，「福祉見直し」の名の下に財政の縮小がされていきました。

　1970年代半ばから，**ベビーホテル**と呼ばれる認可外保育施設において，乳幼児の死亡事件が相次ぎ社会問題化しました。このベビーホテル問題は，保育が経済的利益を優先して行われ，子どもの命や健やかな育ちが危険にさらされるという矛盾を表面化させました。同時に，女性の就労が広がるのに伴い働き方が多様になるなかで，延長保育や0歳児保育など，当時の保育所で行われていた保育サービスでは対応しきれないニーズを抱えた家族が増えたことを表面化させました。そして，この問題をきっかけに夜間保育が制度化されましたが，0歳児保育や延長保育などの多様な保育サービスの整備が本格化するのは，少子化問題が深刻化する1990年代後半まで待たなければなりませんでした。

▷ 4　ベビーホテル
認可外保育施設のうち事業所内保育施設，院内保育所を除いた，夜間の保育や宿泊を伴う保育，時間単位での臨時預かりなどを営利目的で行う施設の総称。なお，保育所入所待機児童問題が深刻化した1990年代後半以降，再び増加し，2001年には届出義務化等を盛り込んだ児童福祉法改正が行われた。

　以上のように，児童福祉法成立から1980年代までの子ども家庭福祉は，戦災孤児等への対応から始まり，その後，1950年代後半からは経済成長の下で子どもやその家族の生活が変化したことを背景に，従来の貧困や養護に関する問題に加え，保育や障害児に関する問題についても制度的対応が行われるようになりました。しかし，1970年代後半からは「福祉見直し」が行われ，子ども家庭福祉政策の予算も縮小されていくなかで，「ベビーホテル」問題が発生し，子どもの権利と親の労働を保障する保育政策が必要とされていることが表面化しました。

（吉田幸恵）

子ども家庭福祉法制の改革 (1990〜2000年代)

▷1　措置制度
行政が職権で必要性を判断し，福祉の提供施設・機関等を決定する仕組み。虐待等，利用者（保護者）との契約が困難な，児童養護施設，乳児院，児童心理治療施設，児童自立支援施設の入所に関しては措置制度が適用される。

▷2　選択利用制度
利用者が福祉を提供する施設や事業者を選び，契約する仕組み。保育所，認定こども園，母子生活支援施設，児童発達支援センター等の利用において活用される。なお，措置制度に対する概念である契約制度とも呼ばれる。

▷3　1.57ショック
1989年に合計特殊出生率（1人の女性が一生の間に産む子どもの年度平均値）が1.57にまで低下し，少子化傾向が深刻化したことを象徴的に表した用語。それまでは，統計史上最も合計特殊出生率が低下したのは丙午（ひのえうま）の1966年の1.58であったが，それを下回ったことから人口減少がわが国に経済的・社会的危機を引き起こすとの認識が広まった。

▷4　児童自立支援施設
⇨Ⅵ-11 参照。
▷5　児童養護施設
⇨Ⅵ-9 参照。
▷6　母子生活支援施設
⇨Ⅵ-10 参照。

① 1990年代の展開

　1980年代から高齢者福祉分野を中心に社会福祉改革が行われ，その流れは1990年の福祉関係8法改正で一つの到達点を迎えます。これにより，施設福祉から在宅・地域における福祉が推進され，同時に，利用者本位の制度への転換によって，利用者の権利擁護の取り組みが進められることになりました。この流れのなかで，子ども家庭福祉分野については，保育所，母子生活支援施設，助産施設が**措置制度**から**選択利用制度**（契約制度）へと移行しました。

　一方，1989年の人口動態統計において合計特殊出生率が1.57を記録し，少子高齢化が急速に進んでいることに危機感がもたれるようになりました（**1.57ショック**）。これを受け，政府は1994年に「今後の子育て支援のための施策の基本的方向について（通称，エンゼルプラン）」および「緊急保育対策等5か年事業」を発表し，保育所整備を中心とする少子化対策を開始しました。その後，少子化対策は，新エンゼルプラン（1999年），子ども・子育て応援プラン（2004年），子ども・子育てビジョン（2010年）へと引き継がれました。しかし，地域や家庭の子育て機能の低下とあいまって，少子化傾向に歯止めはかからず，子ども虐待などの深刻な問題も今もなお存在しています。

　また，1994年に政府は児童の権利に関する条約（通称，子どもの権利条約）を批准しました。この条約は，子どもの最善の利益を考慮すること（第3条）を基本的精神とし，意見表明権（第12条），表現の自由についての権利（第13条）といった能動的権利も保障していくことを強調しています。この条約の批准により，日本社会において子どもの権利に対する意識が向上し，児童虐待の防止等に関する法律（2000年）の成立などにつながっていきました。

　さらに，子どもの権利条約の批准に加え，社会福祉改革の流れと子どもと家庭を取り巻く社会の変化に子ども家庭福祉が対応するため，1997年に児童福祉法が大幅に改正されました。この改正では，先に述べた通り保育所が措置制度から選択利用制度へと転換し，「教護院」が「**児童自立支援施設**」へ，「養護施設」が「**児童養護施設**」へ，「母子寮」が「**母子生活支援施設**」へと名称変更するとともに，それぞれの施設の果たす目的が子どもや家庭の「自立支援」へと改められました。

❷　2000年代の展開

○家庭内における暴力・少子化・障害者（児）への対応

　2000年には，児童虐待の防止等に関する法律（通称，児童虐待防止法）が成立し，子ども虐待の定義，国や地方公共団体の責務，関係者による早期発見等が定められました。また，翌年には**配偶者からの暴力の防止及び被害者の保護等に関する法律**（通称，DV防止法）（2001年）が制定されました。児童虐待防止法，DV防止法はともに，家庭内における暴力を防ぐことを目的とした法律であり，従来は家庭内の問題という理由で積極的には介入されなかった暴力が，社会問題として認識されたことを象徴するものでもありました。

　少子化対策でも進展がみられました。2003年に次世代育成支援対策推進法と少子化対策基本法が制定されました。次世代育成支援対策推進法によって，都道府県や市町村，公的機関および301人以上を雇用する事業所（2008年に101人以上に改正）は行動計画を策定し，子どもの育つ環境整備に取り組むことになりました。なお，この法律は2005年度から10年間の時限立法でしたが，2025年3月までに延長されました。また，2009年には育児休業，介護休業等育児又は家族介護を行う労働者の福祉に関する法律（通称，育児・介護休業法）が改正され，育児休業取得を理由にした不当解雇防止に向け，紛争解決援助制度と企業名公表・過料の制裁措置や，短時間勤務制度の導入と請求された場合の所定外労働免除の義務化などが加えられました。

　障害児・者等に関連する施策についても進展がありました。2004年には発達障害者支援法が制定され，従来の障害者の定義に当てはまらない，重度の知的障害を伴わない自閉スペクトラム症（ASD），注意欠如・多動症（ADHD），**限局性学習症**（SLD）などの人々の自立と社会参加等を支援することになりました。また，2009年には子ども・若者育成支援推進法が成立し，ニート，ひきこもり，発達障害などを抱える子どもや若者の社会参加を支援するため，関係機関のネットワークの整備が図られました。

○児童福祉法の改正

　一方，児童福祉法も，子ども虐待防止や少子化対策に関連して何度か改正が行われてきました。2004年の改正では，市町村の相談体制の強化，要保護児童対策地域協議会の設置，中核市における児童相談所の任意設置，里子の監護・教育等に関する里親の権限の明確化，児童福祉施設等を退所した子どもへのアフターケアの義務化などが定められました。また，2008年の改正では，**子育て支援事業**が法定化され，里親制度の改正，小規模住居型児童養育事業（ファミリーホーム）の創設，児童福祉施設職員による虐待の防止（被措置児童等虐待）などが定められました。

（吉田幸恵）

▷7　**配偶者からの暴力の防止及び被害者の保護等に関する法律**
制定当時は，「配偶者からの暴力の防止及び被害者の保護に関する法律」という名称であった。2014年施行の改正で，「保護に関する」から「保護等に関する」へと変更されている。

▷8　**限局性学習症(SLD)**
学習障害の一類型で「読む」「書く」「聞く」など特定の領域だけがうまくいかない状態。

▷9　**子育て支援事業**
乳児家庭全戸訪問事業，養育支援訪問事業，地域子育て支援拠点事業，一時預かり事業，家庭的保育事業の4事業のこと。

▷10　養育里親と養子縁組里親の区別，養育里親の研修の義務化，里親支援体制の整備について改正された。

7 子ども家庭福祉法制の展開（2010年代以降）

1 少子化問題への対応

　2010年以降は，まず少子化対策について進展がみられました。2010年には子ども・子育て新システム検討会議が設置され，議論が重ねられました。これを受けて2012年には，**子ども・子育て関連3法**が成立し，幼児教育・保育，地域の子ども・子育て支援を総合的に推進していくことになりました。

　子ども・子育て関連3法に基づき，2015年には**子ども・子育て支援新制度**[※2]が施行され，すべての子ども・子育て家庭を対象に幼児教育・保育，地域の子ども・子育て支援の質・量の拡充が図られました。

　また，子ども・子育て支援新制度の施行に伴い児童福祉法も改正されました（2012年成立，2015年施行）。これにより，従来は「保育に欠ける」とされていた保育所等を利用できる要件が，「保育を必要とする」に変更したほか，幼保連携型認定こども園を児童福祉施設として規定するなどの改正が行われました。

　2019年10月からは，子ども・子育て支援法を一部改正し，幼児教育・保育の無償化を開始しました。幼稚園，保育所，認定こども園，児童発達支援センターなどを利用する3歳以上児，住民税非課税世帯の3歳未満児の利用料が無料となりました。従来から，低所得世帯に対する保育料の減免や生活保護世帯への保育料免除は行われてきましたが，法改正により，低所得世帯に加え，それ以外の中・高所得世帯の保育料も無料となりました。すべての子育て家庭の経済的負担を軽減させることにより，積極的に子どもをもとうとする家庭を増やし，少子化抑制の効果を得ることが期待されています。

　一方，2020年度には私立高等学校の実質無償化も開始されました。高等学校等就学支援金（返還不要の授業料支援）の制度改正により，利用の条件であった所得制限額を大幅に引き上げ，子どもが私立高校に通う家庭の経済的負担の軽減を図りました。

　また，2024年施行の児童福祉法改正（2022年制定）では，「**こども家庭センター**[※3]」を設置し，市区町村における子育て支援の拠点として包括的な相談支援を行います。

2 子ども虐待問題への対応

　一方，2011年には，深刻化する子ども虐待問題を受け，民法において**親権の**

▷1　子ども・子育て関連3法
「子ども・子育て支援法」，「就学前の子どもに関する教育，保育等の総合的な提供の推進に関する法律（認定こども園法）の一部を改正する法律」，「子ども・子育て支援法及び就学前の子どもに関する教育，保育等の総合的な提供の推進に関する法律の一部を改正する法律の施行に伴う関係法律の整備等に関する法律」の3つの法律をまとめていう。

▷2　子ども・子育て支援新制度
⇨Ⅲ-10参照。

▷3　こども家庭センター
⇨Ⅴ-4参照。

一時停止[44]制度を創設するとともに，**未成年後見制度[45]**の見直しを行うなどの改正を行いました。これに伴い児童福祉法も改正され，親権の喪失や未成年後見制度に関する児童相談所長の役割等が定められました。

　2016年にも児童福祉法は大きく改正されました。子ども虐待について発生予防から自立支援までの一連の対策のさらなる強化等を図り，すべての子どもを健全に育成するため，児童福祉法の理念を明確にしたこと，妊娠期から子育て期までの切れ目ない支援を行う母子健康包括支援センター（通称，子育て世代包括支援センター）の全国展開，市町村及び児童相談所の体制・権限強化，被虐待児童への自立支援等の措置等が行われました。この改正で初めて「児童の権利に関する条約の精神にのつとり」（第1条），児童の「最善の利益が優先して考慮され」（第2条第1項）という文言が加えられ，子ども家庭福祉が子どもの権利のためにあることが明確になりました。

　また，虐待を受けた子ども等要保護児童に対応する社会的養護分野においても大きな動きがみられました。2011年には「社会的養護の課題と将来像」，2017年には「新しい社会的養育ビジョン」が社会保障審議会や厚生労働省の検討会から発表されました。戦後以来，わが国では要保護児童を主に施設において養護してきましたが，2000年代以降，**里親制度**や**特別養子縁組制度[46]**といった家庭養護が政策的に重視され，施設養護から家庭養護へと積極的に転換が図られています。

　また，2019年の児童福祉法等改正法では，「親権者は児童のしつけに際して体罰を加えてはならない」と定めて子どもの権利擁護を図り，児童相談所の体制や関係機関との連携なども強化しました。体罰は，身体に苦痛と不快感を意図的にもたらす行為であり，児童虐待の防止等に関する法律に定義される「身体的虐待」に含まれることから，従来から禁止されてきましたが，体罰を容認する文化が根強いことを背景に，法律へ明確に記されました。

　さらに，2024年施行の児童福祉法改正では，児童虐待の相談対応件数の増加など，子育てに困難を抱える世帯が表面化している状況などを踏まえ，いくつかの制度や事業を創設・拡充し，体制強化を図ります。その内容は表Ⅲ-1のとおり主に7つですが，児童相談所に併設された一時保護所の環境改善や，社会的養護経験者の自立支援，社会的養護を利用する子どもの意見聴取，児童相談所で児童虐待に対応する児童福祉司の専門性の向上といった，子どもを虐待含む社会的養護への対応に関する内容が中心です。

❸　障害児分野の展開

　2012年には，「障がい者制度改革推進本部等における検討を踏まえて障害保健福祉施策を見直すまでの間において障害者等の地域生活を支援するための関係法律の整備に関する法律」（2010年12月公布）の施行に伴い，児童福祉法が改

▷4　親権の一時停止
期限を定めずに親権を奪う親権喪失とは異なり，あらかじめ期間を定めて一時的に親が親権を行使できないよう制限する制度。親による親権の行使が困難なとき，または親権の行使が不適当であるときに適用される。停止期間は最長2年間。

▷5　未成年後見制度
親権者の死亡等のため未成年者に対し親権を行う者がない場合に親権者と同じ権利義務を有し未成年者の身上監護（身体的・精神的な成長を図るために監護・教育を行うこと）と財産管理を行う制度。

▷6　里親制度・特別養子縁組制度
⇨Ⅵ-14参照。

正されました。障害児及びその家族が身近な地域で必要な支援を受けられるようにするため，従来は障害の種別ごとに存在していた障害児系施設を，入所型施設は「**障害児入所施設**」へ，通所型施設は「**児童発達支援センター**」へと一元化しました。

さらに，2024年施行の児童福祉法改正により，児童発達支援センターについては，福祉型・医療型の二類型を一元化し，合わせて，地域の障害児支援の中核としての役割を明確にし，幅広く高度な専門性に基づく発達支援・家族支援をさらに推進することになりました。

また，2014年には障害者の権利に関する条約を批准し，障害者は権利の主体であり，障害者への差別は禁止されなければならないという理念を反映させ，さまざまな分野において障害者の権利実現のために取り組むことになりました。

❹　子どもの貧困問題への対応

2000年代以降，経済的困難が子どもの生活や育ち，将来等さまざまな面で影響を与える問題，すなわち「子どもの貧困問題」が指摘されるようになりました。これを受けて，2013年に**子どもの貧困対策の推進に関する法律**（通称，**子どもの貧困対策法**）が制定されました。この法律は，子どもの将来が生まれ育った環境によって左右されることのないよう，貧困の状況にある子どもが健やかに育成される環境を整備し，教育の機会均等を図るため，子どもの貧困対策を総合的に推進することを目的としており，国や地方公共団体の責務や基本的施策，子どもの貧困対策会議の設置などについて定めています。

2019年には法改正により，「子どもの将来だけでなく現在に向けた対策であること」などを目的や基本理念に加えました。また，市町村に対し，子どもの貧困対策計画の努力義務を定めました。さらに，同法の制定時に策定した「子供の貧困対策に関する大綱」（Ⅸ-1 参照）についても，「支援が届かない又は届きにくい子供・家庭への配慮」などの方針を加えましたが，具体的な評価目標・基準の設定は見送られました。

❺　子ども家庭福祉行政の再編

2023年には，**こども家庭庁**が新設され，子育て支援や子どもの貧困対策，子ども虐待防止，少子化対策などの幅広い分野を担当します。これまで厚生労働省や内閣府にまたがっていた子ども関連部局を統合し，一元的に政策を進めます。なお，幼稚園や小学校などの子どもの教育に関しては，従来通り文部科学省が管轄します。また，子どもの権利擁護を基本理念に定めた「こども基本法」（2022年制定・施行）が，こども家庭庁の新設と合わせて成立しました。

以上みてきたとおり，2010年代以降の子ども家庭福祉は，1990年代から引き

表Ⅲ-1　2022年児童福祉法改正（2024年施行）の概要

1. 子育て世帯に対する包括的支援のための体制強化と事業の拡充
　①市区町村において子育て世帯の包括的な相談支援等を行う「こども家庭センター」の設置（努力義務）
　②訪問による家事支援，児童の居場所づくりの支援，親子関係形成の支援等を行う事業の新設
　③地域の障害児支援の中核として児童発達支援センターの役割を明確化，児童発達支援の類型（福祉型，医療型）の一元化
2. 一時保護所や児童相談所による子ども・妊産婦等への支援の質的向上
　①一時保護所の環境改善のため設備・運営基準を策定，民間との協働による親子再統合の事業の実施，「里親支援センター」を児童福祉施設として創設。
　②困難を抱える妊産婦等への一時的な住居や食事，養育等に係る情報提供等を行う事業の創設。
3. 社会的養育経験者・障害児入所施設の入所児童等に対する自立支援の強化
　①児童養護施設や自立援助ホームの年齢による利用制限の弾力化。社会的養育経験者等の支援拠点を設置する事業の創設。
　②障害児入所施設の入所児童等が地域生活等へ移行する際の調整の責任主体（都道府県・政令市）を明確化，入所継続年齢の引き上げ（22歳まで）
4. 子どもの意見聴取等の仕組みの整備
　児童相談所等は施設入所や一時保護等の際に子どもの最善の利益を考慮し，子どもの意見・意向を勘案するため，子どもへ意見聴取等を行う。都道府県は必要な環境整備を行う。
5. 一時保護開始時の判断に関する司法審査の導入
　児童相談所が一時保護を開始する際，裁判官へ一時保護状を請求する手続きを設け，裁判所が保護の必要性を判断する。
6. 子ども家庭福祉の実務者の専門性の向上
　虐待を受けた子どもの保護等の専門的な対応については，十分な知識・技術を有する者を児童福祉司として任用するよう要件を追加。
7. 子どもをわいせつ行為から守る環境整備
　子どもにわいせつ行為を行った保育士の資格管理（取り消された資格の再登録）の厳格化，ベビーシッター等に対する事業停止命令等の情報の公表や共有。

出所：厚生労働省「児童福祉法等の一部を改正する法律案の概要」を一部改変。

▶11 ⇨ Ⅵ-15 参照。
▶12 ⇨ Ⅵ-9, Ⅵ-13 参照。
▶13 ⇨ Ⅸ-5 参照。
▶14 ⇨ Ⅵ-7 参照。
▶15 ⇨ Ⅶ-3 参照。

続き少子化問題，子ども虐待問題への対策を中心に展開しています。そして，これらに加えて経済格差の拡大を背景に，子どもの貧困問題への対応が開始されました。また，保育所の待機児童問題に代表されるように，保護者の労働と子育てを含む家庭生活との両立，いわゆるワーク・ライフ・バランスに関わる問題も注目を集めており，子ども家庭福祉施策への期待が高まっています。子どもや家族を取り巻く社会の変化をふまえ，今後の子ども家庭福祉の展開にも注目していく必要があります。

（吉田幸恵）

社会福祉の計画的推進

 わが国の社会福祉の計画化の動きとその背景

　わが国における社会福祉の計画化の動きは，1990年代以降に進展がみられるようになりました。まず，1990年の福祉関係8法改正に伴い，老人福祉法において市町村に策定が義務づけられた老人保健福祉計画が規定されたのが始まりです。その後，1993年には障害者基本法に位置づけられた都道府県・市町村障害者計画が策定され，1994年には「今後の子育て支援のための施策の基本的方向について（通称，エンゼルプラン）」による地方版児童育成計画が策定されました。さらに，2000年の社会福祉基礎構造改革に伴い社会福祉事業法が改正され制定された社会福祉法においては，都道府県による地域福祉支援計画，市町村による地域福祉計画の策定について定められました。また，2003年には次世代育成支援対策推進法が制定され，都道府県および市町村，さらには事業主にも行動計画の策定が義務づけられました。

　このような社会福祉の計画化の動きには，少子高齢化により将来的に税収や社会保障費の縮小が見込まれること，加えてバブル経済崩壊後の長期にわたる景気後退により財政状況悪化に直面してきたことを背景に，財政を効果的・効率的に運営することが求められたという背景があります。一方，戦後50年以上が経過し社会福祉の問題が複雑化・多様化してきたため，従来行われてきた縦割り主義的な行政活動についても見直しが必要となっていました。

　これらのことを受け，一定の方針や目標を設定して達成すべき課題の優先順位を明確にし，総合的な視野でその実現に必要な行政手段を調達し関連部局の調整を行う，社会福祉の計画的推進が展開されるようになりました。

2 子ども家庭福祉分野における計画とその推進

　子ども家庭福祉分野においては，主に少子化対策が計画化され推進されています（図Ⅲ-1）。しかし，近年においても都市部における待機児童問題，子どもの貧困問題や子ども虐待問題などが存在する通り，子どもを産み育てる環境が整備され，すべての家庭における子育てが十分に支援されているとは言い難い状況です。そのため，実施した計画の検証を適切に行い次の計画策定に活かしていくことに加えて，十分な予算や人員の配置を進め，実効性の高い計画を展開していくことが求められています。　　　　　　　　　　　　　　（吉田幸恵）

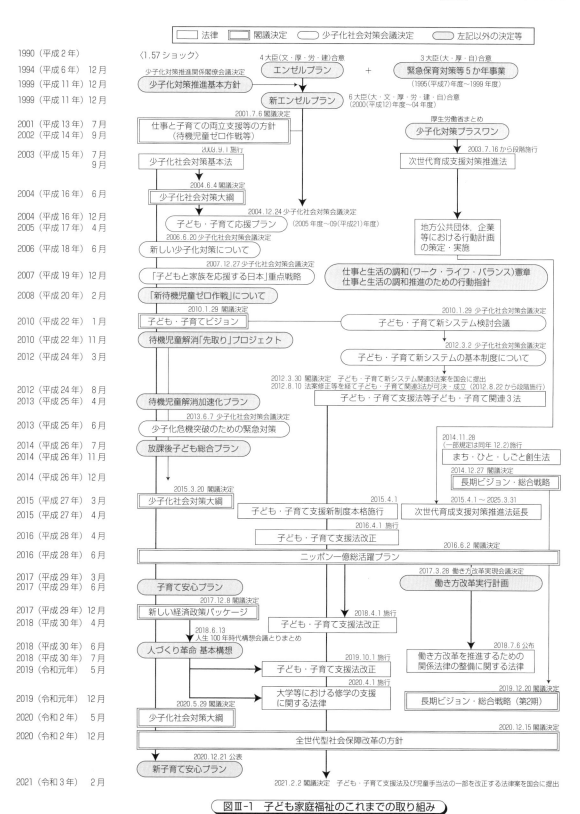

凡例： □ 法律　■ 閣議決定　◯ 少子化社会対策会議決定　⬭ 左記以外の決定等

1990（平成2年）		〈1.57ショック〉
1994（平成6年）	12月	4大臣（文・厚・労・建）合意 エンゼルプラン ＋ 3大臣（大・厚・自）合意 緊急保育対策等5か年事業
1999（平成11年）	12月	少子化対策推進関係閣僚会議決定 少子化対策推進基本方針 （1995（平成7）年度～1999年度）
1999（平成11年）	12月	新エンゼルプラン 6大臣（大・文・厚・労・建・自）合意 （2000（平成12）年度～04年度）
2001（平成13年）	7月	2001.7.6 閣議決定 仕事と子育ての両立支援等の方針（待機児童ゼロ作戦等）
2002（平成14年）	9月	厚生労働省まとめ 少子化対策プラスワン
2003（平成15年）	7月	2003.9.1 施行 少子化社会対策基本法 2003.7.16 から段階施行 次世代育成支援対策推進法
	9月	
2004（平成16年）	6月	2004.6.4 閣議決定 少子化社会対策大綱
2004（平成16年）	12月	2004.12.24 少子化社会対策会議決定 子ども・子育て応援プラン （2005年度～09（平成21）年度）
2005（平成17年）	4月	2006.6.20 少子化社会対策会議決定 地方公共団体、企業等における行動計画の策定・実施
2006（平成18年）	6月	新しい少子化対策について
2007（平成19年）	12月	2007.12.27 少子化社会対策会議決定 「子どもと家族を応援する日本」重点戦略 仕事と生活の調和（ワーク・ライフ・バランス）憲章 仕事と生活の調和推進のための行動指針
2008（平成20年）	2月	「新待機児童ゼロ作戦」について
2010（平成22年）	1月	2010.1.29 閣議決定 子ども・子育てビジョン 2010.1.29 少子化社会対策会議決定 子ども・子育て新システム検討会議
2010（平成22年）	11月	待機児童解消「先取り」プロジェクト
2012（平成24年）	3月	2012.3.2 少子化社会対策会議決定 子ども・子育て新システムの基本制度について
2012（平成24年）	8月	2012.3.30 閣議決定 子ども・子育て新システム関連3法案を国会に提出 2012.8.10 法案修正等を経て子ども・子育て関連3法が可決・成立（2012.8.22 から段階施行） 子ども・子育て支援法等子ども・子育て関連3法
2013（平成25年）	4月	待機児童解消加速化プラン
2013（平成25年）	6月	2013.6.7 少子化社会対策会議決定 少子化危機突破のための緊急対策
2014（平成26年）	7月	放課後子ども総合プラン
2014（平成26年）	11月	2014.11.28（一部規定は同年12.2）施行 まち・ひと・しごと創生法
2014（平成26年）	12月	2014.12.27 閣議決定 長期ビジョン・総合戦略
2015（平成27年）	3月	2015.3.20 閣議決定 少子化社会対策大綱 2015.4.1 子ども・子育て支援新制度本格施行 2015.4.1～2025.3.31 次世代育成支援対策推進法延長
2015（平成27年）	4月	
2016（平成28年）	4月	2016.4.1 施行 子ども・子育て支援法改正
2016（平成28年）	6月	2016.6.2 閣議決定 ニッポン一億総活躍プラン
2017（平成29年）	3月	子育て安心プラン
2017（平成29年）	6月	2017.3.28 働き方改革実現会議決定 働き方改革実行計画
2017（平成29年）	12月	2017.12.8 閣議決定 新しい経済政策パッケージ
2018（平成30年）	4月	2018.4.1 施行 子ども・子育て支援法改正
2018（平成30年）	6月	2018.6.13 人生100年時代構想会議とりまとめ 人づくり革命 基本構想
2018（平成30年）	7月	2018.7.6 公布 働き方改革を推進するための関係法律の整備に関する法律
2019（令和元年）	5月	2019.10.1 施行 子ども・子育て支援法改正
2019（令和元年）	12月	2020.4.1 施行 大学等における修学の支援に関する法律 2019.12.20 閣議決定 長期ビジョン・総合戦略（第2期）
2020（令和2年）	5月	2020.5.29 閣議決定 少子化社会対策大綱
2020（令和2年）	12月	2020.12.15 閣議決定 全世代型社会保障改革の方針
2021（令和3年）	2月	2020.12.21 公表 新子育て安心プラン 2021.2.2 閣議決定 子ども・子育て支援法及び児童手当法の一部を改正する法律案を国会に提出

図Ⅲ-1　子ども家庭福祉のこれまでの取り組み

資料：内閣府資料。
出所：内閣府（2021）『少子化社会対策白書（令和3年版）』日経印刷，46頁。

9 社会福祉改革と子ども家庭福祉

 社会福祉改革の背景と社会福祉基礎構造改革

○社会福祉改革の背景

　わが国の社会福祉制度は，第二次世界大戦後に問題となっていた戦災孤児や貧困者などの生活困窮者を対象としてつくられたのが始まりで，その後，社会福祉事業法や社会福祉6法を中心に，措置制度に基づいて行政が主導となって実施されてきました。そのような経緯のなかで，社会福祉制度は社会福祉事業者側の立場を中心に規定されてきたため，個人（利用者）が制度の主体として位置づけられてこなかったという課題，また，社会福祉の供給システムが家族を一つの単位として取り扱い，必ずしも個人を単位として扱ってこなかったという課題，さらに，社会福祉制度を構築するにあたり，社会福祉実践の視点は重視されず，制度の実践者あるいはサービス提供者としての期待にとどまり続けているという課題などが指摘されるようになりました。加えて，高度経済成長期を経た後は，都市化，少子高齢化，家族機能の低下などの問題が広がり，社会福祉制度を利用する人々は多様化し拡大したので，社会の変化にあわせた社会福祉制度が期待されるようになりました。

○社会福祉基礎構造改革

　1990年代から社会福祉の基本的な仕組みについて抜本的な見直しが行われました。その一連の動きは社会福祉基礎構造改革と呼ばれ，社会福祉事業，社会福祉法人，措置制度の仕組みなどが大幅に変更されました。特に，社会福祉の供給主体に関する規制改革が行われ，競争原理が導入されたことについては議論を呼びました。また，改革の内容は措置制度から選択制度（契約制度）への移行，地域福祉の推進，この2つに大きく分けることができます。

　まず，前者については，一部の例外を除き従来の措置制度から利用者が事業者と対等な関係に基づきサービスを選択する選択利用制度（契約制度）へと移行しました。これに伴い，**苦情解決制度**[1]など利用者の権利を擁護するための制度が創設されました。また，社会福祉事業を経営する社会福祉法人等については，サービスの質の向上のための自己評価や事業運営の透明性の確保，そして，国・地方自治体による情報提供体制の整備などが行われました。

　次に，後者については，社会福祉法により社会福祉を計画的に推進するため都道府県・市町村において地域福祉計画を策定することが定められました。ま

▷1　苦情解決制度
社会福祉事業者が利用者からの苦情に対応し解決に導く仕組み。この仕組みは以下の2段階に分けられる。第1段階は利用者と事業者の話し合いで対応される。第1段階で解決できない場合や利用者が事業者以外に苦情を申し出るときは，第2段階として，都道府県の社会福祉協議会に構成された運営適正化委員会において対応される。

た，地域福祉を推進する団体等として，社会福祉協議会，民生委員・児童委員などの活性化が図られました。

　なお，一方で社会福祉の供給システムが家族単位であるという課題，社会福祉実践が制度構築に反映されないという課題は今もなお残されています。

❷　子ども家庭福祉と社会福祉基礎構造改革

　社会福祉基礎構造改革は，社会福祉制度全体の改革であるため，子ども家庭福祉の仕組みにも影響を及ぼしました。その影響は以下の３つです。

○児童福祉施設の体系と設置目的の見直し

　時代にあった児童福祉施設を再構築するため，虚弱児施設を児童養護施設に統合し，児童心理治療施設（改正前の名称は情緒障害児短期治療施設）の年齢制限を従来の12歳未満から18歳未満に引き上げるなどの見直しが行われました。また，従来の保護中心の福祉から転換を図るため，母子生活支援施設や児童自立支援施設，児童養護施設の設置目的に「自立を支援する」ことが加えられました。

○主体的意思の尊重と権利擁護制度の導入

　これまでに保育所，母子生活支援施設，助産施設が措置制度から利用者の希望を尊重する契約制度へと転換しています。それに合わせて，情報提供や情報開示など，選択をより有効にするための制度も開始されました。さらに，利用者の権利擁護とサービスの質の向上のため，児童福祉施設においても苦情解決制度，自己評価・自己点検，**第三者評価制度**などが導入されています。

○民営化・民間委託の促進

　供給主体に特に規定のない第２種社会福祉事業であり，児童福祉施設の中でも最も数の多い「保育所」を中心に，児童福祉施設の運営を，企業を含む多様な供給主体へ民営化・民間委託するよう転換が図られています。従来，多くの保育所は公営設置でしたが，設置主体であった市町村における財政確保の困難を主な理由として，社会福祉法人，さらには企業や学校法人に経営委託する例が増加しています。

　しかしながら，子ども家庭福祉分野における社会福祉基礎構造改革については，施設運営の民営化・民間委託に伴うサービスの質の低下，第三者評価をはじめとする権利擁護制度の実効性の弱さ等いくつかの課題が指摘されています。

　今後も社会福祉基礎構造改革は続くと考えられますが，国や地方公共団体の財政確保は困難となることが予想されます。そのため，子ども家庭福祉の推進について，公的責任をどのようなかたちで，どこまで求めるのかという大きな課題を十分に議論していく必要があります。　　　　　　　　　　（吉田幸恵）

▷2　なお，これらの施設の旧名称はそれぞれ，母子寮（現，母子生活支援施設），教護院（現，児童自立支援施設）であり，1997年の児童福祉法改正時に目的の変更とともに現代的な役割にふさわしい現在の名称に改められた。

▷3　**第三者評価制度**
社会福祉事業者の提供するサービスの質を当事者（事業者・利用者）以外の公正・中立な第三者機関が，専門的かつ客観的な立場から評価する制度。事業者が事業運営の問題点を把握し，サービスの質の向上を図ることを目的とするとともに，第三者評価の結果を公表し利用者の適切なサービス選択に資するための情報提供を行う。

▷4　社会福祉事業は，第１種社会福祉事業と第２種社会福祉事業に分類される。第１種社会福祉事業は，主として入所施設サービスのような，経営適正を欠いた場合，利用者の人権擁護の観点から問題が大きい事業であり，その供給（経営）主体は原則として，国，地方公共団体又は社会福祉法人に限られている。一方，第２種社会福祉事業は利用者への影響が比較的少なく，自主性と創意工夫を助長するため，公的規制の必要性が低い事業（主として在宅・通所サービス）であり，その供給（経営）主体に制限はない。

子ども・子育て支援新制度

① 子ども・子育て支援新制度の概要

　待機児童問題や子ども家庭福祉にかかる費用負担の問題などを背景に，2010年に「子ども・子育て新システム検討会議」が設置され，幼稚園と保育所の供給システムや施設を一体化することを中心とする，包括的・一元的な新制度の構築がめざされました。

　そして，2012年に成立した**子ども・子育て関連3法**▶1に基づき，子ども・子育て支援新制度が，幼児教育・保育，地域の子ども・子育て支援を総合的に推進する制度として2015年から実施されました。この制度のポイントは以下の4つです。

❍施設型給付と地域型給付の創設

　従来は，認定こども園・幼稚園・保育所，それぞれに財政措置が行われてきましたが，これら施設の共通の給付として「施設型給付」が創設され，給付の仕組みが一元化されました。また，**小規模保育等**▶2への給付として「地域型保育給付」も創設され，都市部における待機児童解消と，子どもの数が減少傾向にある地域における保育機能の確保が図られました。なお，給付の形態をふまえ各施設を分類したものが図Ⅲ-2です。

❍認定こども園制度の改善

　認定こども園の類型のうち幼保連携型認定こども園の設置については，従来学校教育法に基づく認可と，児童福祉法に基づく認可を同時に得ることが条件となっており，二重行政であると指摘されていましたが，法改正により認可・指導監督が一本化され，学校及び児童福祉施設として位置づけられることになりました。

❍地域の実情に応じた子ども・子育て支援の充実

　利用者支援事業，地域子育て支援拠点事業，放課後児童クラブをはじめとする13の**地域子ども・子育て支援事業**▶3が，市町村子ども・子育て支援事業計画に従って実施されることになりました。大都市部では，延長保育，病児保育，放課後児童クラブなど，多様な保育ニーズに応える事業を中心に展開する一方，人口減少傾向の地域においては，地域子育て支援拠点（子育てひろば）事業，一時預かり事業など，在宅の子育て家庭に対する支援を中心に展開されています。

　なお，市町村，都道府県においても地方版子ども・子育て会議を設置するよ

▶1　**子ども・子育て関連3法**
⇨Ⅲ-7 参照。

▶2　**小規模保育等**
子ども・子育て支援新制度では，以下4つを市町村による認可事業（地域型保育事業）として，児童福祉法に位置づけた上で，地域型保育給付の対象としている。小規模保育（利用定員6人以上19人以下），家庭的保育（利用定員5人以下），居宅訪問型保育，事業所内保育（主として従業員の子どものほか，地域において保育を必要とする子どもにも保育を提供）。

▶3　**地域子ども・子育て支援事業**
①利用者支援事業，②地域子育て支援拠点事業，③妊婦健康診査，④乳児家庭全戸訪問事業，⑤養育支援訪問事業／子どもを守る地域ネットワーク機能強化事業，⑥子育て短期支援事業，⑦子育て援助活動支援事業（ファミリー・サポート・センター事業），⑧一時預かり事業，⑨延長保育事業，⑩病児保育事業，⑪放課後児童クラブ（放課後児童健全育成事業），⑫実費徴収に係る補足給付を行う事業，⑬多様な事業者の参入促進・能力活用事業。

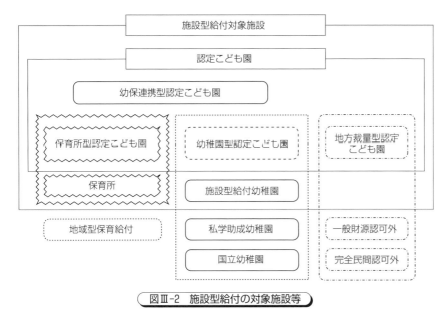

図Ⅲ-2　施設型給付の対象施設等

出所：山縣文治（2018）『子ども家庭福祉論 第2版』ミネルヴァ書房，130。

う努めることになり，事業計画策定の審議を行い，継続的に点検・評価・見直しを行っていく役割が期待されています。

○仕事・子育て両立支援事業の創設

政府は仕事・子育て両立支援事業として，子育て中の従業員の離職防止や就労継続，女性活躍などを推進する企業を対象に，従業員のための保育施設の設営・運営の費用を助成する「企業主導型保育事業」，残業や夜勤等でベビーシッターを利用したときに費用の補助を受ける「企業主導型ベビーシッター利用者支援事業」を創設しました。

2 子ども・子育て支援新制度の課題

2015年の子ども・子育て支援新制度の開始から8年が経過した2023年現在，保育の受け皿は拡充され，新型コロナウイルス感染を懸念した利用控えの影響を受けながらも，待機児童数は過去最低の2,944人となりました。一方で，この制度の目的として掲げていた「教育・保育の質の向上」に関しては課題があります。まず，教育・保育の担い手である保育者の不足が解消されておらず，待遇等の改善が望まれています。また，新制度のもとで推進されてきた小規模保育等は，保育士配置基準が緩和されており，営利企業の参入も目立つため，保育の質が不安視されています。今後はこれらの課題に取り組み，この制度を利用するすべての子どもの育ちや生活の質を等しく保障していくことが求められます。

（吉田幸恵）

子ども家庭福祉を支える主要な法律①
——児童福祉法

子ども家庭福祉に関する制度は，児童福祉法を含む児童福祉6法，また関連する政省令に基づいて実施されています。そのなかで子ども家庭福祉の核となる児童福祉法（昭和22年法律第164号）は，生存権を保障した日本国憲法第25条に基づき1947年に制定されました。戦後，わが国が第二次世界大戦の敗戦国となり社会的混乱状態にあった当時，最大の被害者として緊急に救済すべきとされた戦災孤児や浮浪児となった子どもたちの保護の必要性をきっかけとして，すべての子どもの福祉を守ることを目的に制定されました。これは国民に与えられた**基本的人権**▷1，個人の尊重および**幸福追求権**▷2を子どもにも平等に保障するものとして，日本国憲法の精神をふまえた内容となっています。全8章および附則からなる児童福祉法について，ここでは子ども家庭福祉の基盤となる第1章から第3章までの内容を中心に説明します（表Ⅳ-1）。

理念・責任・原理

児童福祉法は2016年の改正において，戦後初めて法の理念規定の見直しが図られました。まず第1条（児童福祉の理念）では，児童の権利に関する条約の精神に基づいた子どもの福祉の平等な保障を理念として謳っています。次いで，第2条（児童育成の責任）では，子どもの意見表明権の尊重や最善の利益の保障について明記すると同時に，児童を心身ともに健やかに育成することの第一義的責任は児童の保護者にあること，そして国・地方公共団体も保護者とともにその責任を負うことが規定されています。また第3条（原理の尊重）では，第1条および第2条に規定する児童福祉の理念および責任は，児童の福祉を保障するための原理であるとして，常に尊重されなければならないものであることが定められています。

▷1　基本的人権
日本国憲法第11条に規定される権利。侵すことのできない永久の権利としての基本的人権が保障（基本的人権の享有）されている。

▷2　幸福追求権
日本国憲法第13条では，すべて国民は個人として尊重されること（個人の尊重），公共の福祉に反しない限り幸福追求に対する権利が保障されること（幸福追求権）が規定されている。

表Ⅳ-1　児童福祉法の構成

第1章	総則
第2章	福祉の保障
第3章	事業，養育里親及び養子縁組里親並びに施設
第4章	費用
第5章	国民健康保険団体連合会の児童福祉法関係業務
第6章	審査請求
第7章	雑則
第8章	罰則
附則	—

表Ⅳ-2 児童福祉法における対象の定義

児　童	満18歳に満たない者
乳　児	満1歳に満たない者
幼　児	満1歳から小学校就学の始期に達するまでの者
少　年	小学校就学の始期から満18歳に達するまでの者
障害児	身体に障害のある児童，知的障害のある児童，精神に障害のある児童（発達障害児を含む）
妊産婦	妊娠中または出産後1年以内の女子
保護者	親権を行う者，未成年後見人その他の者で，児童を現に監護する者

2 対象範囲

　児童福祉法では，18歳未満の児童（第4条）および妊産婦，保護者をその対象として規定しています。対象となる者の定義の詳細は表Ⅳ-2の通りです。

3 児童福祉に関する施設，機関，専門職

　児童福祉法において規定される児童福祉施設には，助産施設，乳児院，母子生活支援施設，保育所，幼保連携型認定こども園，児童厚生施設，児童養護施設，障害児入所施設，児童発達支援センター，児童心理治療施設，児童自立支援施設及び児童家庭支援センターが含まれます。また児童福祉に関する事項を調査審議する機関として，児童福祉審議会が規定されています。

　さらに児童福祉法が掲げる業務を遂行する実施機関には，市町村および都道府県，児童相談所，保健所が含まれます。そこに従事する児童福祉司，児童委員，保育士は専門職として規定されています。

4 子ども家庭福祉の保障と各種事業・施設

　子ども家庭福祉の保障について必要となる支援として，身体に障害のある児童や特定の疾病（小児慢性特定疾病）にかかっている児童に対する必要な療育の指導や医療費の支給，障害児通所支援サービスや子育て支援サービスを中心にした居宅生活の支援，助産施設・母子生活支援施設及び保育所への入所，障害児入所型福祉サービスに関する給付費と医療費の支給，要保護児童の保護措置，被措置児童等虐待の防止等について規定しています。またこれらの子ども家庭福祉サービスを実施する各種事業，養育里親および施設に関して，その目的と業務内容および設置・運営の基準についても明示されています。

　さらにこの児童福祉法に基づき，子ども家庭福祉サービスの実施に関する詳細な規定として，児童福祉法施行令，児童福祉法施行規則ならびに児童福祉施設の設備及び運営に関する基準等が定められています。　　　　　　　（古山萌衣）

子ども家庭福祉を支える主要な法律②
──児童福祉法以外の児童福祉6法

　子ども家庭福祉に関する施策の実施は，児童福祉法を中心として，国民の福祉ニーズに対応したサービスを展開するために児童福祉6法と呼ばれる関係法のなかで具体的に規定されています。児童福祉6法には，子ども家庭福祉に関する規定の中核となる児童福祉法および児童扶養手当法，特別児童扶養手当等の支給に関する法律，母子及び父子並びに寡婦福祉法，母子保健法，児童手当法が含まれます。ここでは児童福祉法を除く5法の内容について整理します。また，各法律が規定する子ども家庭福祉に関する経済的支援として行われる金銭給付（手当）の内容は，表Ⅳ-3の通りです。

❶　児童扶養手当法（昭和36年法律第238号）

 表Ⅳ-3　子育て家庭を支援する金銭給付

金銭給付（手当）	規定する法律	対　象	金　額
児童扶養手当	児童手当法	父又は母と生計を同じくしていない18歳以下（一部障害がある場合は20歳未満）の児童を養育する家庭（ひとり親家庭） ※所得制限あり	【全額支給】 月額43,070円 加算額（児童2人目）10,170円 　　　　（児童3人目以降1人につき）6,100円 【一部支給】 月額43,060円〜10,160円 加算額（児童2人目）10,160円〜5,090円 　　　　（児童3人目以降1人につき）6,090円〜3,050円
特別児童扶養手当	特別児童扶養手当等の支給に関する法律	20歳未満で精神又は身体に障害を有する児童を監護・養育する家庭 ※所得制限あり	1級　52,400円 2級　34,900円
障害児福祉手当	特別児童扶養手当等の支給に関する法律	精神又は身体に重度の障害を有するため，日常生活において常時の介護を必要とする状態にある在宅の20歳未満の者 ※所得制限あり	14,850円
児童手当	児童手当法	0歳から中学校修了前（15歳到達後の最初の3月31日）までの間にある児童を養育する家庭 ※所得制限あり	3歳未満　一律15,000円 3歳以上小学校修了前　10,000円（第3子以降は15,000円） 中学生　一律10,000円 ※児童を養育しているものの所得が，所得制限限度額以上及び所得上限限度額未満の場合は，特例給付として一律月額5,000円支給
母子家庭自立支援給付金および父子家庭自立支援給付金	母子及び父子並びに寡婦福祉法	20歳未満の児童を扶養しているひとり親家庭の父母	雇用保険制度の教育訓練給付金指定講座等の受講費用の60%（ただし上限200,000円，下限12,001円）

注：金額については，2022年7月現在。なお，児童扶養手当，特別児童扶養手当，障害児福祉手当は，各法律に基づき，物価が上昇すれば増額し，物価が下落すれば減額する自動物価スライド制がとられている。
出所：各給付の規定箇所より筆者作成。

　1961年に制定された児童扶養手当法は，父または母と生計を同じくしていない児童（「18歳に達する日以後の最初の3月31日までの間にある者又は20歳未満で政令で定める程度の障害の状態のある者」を「児童」と定義する）を育成する家庭を対象に，生活の安定と自立の促進および児童の福祉の増進を目的として支給する児童扶養手当について規定するものです。この法律の制定当初は，経済的支援の対象は母子家庭のみとされていましたが，2010年より父子家庭を含む**ひとり親家庭**すべてを対象とするように改正されました。

▷1　ひとり親家庭
配偶者のない女子または男子が，20歳未満の児童を扶養する家庭。

❷　特別児童扶養手当等の支給に関する法律（昭和39年法律第134号）

　1964年に制定された特別児童扶養手当等の支給に関する法律（1976年に重度精神薄弱児扶養手当法より改称）は，特別児童扶養手当，障害児福祉手当および特別障害者手当の支給について規定するものです。これらの経済的支援は，精神または身体に障害のある児童（同法における「障害児」の定義は20歳未満の者となっており，特別障害者手当のみ20歳以上の「障害者」も含まれる）を養育する者を対象として支給されています。

❸　母子及び父子並びに寡婦福祉法（昭和39年法律第129号）

　母子及び父子並びに寡婦福祉法（2014年改称）は，母子家庭または父子家庭を含むひとり親家庭および**寡婦**の福祉の増進を図ることを目的に，1964年に制定された法律です。この法律では，ひとり親家庭および寡婦に対し，その生活の安定のために必要な福祉サービス等について規定しています。

▷2　寡婦
⇨Ⅵ-16 参照。

❹　母子保健法（昭和40年法律第141号）

　母子保健法は，母性および乳幼児の健康の保持と増進を図ることを目的として，1965年に制定されました。この法律では，保健指導や健康診査，母子健康手帳の交付等を含む母子保健の向上に関する措置について規定しています。

▷3　母子保健法
⇨Ⅷ-1 参照。

❺　児童手当法（昭和46年法律第73号）

　1971年に制定された児童手当法は，子ども・子育て支援の適切な実施にかかわって，児童を養育する家庭に対して経済的支援を行うことにより，家庭等における生活の安定に寄与すること，および次代の社会を担う児童の健やかな成長に資することを目的とした法律です。この法律の制定当初，児童手当は第3子以降で5歳未満の児童を対象とする，多子世帯への支援を目的としたものでした。しかし2010年に施行された子ども手当法による「子ども手当」の創設（2011年度限りで廃止）による支援対象の拡大を経て，現在は中学校修了前の児童を養育する家庭を対象に支給される制度となっています。　　　　（古山萌衣）

3 子ども家庭福祉に関連する法律

　子ども家庭福祉に関する施策は，児童福祉法および児童福祉6法における規定以外にも，さまざまな関連法に基づいて実施されています（表Ⅳ-4）。ここでは近年に制定された法律を中心に取り上げ，その内容ごとに5つの項目に分けてみていきます。

1 総合的なこども施策に関わる法律——こども基本法（令和4年法律第77号）

　2022年に制定された「こども基本法」は，こども（本法における「こども」は，「心身の発達の過程にある者」を指す）の権利擁護の視点に立って，こどもに関する施策の総合的な推進を進めるための基本的な理念や国の責務について示した法律です。その目的は，日本国憲法および児童の権利に関する条約の精神に基づき，全てのこどもが自立した個人として，ひとしく健やかに成長することができる社会の実現を目指すことにあります。

2 児童の保護等に関わる法律

○児童買春，児童ポルノに係る行為等の規制及び処罰並びに児童の保護等に関する法律（平成11年法律第52号）

　1999年に制定された「**児童買春，児童ポルノに係る行為等の規制及び処罰並びに児童の保護等に関する法律**」（通称，児童買春禁止法）は，18歳未満の児童に対する児童買春および児童ポルノ等に係る行為を規制し，及びこれらの行為等を処罰するとともに，これらの行為等により心身に有害な影響を受けた児童を保護するための措置等について規定した法律です。

○児童虐待の防止等に関する法律（平成12年法律第82号）

　2000年に制定された「**児童虐待の防止等に関する法律**」（通称，児童虐待防止法）は，児童に対する虐待の禁止，児童虐待の予防および早期発見その他の児童虐待の防止に関する国および地方公共団体の責務と，児童虐待を受けた児童の保護および自立支援のための措置等について規定した法律です。

○配偶者からの暴力の防止及び被害者の保護等に関する法律（平成13年法律第31号）

　2001年に制定された「**配偶者からの暴力の防止及び被害者の保護等に関する法律**」（通称，DV防止法）は，配偶者からの暴力，すなわちドメスティック・バイオレンス（DV：Domestic Violence）に係る通報，相談，保護，自立支援等

▷1　児童買春，児童ポルノに係る行為等の規制及び処罰並びに児童の保護等に関する法律
制定当初の名称を「児童買春，児童ポルノに係る行為等の処罰及び児童の保護等に関する法律」という。2014年に現在の名称に変更された。

▷2　配偶者からの暴力の防止及び被害者の保護等に関する法律
⇨Ⅲ-6 参照。

表Ⅳ-4　子ども家庭福祉に関連する法律の体系

児童福祉6法		児童福祉法　/　児童扶養手当法　/　母子及び父子並びに寡婦福祉法　/　特別児童扶養手当等の支給に関する法律　/　母子保健法　/　児童手当法
主な関係法律	総合的なこども施策に関わる法律	こども基本法
	児童の保護等に関わる法律	児童買春，児童ポルノに係る行為等の規則及び処罰並びに児童の保護等に関する法律　/　児童虐待の防止等に関する法律　/　配偶者からの暴力の防止及び被害者の保護等に関する法律
	障害児福祉に関わる法律	身体障害者福祉法　/　精神保健及び精神障害者福祉に関する法律　/　知的障害者福祉法　/　障害者基本法　/　障害者の日常生活及び社会生活を総合的に支援するための法律　/　発達障害者支援法　/　障害者虐待の防止，障害者の養護者に対する支援等に関する法律　/　障害を理由とする差別の解消の推進に関する法律
	次世代育成支援に関わる法律	育児休業，介護休業等育児又は家族介護を行う労働者の福祉に関する法律　/　次世代育成支援対策推進法　/　少子化社会対策基本法　/　就学前の子どもに関する教育，保育等の総合的な提供の推進に関する法律　/　子ども・若者育成支援推進法　/　子ども・子育て支援法　/　子どもの貧困対策の推進に関する法律
	教育に関わる法律	教育基本法　/　学校教育法　/　社会教育法　/　特別支援学校への就学奨励に関する法律　/　いじめ防止対策推進法　/　義務教育の段階における普通教育に相当する教育の機会の確保等に関する法律

の体制を整備し，配偶者からの暴力の防止及び被害者の保護を図ることについて規定した法律です。なお，子どもの目の前で行われる面前DVは児童虐待防止法において，子どもへの心理的虐待であるとみなされています。

3　次世代育成支援に関わる法律

○次世代育成支援対策推進法（平成15年法律第120号）

2003年に制定された「**次世代育成支援対策推進法**」は，急速に進行する少子化等の状況をふまえ，次の世代を担う子どもが健やかに生まれ，かつ，育成される環境の整備を図ることについて規定した法律です。次世代育成支援対策について，基本的理念を規定するとともに，国による行動計画策定指針ならびに地方公共団体および事業主による行動計画の策定等，次世代育成支援対策を迅速かつ重点的に推進するために必要な措置を講じることを定めています。

○少子化社会対策基本法（平成15年法律第133号）

2003年に制定された「少子化社会対策基本法」は，少子化社会において講じるべき施策の基本理念について明らかにし，少子化に的確に対処するための施策を総合的に推進することについて規定した法律です。本法に基づき閣議決定される「少子化社会対策大綱」では，総合的かつ長期的な少子化に対処するための施策の指針が示されています。

○就学前の子どもに関する教育，保育等の総合的な提供の推進に関する法律（平成18年法律第77号）

2006年に制定された「就学前の子どもに関する教育，保育等の総合的な提供

▶3　次世代育成支援対策推進法
本法は有効期限が明記された時限立法である。当初は10年間とされていたが，2014年の改正により10年間延長され，2025年3月までとなっている。

の推進に関する法律」（通称，認定こども園法）は，近年多様化している就学前の子どもの教育および保育に対する需要について，幼稚園および保育所等における就学前教育・保育ならびに保護者に対する子育て支援の総合的な措置を講じることについて規定した法律です。本法に基づき，同2006年より認定こども園制度が導入されました。

❍子ども・若者育成支援推進法（平成21年法律第71号）

2009年に制定された「子ども・若者育成支援推進法」は，教育，福祉，雇用等の関連分野における子どもと若者を対象とした育成支援施策の総合的推進と，深刻化する問題としてニート[14]やひきこもり等の困難を抱える若者への支援のための地域ネットワークづくりの推進を目的とした法律です。

❍子ども・子育て支援法（平成24年法律第65号）

2012年に制定された「子ども・子育て支援法」は，児童福祉法その他の子どもに関する法律による施策とともに，子ども・子育て支援給付その他の子どもおよび子どもを養育する者に必要な支援を行うことについて規定した法律です。本法をはじめ，「認定こども園法の一部を改正する法律」「子ども・子育て支援法及び認定こども園法の一部を改正する法律の施行に伴う関係法律の整備等に関する法律」を含めた「子ども・子育て関連3法」（すべて2012年に制定）に基づき，2015年度より子ども・子育て支援新制度が始まりました。

❍子どもの貧困対策の推進に関する法律（平成25年法律第64号）

2013年に制定された「子どもの貧困対策の推進に関する法律」（通称，子どもの貧困対策法）は，子どもの将来が生まれ育った環境によって左右されることのないよう，貧困の状況にある子どもが健やかに育成される環境を整備するとともに，教育の機会均等を図るために，子どもの貧困対策を総合的に推進することについて規定した法律です。本法に基づき閣議決定される「子供の貧困対策に関する大綱」では，子どもの貧困対策の基本的な方針とともに，重点施策として取り組むべき教育支援，生活支援，保護者の就労支援および経済的支援等について示されています。

④ 障害児福祉に関わる法律

❍発達障害者支援法（平成16年法律第167号）

2004年に制定された「発達障害者支援法」は，発達障害を早期に発見し，発達支援を行うことに関する国および地方公共団体の責務について明らかにするとともに，学校教育における発達障害児への支援，発達障害者の就労支援，発達障害者支援センターの指定等について規定し，発達障害者の自立および社会参加に資するための生活全般にわたる支援を図り，福祉の増進に寄与することを目的とした法律です。ここでは支援の対象となる「発達障害」について，「自閉症，アスペルガー症候群その他の広汎性発達障害，学習障害，注意欠陥多動

▷4　ニート
ニート（NEET：Not in Education, Employment or Training）について，わが国では年齢を15〜34歳の非労働力人口（労働力人口に含まれる就業者と完全失業者以外の者）のうち，家事も通学もしていない者を「若年無業者」として把握している。現在，15〜34歳の若年人口総数2,471万人のうち，若年無業者は75万人（総務省（2021）「労働力調査」）となっている。

性障害その他これに類する脳機能の障害であってその症状が通常低年齢におい
て発現するものとして政令で定めるもの」と定義しています。

○障害を理由とする差別の解消の推進に関する法律（平成25年法律第65号）

「障害者の権利に関する条約」への署名・批准を背景として，2013年に「障
害を理由とする差別の解消の推進に関する法律」（通称，障害者差別解消法）が
制定されました。この法律では，障害者基本法の基本的な理念にのっとり，障
害を理由とする差別の解消の推進に関する基本的な事項，行政機関等および事
業者における障害を理由とする差別を解消するための措置等を定めることによ
り，障害を理由とする差別の解消を推進し，すべての国民が障害の有無によっ
て分け隔てられることなく，相互に人格と個性を尊重し合いながら共生する社
会の実現に資することを目的としています。

5 教育に関わる法律

○いじめ防止対策推進法（平成25年法律第71号）

「いじめ防止対策推進法」は，子どもの尊厳を守り，いじめを防止する対策
を総合的かつ効果的に推進することを目的として，2013年に制定された法律で
す。本法ではいじめについて，「児童等に対して，当該児童等が在籍する学校
に在籍している等当該児童等と一定の人的関係にある他の児童等が行う心理的
又は物理的な影響を与える行為（インターネットを通じて行われるものを含む。）
であって，当該行為の対象となった児童等が心身の苦痛を感じているもの」
（第2条第1項）と定義しています。

○義務教育の段階における普通教育に相当する教育の機会の確保等に関する法律（平成28年法律第105号）

2016年に制定された「義務教育の段階における普通教育に相当する教育の機
会の確保等に関する法律」（通称，教育機会確保法）は，教育基本法および児童
の権利に関する条約等の趣旨にのっとり，全ての児童生徒が豊かな学校生活を
送り安心して教育を受けられるよう，学校における環境の確保を基本理念とし
た法律です。本法では，不登校児童生徒等に対する教育機会の確保，また，**夜
間中学**等の特別な時間において授業を行う学校における就学の機会の提供に関
する施策等について規定しています。　　　　　　　　　　　　　（古山萌衣）

▶5　夜間中学
市町村が設置する中学校に
おいて，夜の時間帯に授業
が行われる公立中学校の夜
間学級のこと。2022年4月
現在，夜間中学は15都道府
県に40校が設置されている。

4 子ども家庭福祉の行政

　子ども家庭福祉に関する施策を実施・展開するために重要な役割を担っているのは，児童福祉法において「児童の保護者とともに，児童を心身ともに健やかに育成する責任を負う」（第2条第3項）ことが規定されている国および地方

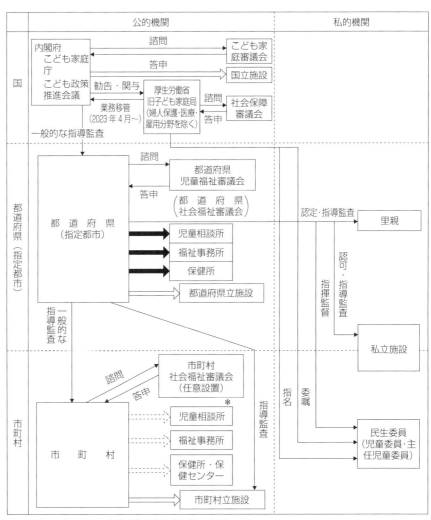

注：＊政令で定める市は児童相談所を設置することができる。
　　➡ 印は，下部の行政機関を示す
　　⇨ 印は，下部の付属機関を示す
　　⇢ 印は，全部の市町村には設置しない下部の行政機関を示す

図Ⅳ-1　子ども家庭福祉行政の仕組み

出所：社会福祉士養成講座編集委員会編（2016）『児童や家庭に対する支援と児童・家庭福祉制度　第6版』中央法規出版，84頁掲載の旧体系をもとに，新たなこども家庭庁の設置に伴う仕組みの変更点を中心に筆者改変。

公共団体（都道府県・市町村）です。ここでは子ども家庭福祉を担う行政機関としての国と地方公共団体の仕組みと役割について解説します（図Ⅳ-1）。

1 国レベルの行政の仕組み

　国において社会福祉行政全般に関する企画調整，監査指導，事業に必要となる予算措置等の業務を担っているのは厚生労働省です。そのなかで，これまで子ども家庭福祉に関する内容は，厚生労働省子ども家庭局が中心となって担当してきました。しかし昨今の課題として，こども政策をさらに強力に進めていくためには，常にこどもの視点に立って，こどもの最善の利益を第1に考え，こども政策を専門に取り組む独立した行政組織と専任の大臣をおく必要性が高まり，2023年4月に内閣府の外局としてこども家庭庁が設置されることになりました。

　こども家庭庁は，いわば政府の中のこども政策全体の中心となる行政機関として位置づけることができます。これにより，厚生労働省子ども家庭局によって行われていた業務内容（厚生労働省障害保健福祉部が担当していた障害児支援に関する内容を含む）を中心に，こども政策に関連して内閣府と文部科学省が担当していた事務機能の一部は，こども家庭庁に引き継がれることになりました。こども家庭庁の機能および権限と，こども政策に関連するその他の省庁との連携の仕組みは図Ⅳ-2の通りです。

　新しく発足したこども家庭庁は，こどもが，自立した個人としてひとしく健やかに成長することができる社会の実現に向けて，こどもと家庭の福祉の増進・保健の向上等の支援，こどもの権利利益の擁護に取り組むことが求められています。その業務を遂行するため，こども家庭庁は内閣総理大臣，こども政策を担当する内閣府こども政策担当大臣とこども家庭庁長官の下に，内部部局として「企画立案・総合調整部門」「成育部門」「支援部門」の3つの部門が整備されています（表Ⅳ-5参照）。

　まず1つ目の内部部局として，こども政策の全体的な取りまとめを行うのが「企画立案・総合調整部門」です。ここでは主に，地方自治体や民間団体との協力を図りながら，こどもや子育て当事者の意見等を反映したこども政策全体の企画立案が行われます。

　そして2つ目の「成育部門」は，広くこどもの育ちをサポートするための支援環境の整備を担当する部門です。具体的には，妊娠・出産に関わる支援や母子保健・成育医療等をはじめ，就学前のこどもの育ちの保障に関する取り組み，あるいはこども・子育て支援に関する相談対応や情報提供の充実，また放課後を中心としたこどもの居場所づくり，さらには性的被害や事故防止等のこどもの安全対策等に対応します。

　次いで3つ目の「支援部門」は，特に支援を必要とするこども・家庭へのサ

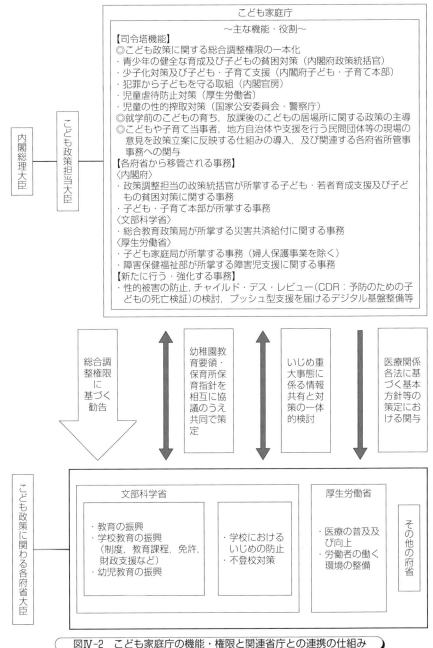

図Ⅳ-2　こども家庭庁の機能・権限と関連省庁との連携の仕組み

出所：内閣官房（2021）「こども政策の新たな推進体制に関する基本方針（概要）」（2021年12月21日閣議決定）を一部改変し筆者作成。

表IV-5 こども家庭庁の体制と主な事務内容

【企画立案・総合調整部門】
• こどもの視点，子育て当事者の視点に立った政策の企画立案・総合調整
• 必要な支援を必要な人に届けるための情報発信や広報等
• データ・統計を活用したエビデンスに基づく政策立案と実践，評価，改善

【成育部門】	【支援部門】
• 妊娠・出産の支援，母子保健，成育医療等 • 就学前の全てのこどもの育ちの保障（幼稚園教育要領，保育所保育指針の双方を文部科学省とともに策定（共同告示）など） • 相談対応や情報提供の充実，全てのこどもの居場所づくり • こどもの安全	• 様々な困難を抱えるこどもや家庭に対する年齢や制度の壁を克服した切れ目ない包括的支援 • 児童虐待防止対策の強化，社会的養護の充実及び自立支援 • こどもの貧困対策，ひとり親家庭の支援 • 障害児支援 • いじめ防止を担い文部科学省と連携して施策を推進　など

出所：厚生労働省社会・援護局障害保健福祉部障害福祉課（2022）「児童福祉法・こども家庭庁関連法の状況について」（社会保障審議会障害者部会第125回資料2）をもとに筆者作成。

ポートを担当する部門です。具体的には，虐待やいじめ・不登校などさまざまな困難を抱える子どもや家庭に対する支援をはじめ，要支援児童・要保護児童を中心とした社会的養護の充実，こどもの貧困やひとり親家庭への支援，また障害のある子どもへの支援等にも対応します。

② 地方レベルの行政の仕組み

○都道府県・指定都市

都道府県における子ども家庭福祉行政としての業務では，子ども家庭福祉に関する事業の企画・立案，それに関わる予算措置，児童福祉施設の認可と指導監督，保育所を除く児童福祉施設への入所決定，児童相談所や福祉事務所・保健所等の設置運営，市町村に対する援助や，専門性の高い子ども家庭福祉相談への対応等を行っています。また**指定都市**[1]および**中核市**[2]における子ども家庭福祉に関する業務についても，都道府県とほぼ同様の権限が与えられています。

○市 町 村

地域住民にとって最も身近な行政機関である市町村は，その特性を活かし，地域に密着した業務を行っています。具体的に子ども家庭福祉については，保育所をはじめとする児童福祉施設の設置と保育の提供，障害児通所支援や子育て支援事業の整備，乳幼児健康診査の実施等，子どもと妊産婦の福祉に関する事業について必要な実情の把握，情報の提供，相談対応および調査・指導等を行うことを主な業務としています。 （古山萌衣）

▷1 指定都市
政令指定都市ともいう。
⇨ V-5 参照。

▷2 中核市
⇨ V-5 参照。

子ども家庭福祉の審議機関

子ども家庭福祉に関する施策の決定過程においては，施策内容が実態に沿い，現場のニーズを反映したものとするために，外部からの意見を広く求めることが必要とされています。そこで行政機関である国や地方公共団体に設置されているのが，こども家庭審議会や社会保障審議会，児童福祉審議会といった審議機関です。

1 こども家庭審議会

まず，子ども家庭福祉に関する国レベルの審議機関としては，こども家庭庁設置法第6条および第7条の規定に基づいて，こども家庭庁に設置することが義務づけられている**こども家庭審議会**をあげることができます。

こども家庭審議会には，内閣総理大臣および関係する各大臣・長官からの諮問に応じて，こどもが自立した個人として健やかに成長することのできる社会の実現に向けた基本的な政策に関する重要事項を調査審議し，内閣総理大臣，関係する各大臣・長官に対して意見を述べることができる権限があります。調査審議の内容としては，こども施策に関わる子ども・子育て支援法の施行，こども・こどものいる家庭および妊産婦等の福祉の増進，こどもおよび妊産婦等の保健の向上，こどもの権利擁護に関する事項をあげることができます。こども家庭審議会を組織する委員および職員は，内閣総理大臣が任命するものとされています。

なお，国レベルにおけるこども家庭審議会と同様に，都道府県および市町村についても，自治体の条例の定めにより地方版の審議会その他の合議制の機関を設置することが努力義務（2022年改正子ども・子育て支援法第72条）とされています。その目的は，各地方自治体における子ども・子育て支援に関する施策の総合的で計画的な推進に関し，必要な事項や施策の実施状況について調査審議することにあります。

2 こども政策推進会議

さらにこども家庭庁には，こども基本法第17条に基づき，特別の機関としてこども政策推進会議を置くことが定められています。こども政策推進会議は，こども施策の総合的な推進を目的として，**こども施策に関する大綱**（こども大綱）の作成や，こども施策に関する重要事項の審議・実施および推進，その他

▷1　こども家庭審議会
子ども・子育て支援法の規定に基づき，これまで内閣府に設置が義務づけられていた子ども・子育て会議の審議機能を，2023年4月からのこども家庭庁の設置に伴い，受け継いだもの。子ども・子育て支援施策に関わる有識者や地方公共団体，事業主代表，子育て当事者，子育て支援担当者等が，政策決定のプロセスなどに参画・関与する仕組みとして機能することが求められている。

▷2　こども施策に関する大綱
こども基本法第9条に基づき，こども施策の基本的な方針や重要事項について定めるもの。これまでの少子化社会対策大綱，子ども・若者育成支援推進大綱，子どもの貧困対策に関する大綱の内容を含んでいる。

関係機関との調整を行う役割が与えられています。またこども政策推進会議では，こども大綱の案を作成するため，こどもおよびこどもを養育する者，学識経験者，地域においてこどもに関する支援を行う民間団体，その他の関係者の意見を反映させるために必要な措置を講じることが求められています。

③ 社会保障審議会

こども家庭審議会と合わせて，国レベルの社会福祉に関する審議機関としては，厚生労働省設置法第6条および第7条の規定に基づき，厚生労働大臣の諮問機関として社会保障審議会を設置することが義務づけられています。社会保障審議会には，厚生労働大臣および関係する大臣からの諮問に応じて，社会保障や人口問題に関する重要な事項を調査審議し，大臣および行政機関に意見を述べることができる権限が与えられています。

社会保障審議会では，社会保障制度をはじめ社会福祉制度や医療制度，人口統計に関する内容まで，多岐にわたる事項を審議対象としています。そのため，取り扱う内容によって管轄を分けて審議することができるよう，現在，社会保障審議会には6種類（統計分科会，医療分科会，福祉文化分科会，介護給付費分科会，年金記録訂正分科会，年金資金運用分科会）の分科会が設置されています。

そのなかで子ども家庭福祉に関連するものには，社会福祉に関する事項を取り扱う分科会として設置されている福祉文化分科会があげられます。福祉文化分科会のなかには，審議会および分科会に設置される部会として，福祉部会や障害者部会が設けられています。

④ 児童福祉審議会・社会福祉審議会

都道府県，政令指定都市，中核市には，児童福祉法第8条の規定に基づいて，児童福祉審議会その他の合議制の機関を設置することが義務づけられています。児童福祉審議会の役割は，児童，妊産婦および知的障害者の福祉に関する事項について調査審議し，属する行政機関の首長（都道府県知事等）の諮問に答えること，また関係する行政機関に対して意見を述べることなどにあります。このような児童福祉審議会は，特別区を含む市町村においても，市町村長および特別区の区長の下に，必要に応じて設置することが可能になっています。

児童福祉審議会は20人以内の委員によって組織され，そのなかから互選によって選ばれた委員長および副委員長が1人ずつ置かれています。また特別の事項について調査審議するために必要なときには，臨時委員を置くことも可能になっています。なお，児童福祉審議会に属する委員および臨時委員は，児童や知的障害者の福祉に関する事業に従事する者や学識経験のある者のなかから，都道府県知事または市町村長によって任命されます。 　　　　　（古山萌衣）

▷ 3 社会福祉法第7条第1項の規定による地方社会福祉審議会において，児童福祉専門分科会を設置して児童福祉に関する事項を調査審議させている場合は，別途児童福祉審議会を設置する必要はない。

6　子ども家庭福祉の財政

国や地方公共団体が施策に基づいた公的サービスを実施していくために，必要となる財源を確保・管理し，費用を支出するシステムを財政といいます。この財源は，税金による収入を中心にした公費およびこれに準じる公的資金と，寄付金等による民間資金によって成り立っています。この仕組みは子ども家庭福祉についても同様です。子ども家庭福祉に関する公的サービスを実施するための費用も，公費を中心として公的資金および民間資金によって支えられています。

1　国の財政

国の財政において負担する国費は，租税および公債金等によって確保され，主に地方交付税交付金と**国庫支出金**として支出されます。**国の一般会計**歳出のなかで，人々の生活の保障に関わる医療，年金，福祉，介護，生活保護といった公的サービスに要する費用は，社会保障関係費によってまかなわれています。この社会保障関係費は，急速に進む高齢化を背景として，年々増加する傾向にあります。なお，2022年度の社会保障関係費については，図Ⅳ-3の通りです。

そしてこの社会保障関係費に組み込まれる社会福祉費が，子ども家庭福祉に関するサービスの実施に必要となる費用の財源（国庫支出金）となっています。その主な支出項目には，**児童入所施設措置費**や**社会福祉施設等施設整備費**などがあげられます。これに対して，児童相談所の運営や児童委員（民生委員）の活動にかかる費用等は，使途が限定されない地方交付税交付金の対象となっています。近年では地方分権化の流れのなかで，地方自治体への国庫支出金は廃止・削減され，その財源手当として地方交付税交付金を増やす一般財源化が財政政策において進められています。これまで使途が限定された特定財源として国による直接負担がなされていたものを一般財源化することは，施策実施における地方自治体の自由度を高め，それぞれの地域におけるニーズや行政課題に対応したサービスの実施につながると期待されます。しかしその一方で地方の財政状況によっては，予算の削減やサービスの質の低下を招くなど，地方間格差が生じる可能性があることが懸念されています。

2　地方の財政

地方公共団体の財源は，地方税，地方交付税，国庫支出金，地方債等によって確保されています。そのなかで社会福祉施策の実施に必要となる経費は，民

▷1　**国庫支出金**
国が特定の事業を行う地方公共団体に対して，使途を指定して交付する支出金。国庫補助金，国庫負担金および国庫委託金を総称して国庫支出金と呼ぶ。

▷2　**国の一般会計**
社会保障，教育，公共事業，防衛等に関する財政活動を行うために必要となる収入（歳入）および支出（歳出）を経理する基本的な会計。

▷3　**児童入所施設措置費**
児童が児童福祉施設等に入所する際に，施設等に対して児童福祉法が定める一定の基準を維持するために必要となる費用を支払うための国の負担金。

▷4　**社会福祉施設等施設整備費**
社会福祉施設の入所者等の福祉の向上を目的として，児童福祉法等の規定に基づき，施設等の整備に必要となる費用を支払うための国の負担金。

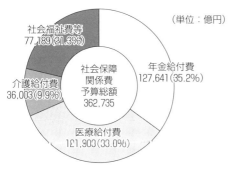

図Ⅳ-3　2022年度社会保障関係予算の内訳

注：社会福祉費等には，少子化対策費，生活扶助等
社会福祉費，保健衛生対策費および雇用労災対
策費を含む。
出所：財務省（2021）「令和4年度社会保障関係予算のポイン
ト」より筆者作成。

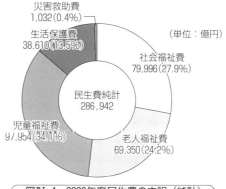

図Ⅳ-4　2020年度民生費の内訳（純計）

出所：総務省（2022）「令和4年度版（令和2年度決算）地方
財政白書」より筆者作成。

表Ⅳ-6　子ども・子育て支援新制度に係る主な財源

項　目	所管官庁	内　容
子どものための教育・保育給付交付金	内閣府所管（内閣府年金特別会計）	施設型給付・委託費，地域型保育給付に係る財源
子どものための教育・保育給付費補助金	内閣府所管（内閣府年金特別会計）	認可保育所等への移行を希望する認可外保育施設や認定こども園への移行を希望し長時間の預かり保育を行う幼稚園に対し，特定教育・保育施設への移行を前提として運営に要する費用の財政支援に係る財源
子育てのための施設等利用給付交付金	内閣府（内閣府年金特別会計）	子どもための教育・保育給付の対象とならない幼稚園や特別支援学校の幼稚部，認可外保育施設，その他保育事業等を利用した際に要する費用の財源
子ども・子育て支援施設整備交付金	内閣府（内閣府年金特別会計）	放課後児童クラブ及び病児保育事業を実施する施設整備の促進に係る財源
児童手当等交付金	内閣府・厚生労働省所管（内閣府年金特別会計）	児童の養育者に支給される児童手当等に係る財源
子ども・子育て支援交付金	内閣府・厚生労働省所管（内閣府年金特別会計）	市区町村が地域の実情に応じて実施する事業の支援に係る財源
保育所等整備交付金	厚生労働省所管（厚生労働省一般会計）	市町村が策定する整備計画等に基づき保育所及び幼保連携型認定こども園の整備事業の実施等に係る財源
保育対策総合支援事業費補助金	厚生労働省所管（厚生労働省一般会計）	保育の受け皿整備や，多様な保育の充実，保育人材確保に関わる総合的な対策に係る財源
認定こども園施設整備交付金	文部科学省所管（文部科学省一般会計）	認定こども園の設置促進のため，都道府県が行う認定こども園施設整備事業の一部交付に係る財源

出所：内閣府子ども・子育て本部（2022）「令和4年度における子ども・子育て支援新制度に関する予算案の状況について」，厚生労働省（2021）「令和4年度
保育関係予算概算要求の概要」，文部科学省「令和4年度概算要求（幼稚園等）の概要について」より筆者作成。

生費という項目のなかに計上されています。民生費の目的別内訳において，子
ども家庭福祉に関する児童福祉費は最も多い経費となっています（図Ⅳ-4）。

 子ども・子育て支援新制度の財源

　子ども・子育て支援新制度における事業等の実施に必要となる財源は，制度
に関わる内閣府，厚生労働省および文部科学省において所管されています。そ
の主な財源は表Ⅳ-6の通りです。　　　　　　　　　　　　　　　（古山萌衣）

7 子ども家庭福祉の費用負担

 子ども家庭福祉サービスに関する費用負担

　公的な子ども家庭福祉に関するサービスを実施するために必要となる費用（経費）は，公的負担の原則に基づいて，国と地方公共団体等がそれぞれ一定の割合で負担（支弁）することとなっています。この負担を行う支弁者およびそれぞれが負担する割合は，児童福祉法第4章「費用」（第49条の2〜第56条の5）において規定されています（表Ⅳ-7）。

　同じように児童福祉法第56条の規定により，子ども家庭福祉に関するサービスの利用について，その措置費を国や地方公共団体が負担した場合は，受益者負担の考えに基づいて，それぞれの長が負担した費用の一部を，サービスの利用者である本人あるいはその扶養義務者から徴収できることとなっています。福祉サービス利用に対する費用の徴収には，本人あるいは扶養義務者の負担能力に応じた金額を徴収する応能負担の方式と，利用したサービスの量に応じた金額を徴収する応益負担の方式があります。保育所を除く子ども家庭福祉に関するサービス利用の場合は，前者の応能負担の方式による費用負担が定められています。また現在の子ども・子育て支援新制度において，保育所の利用に際して利用者が負担すべき保育料の金額については，国が定める上限額の範囲内

表Ⅳ-7　児童福祉サービスの措置費における経費負担の割合

経費の種別	措置等主体の区分	児童等の入所先等の区分	措置費等の負担区分		
			市町村	都道府県	国
母子生活支援施設及び助産施設の措置費等	市及び福祉事務所を管理する町村	市町村立施設及び私立施設	1／4	1／4	1／2
		都道府県立施設		1／2	1／2
	都道府県，指定都市，中核市	都道府県立施設，市町村立施設及び私立施設		1／2	1／2
その他の施設・里親の措置費等	都道府県，指定都市，児童相談所設置市	都道府県立施設，市町村立施設及び私立施設		1／2	1／2
一時保護所の措置費等	都道府県，指定都市，児童相談所設置市	児童相談所（一時保護施設）		1／2	1／2
保育の措置費	市町村（指定都市，中核市含む。）	特定教育・保育施設及び特定地域型保育事業所[1)	1／4	1／4	1／2

注：保育所，幼保連携型認定こども園，小規模保育事業所を含む保育施設。子ども・子育て支援新制度の導入により，私立保育所を除く施設・事業については利用者への施設型給付及び地域型保育給付を施設に直接支払う（法定代理受領）形式になっている。

出所：厚生労働省（2017）「『児童福祉法による児童入所施設措置費等国庫負担金について』の一部改正について」。

表Ⅳ-8 子ども・子育て支援新制度における国・地方の負担の割合

		国	都道府県	市町村	備 考
施設型給付	私立	1/2	1/4	1/4	注(1)
	公立	―	―	10/10	地方交付税措置による一般財源
地域型保育給付（公私共通）		1/2	1/4	1/4	
地域子ども・子育て支援事業		1/3	1/3	1/3	妊婦健康診査，延長保育事業（公立分）のみ市町村10/10

注：(1) 教育標準時間認定（1号認定）の子どもに係る施設型給付については，当分の間，全国統一費用部分と地方単独費用部分を組み合わせて施設型給付として一体的に支給することとされている。

出所：内閣府（2018）「子ども・子育て支援新制度について（平成30年5月）」を一部改変。

表Ⅳ-9 子ども・子育て支援法における財政支援の仕組み

給 付	対象施設	対象児	備 考
施設型給付	認定こども園	0〜5歳児	4類型の認定こども園（幼保連携型，幼稚園型，保育所型，地方裁量型）が対象
	幼稚園	3〜5歳児	新制度施行前に施設型給付の対象となる教育・保育施設として確認を受けない旨の申出を市町村に行った私立幼稚園に対しては，私学助成および就園奨励費補助を継続
	保育所	0〜5歳児	私立保育所については，児童福祉法第24条により市町村が保育の実施義務を担うことに基づく措置として，委託費を支弁
地域型保育給付	小規模保育	0〜2歳児（原則）	都市部の待機児童対策の一環として，市町村の認可事業に新設された地域型保育事業を対象とした財政支援
	家庭的保育		
	居宅訪問型保育		
	事業所内保育		

出所：内閣府・文部科学省・厚生労働省（2015）「子ども・子育て支援新制度ハンドブック 施設・事業者向け（平成27年7月改訂版）」より筆者作成。

でそれぞれの市町村が定めることとされています。具体的には，市町村は保護者の所得（市町村民税所得割課税額等）に応じて保育料を算出する仕組みとなっています。しかしながら，長時間保育等の標準保育以外の保育サービスを利用する場合にかかる保育料については，基本的に負担する金額が一律になっており，保育所の利用は一部，応益負担の方式による費用負担が導入されています。

2 子ども・子育て支援新制度における財政支援の仕組み

2015年にスタートした子ども・子育て支援新制度では，施設型給付（認定こども園，幼稚園，保育所への給付）および地域型保育給付（小規模保育等への給付）が創設されました。これに基づき，それまで施設種別ごとに異なっていた認定こども園，幼稚園，保育所および小規模保育等を対象とした財政支援の仕組みが共通化されました（表Ⅳ-8・9）。 （古山萌衣）

▷1 きょうだいで保育所を利用する多子世帯やひとり親世帯については，その負担を軽減する措置等もとられている。

▷2 2019年10月より「幼児教育・保育無償化」として，3歳から5歳までの子ども，および住民税非課税世帯の子どもを対象に，保育所，認定こども園，幼稚園（利用料の上限あり），障害児発達支援の利用が原則無償となった。また「保育の必要性の認定」がある場合，利用料の上限内で認可外保育施設等の利用も補助される。

67

児童相談所

 児童相談所とは何か

○児童福祉施設等の入所「措置」を行う行政機関

　子ども家庭福祉は，すべての子ども（妊産婦を含む未成年者）に「安定した日常生活」と「健全な成育環境」を保障するものです（児童福祉法第1～3条）。子どもの福祉を充たす第一義的な存在が家族です。しかし，子どもは親を失うことや親の過重な課題，家族機能の不全などにより，福祉ニーズを抱えるようになる場合もあります。そのため，子ども家庭福祉では，保護者の生活，親権，養育と子どもの基本的人権の保障をめぐり，児童福祉の措置を講ずる必要があることも少なくありません。児童相談所はそうした「措置」を行う唯一の公的機関です。すなわち，児童相談所は，親を失くした子ども，虐待，適応行動上の支障，心身の障害や特定疾患等のある子どもやその家族に，子ども家庭福祉サービスを結びつける重要な役割を担っています。

○都道府県（政令指定都市）が設置し専門的実践機能を担う

　児童相談所は児童福祉法により，「都道府県は，児童相談所を設置しなければならない」（児童福祉法第12条第1項）と定められています。児童相談所の業務は，都道府県を実施機関とする概ね次のような業務です（同法第11条）。

　①児童に関する家庭その他からの相談のうち，専門的な知識及び技術を必要とするものに応ずること。②児童及びその家庭につき，必要な調査並びに医学的，心理学的，教育学的，社会学的及び精神保健上の判定を行うこと。③児童及びその保護者につき，調査又は判定に基づいて心理又は児童の健康及び心身の発達に関する専門的な知識及び技術を必要とする指導その他必要な指導を行うこと。④児童の一時保護を行うこと。⑤児童の権利の保護の観点から，一時保護の解除後の家庭その他の環境の調整，当該児童の状況の把握その他の措置により当該児童の安全を確保すること。⑥里親に関する業務を行うこと。⑦養子縁組，特別養子縁組に関する者につき，その相談に応じ，必要な情報の提供，助言その他の援助を行うこと。また，この他に，「各市町村への支援」「児童及び妊産婦の福祉に関する広域，専門的支援」「障害者総合支援法に規定する業務」を行うとされています。

○児童相談所の設置数

　現在，児童相談所は，都道府県（及び政令指定都市）の他，中核市（任意設置），

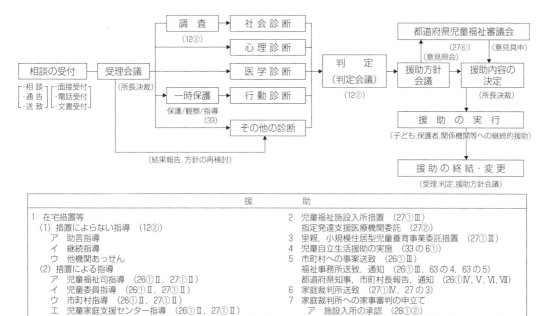

図V-1　児童相談所における相談援助活動の体系・展開

出所：厚生労働省子ども家庭局長通知（2018）「児童相談所運営指針の改正について」（平成30年7月20日）220頁。

東京23区への設置も進められています（2022年現在7区で開設）。厚生労働省の基準は，人口50万人当たりに最低1か所程度とされています。1999〜2016年に設置自治体数が59から69へ，設置箇所も174から209に増えました。2022年現在では219か所となっています。

② 児童相談所の「相談援助活動の体系」と業務過程

○「相談援助活動」の過程

　厚生労働省「児童相談所運営指針」[▷1]は，児童相談所の管理運営，業務マニュアルを示しています。図V-1は，「相談援助活動」のプロセスであり，言い換えれば，子ども家庭福祉における「措置」の決定過程です。

　まず，児童相談所は「相談」「通告」「送致」を受けます。相談事案は，行政統計上，「児童虐待相談を含む養護相談」「保健相談」「発達障害相談を含む障害相談」「非行相談」「育成相談」「その他の相談」に区分されます。案件は，「受理会議」[▷2]で受理が決済されます。受理されたケースには，調査や一時保護が行われ，社会診断，心理診断，医学診断，行動診断等の専門的な診断が行われます。その後，各診断を総合する「判定会議」が行われ，援助方針が決まります（対処方針は図V-1「援助」にある1〜7の規定から選択されます）。次に行われる「援助方針会議」では，具体的に地域資源を勘案し，適用する措置を確定しま

▷1　厚生労働省雇用均等・児童家庭局長通知（2019）「児童相談所運営指針の改正について（平成30年7月20日）」『児童相談所運営指針』。

▷2　令和2年度児童相談所の相談の種類別対応件数（全52万483件）の内，障害相談は40.5％，養護相談は52.8％，育成相談は7.2％，非行相談は2.0％，保健相談は0.4％，その他の相談は6.3％となっている（厚生労働省「令和2年度福祉行政報告例」）。

す。

○児童虐待への対応

児童相談所の児童虐待対応では，この過程にいくつかの要点が加わります。まず，「相談の受付」の「通告」における電話通報です。児童福祉法第25条は要保護児童発見時の国民の通告義務を定めています。また，児童虐待防止法第5・6条も児童虐待の専門職に対して早期発見・通告義務を定めていますが，厚生労働省はさらに，当事者によるSOSも含め近隣住民がいちはやく通報できるように専用回線『児童相談所虐待対応ダイヤル「189」』を設置しました（2019年12月より通話料無料化を実施）。

2008年の児童虐待防止法改正では，虐待のおそれによる通報を受けた児童相談所による「安全確認の義務」が法文に明記されました。児童虐待では，安全確認上，必要ならば，家庭への「強制立ち入り調査」も行うことができます。また，上記改正では，「保護者に対する児童を同伴しての出頭要求と児童相談所による調査，質問」「立ち入り調査を拒否した場合の再出頭要求」「再出頭を拒否する場合の児童相談所による臨検（裁判所の許可状による強制的な捜索）」「保護者指導」（第11条）や「面会制限」（第12条）についても規定されました（同法第8〜10条）。

児童相談所には，子どもの危機が切迫していると判断した場合，子どもを保護者の同意なしに一時保護する権限も認められています（児童福祉法第33条）。この職権による職権一時保護は2か月が限度とされており，継続を要する場合は家庭裁判所での審判を経て，保護の延長，または家庭裁判所裁可による児童福祉施設等への入所措置が可能です（同法第28条1）。強制入所措置を行う場合，児童相談所は家裁に承認申請を行いますが，その前段として，「都道府県児童福祉審議会」へ照会を行うこともあります。保護者が不同意のままでの一時保護や入所等措置は，親が体罰虐待を否認し行政の関わりを拒否するような場合の他，保護者が子どもの監護を怠っているが保護者や子どもに問題意識がなく，施設入所を拒んでいる場合などにも適用されます。この措置は最長2年で継続には再度，家裁の承認が必要です。

2019年，児童相談所が関与する体罰等の身体虐待事例で死亡事件が相次ぎました。政府は児童虐待防止法の改正を行い，「親権者等のしつけに際する体罰の禁止」の明文化，児童相談所の体制強化，措置解除での子どもの安全な環境の確保，親・保護者への介入機能と支援機能の分離，配偶者暴力相談支援センターのDV対応との連携強化，当該児童が管轄区域外へ転居する際の自治体間連携などを規定しました。

❸　内閣府「こども家庭庁」の発足と令和4年児童福祉法改正[14]

○自治体「こども家庭センター」の設置と児童相談所

▷3　一時保護は一時保護所以外にも，警察署，医療機関，乳児院，児童養護施設，里親その他適当なもの（児童委員，その子どもが通う保育所の保育士，学校の教員など）に委託する委託一時保護がある。

▷4　「児童福祉法等の一部を改正する法律」（令和4年法律第66号）（第11回放課後児童対策に関する専門委員会〔令和4年6月30日〕参考資料9参照）。

　2022年，「子育て世帯に対する包括的な支援のための体制強化」を目的とした児童福祉法改正が行われました（2024年施行）。この構想では，自治体に「こども家庭センター」を設置し，「全ての妊産婦・子育て世帯・子どもの包括的な相談支援等」を行い，「支援を要する子どもや妊産婦等への支援計画（サポートプラン）を作成」するとしています。今後，都道府県の児童相談所と市町村のこども家庭センターとの間で，継続的な支援を必要とする子どもや家庭についての実践的連携を求められていくことになると考えられます。

❍一時保護所機能の整備と一時保護適正手続き

　従来，児童相談所の一時保護について，職権保護を行う際の条件が曖昧であること，司法的な適正手続きを欠くことが指摘されてきました。また，一時保護所に入所中の子どものケア，環境，体制の不十分さも指摘されてきました。これらについて，次の3点が規定されました。

①　一時保護所の新たな設備・運営基準の策定，平均入所率100％を超える一時保護所について自治体は定員超過解消計画を策定し，国は自治体に重点的な支援を実施し，施設整備等を進めること。

②　一時保護所のケアの質を外部の視点でチェックし，改善に結び付ける第三者評価を設けること。

③　一時保護開始時の「適正手続きを確保するため」，「親権者が同意した場合を除き，事前又は保護開始から7日以内に裁判官に一時保護状を請求すること（司法審査）」。[5]

❍児童の意見聴取等の仕組みの整備

　子どもの権利条約に規定される意見表明権や子どもの最善の利益に関して，都道府県は，都道府県児童福祉審議会等への諮問を通じ，「子どもの権利擁護に係る環境を整備する」こととされました。次の2点が行われます。

①　児童相談所や児童福祉施設での子どもの意見の聴取等

　児童福祉施設の処遇や児童相談所の在宅指導，里親委託，施設入所等の措置，指定発達支援医療機関への委託，一時保護等の措置等の決定時において，子どもの意見聴取等を行うこと。また，指導等の解除，停止，変更，機関の更新時点についても同様であること。

②　意見表明等支援事業（都道府県，政令指定都市，児童相談所設置市）

　「子どもの最善の利益を考慮するとともに，子どもの意見又は意向を勘案して措置等を行うために，あらかじめ，年齢，発達の状況その他の子どもの事情に応じ意見聴取その他の措置を講じなければならない」とされ，「子どもの福祉に関し知識又は経験を有する者（意見表明等支援員）が，意見聴取等により意見又は意向を把握するとともに，それを勘案して児童相談所，都道府県その他の関係機関との連絡調整等を行う」とされました。　　　　　（福永英彦）

▶5　ただし，一時保護を行う要件の法令上の明確化とは，「児童虐待のおそれがあるとき」とされ，「明らかにそのおそれがないと認めるときを除き，裁判官は一時保護状を発付する」ものである。

参考文献

　厚生労働省「児童相談所運営指針」（厚生労働省HP，https://www.mhlw.go.jp/bunya/kodomo/dv11/01.html）。

　日本子ども家庭総合研究所編（2000）『子どもの虐待対応マニュアル』有斐閣。

2 福祉事務所・家庭児童相談室

1 福祉事務所

○福祉事務所とは

　福祉事務所（社会福祉事務所）は，社会福祉法第14条に基づき設置される社会福祉行政の**第一線の現業機関**です。広く**社会福祉6法**に定める援護，育成，更生の措置を司るものとされています。

　福祉事務所は，都道府県及び市（特別区を含む）に設置義務が課されており，町村は任意で設置することができるとされています。2022年現在，都道府県205，一般市（特別区含む）742，政令・中核市257，町村46，全国に1,250か所が設置されています。

　福祉事務所の主たる業務は生活保護の実施であり，福祉事務所に配置されている「査察指導員」や「現業員」がその任に就きます。その他の法律に関しては，都道府県の福祉事務所が生活保護法，児童福祉法，母子及び父子並びに寡婦福祉法を所管し，市町村がそれらに加え身体障害者福祉法，知的障害者福祉法，老人福祉法の入所措置事務を行うこととなりました。

○子ども家庭福祉行政における福祉事務所

　子ども家庭福祉行政において，福祉事務所は児童福祉施設である母子生活支援施設，助産施設の入所措置や調整を行います。

　また，児童虐待防止法第6条における虐待の通告・受理機関であり，児童福祉法第25条にある要保護児童を発見した際の通告・受理機関でもあります。

　また，市町村の家庭児童福祉の相談指導援助の充実強化を図るために福祉事務所に家庭児童相談室を設置できるとされています。また，**要保護児童対策地域協議会**の調整機関を福祉事務所が担っている場合には，事務総括や地域関係機関との連携を行うことになります。福祉事務所は，助産，保育，生活保護，ひとり親家庭，障害等の家庭の福祉に関わるさまざまな情報が集積する機関でもあります。

　近年の福祉事務所では，その他の業務として，保健医療に関する業務，児童扶養手当に関する事務，民生・児童委員に関する事務を執ることも多くなっています。

▷1　第一線の現業機関
行政組織・機構の末端に位置し，直接，現業を行うことを通じ地域住民への行政サービスを実施する専門機関。

▷2　社会福祉6法
⇨Ⅰ-2 参照。

▷3　要保護児童対策地域協議会
⇨Ⅴ-6 参照。

2　家庭児童相談室

○家庭児童相談室とは

　家庭児童相談室は，1964年の厚生省通知により「家庭児童相談室設置運営要綱」が示され，福祉事務所に設置することができるようになりました[4]。現在，「福祉事務所が行なう家庭児童福祉に関する業務のうち，専門的技術を必要とする業務を行なうもの」とされています。また，その相談事項は，「家庭における児童養育の技術に関する事項及び児童に係る家庭の人間関係に関する事項，その他家庭児童の福祉に関する事項とする」とされています。家庭児童相談室は，地域に密着した相談・援助機関として，比較的利用しやすい場所として設置され，社会福祉主事と家庭相談員が相談に応じることとされています。

　また，家庭児童相談室は，市の児童家庭相談体制のなかに位置づけられ重要な役割を果たすとともに，児童相談所との適切な連携を築き，地域では保健所，学校，警察，児童委員や主任児童委員との積極的な協力関係を形成し，地域の子どもや家庭の実情についての情報交換や情報提供，共有に努めることとされています。さらに，市の要保護児童対策地域協議会への参加をはじめとして，地域の児童健全育成事業や地域活動の促進にも協力するものとされています。

○家庭児童相談員の相談・活動内容と多様な背景

　家庭児童相談員は「都道府県又は市町村の非常勤職員とし，人格円満で，社会的信望があり，健康で，家庭児童福祉の増進に熱意」をもつ人物とされています[5]。家庭相談員が対応する問題は，①虐待など家庭における養育の問題，②言葉の遅れや知的発達課題をもつ子どもと家庭の問題，③盗みや家出などの課題行動をもつ子どもと家庭の問題，④心理支援の必要な子どもと家庭の問題，⑤長期欠席傾向のある子どもと家庭の問題，⑥在宅障害児の支援についてなどです。家庭相談員は，こうした問題の電話相談や来談について，傾聴的に面談を行い，継続的な面接支援，助言を行い，または他の専門機関を紹介します。また紹介する専門機関は，児童相談所，保健センターなどです。

　自治体の家庭相談員は，さまざまな背景をもつ人材が非常勤職員として特別任用されていることから，保健・看護，福祉，教育，心理などの専門性を反映した個性的で多様なアプローチがなされます。心理療法やカウンセリング，知的障害，発達障害への療育指導の助言・支援，親業訓練などを提供する自治体もあります。また，家庭児童相談室ではさまざまなプログラムが行われ，保育所の巡回相談，障害児の親子教室，保護者へのカウンセリングなどを行う自治体もあります。

（福永英彦）

▷4　厚生省（1964）「家庭児童相談室の設置運営について」（1964年厚生労働省児童事務次官通達）。通達の改正は1999年，2005年。
　厚生省（1964）「家庭児童相談室の設置運営について」（1964年厚生省児童局長通知）。通知の改正は1993年，1999年，2005年。

▷5　同上通達。

（参考文献）
　日本子ども家庭総合研究所編（2000）『子どもの虐待対応マニュアル』有斐閣。

児童家庭支援センター

1 児童家庭支援センター創設の背景と目的

　少子高齢社会の進行や女性の社会進出の高まりにより，子どもやその家庭に関する問題への社会的支援の一層の充実が求められるようになった1990年代以降を中心に，社会全体での子ども・子育てを支えるさまざまな施策が打ち出されてきました。その具体策の一つとして，1997年の児童福祉法改正によって創設されることとなったのが，社会的養護に関わる相談援助事業を行う児童家庭支援センターです。センターの実施主体は都道府県，政令指定都市および児童相談所設置市となっています。ただし社会福祉法人やNPO法人等に委託して実施することも可能です。

　第2種社会福祉事業に位置づけられる児童家庭支援センターは，児童福祉法第44条の2第1項において，「地域の児童の福祉に関する各般の問題につき，児童に関する家庭その他からの相談のうち，専門的な知識及び技術を必要とするものに応じ，必要な助言を行うとともに，市町村の求めに応じ，技術的助言その他必要な援助を行うほか，…（中略）…あわせて児童相談所，児童福祉施設等との連絡調整その他厚生労働省令の定める援助を総合的に行うことを目的とする施設」であると規定されています。つまり，児童家庭支援センターの役割は，地域の子どもの福祉に関する多様な問題についての相談を受け，関係機関との連携協力を取り合いながら，子どもおよび家庭への支援対応・援助を行うことにあります。

2 児童家庭支援センターの業務内容

　児童家庭支援センターには，センター長をはじめとして，相談・支援を担当する職員および心理療法を担当する職員が配置されています。具体的な事業内容は，厚生労働省による「児童家庭支援センター設置運営要綱」に基づき，以下の5点に整理することができます。

○地域・家庭からの相談に応ずる事業

　児童家庭支援センターでは，地域の子どもに関するさまざまな問題について，直接来所による相談（一般相談）や電話による相談（電話相談）を受け付けています。また，専門的な知識や技術を必要とするものに対して，必要なアドバイスを与えるという相談援助体制が整えられています。

❍**市町村の求めに応ずる事業**

2008年の児童福祉法改正により，児童家庭支援センターの業務には，市町村の求めに応じ，技術的助言その他必要な援助を行うことが加えられました。

2005年度より，子ども家庭相談の第一義的相談窓口としての役割は，それまでの児童相談所から市町村へと移されました。また要保護児童対策地域協議会の設置や地域子育て支援拠点事業等における子育て相談の実施など，近年，市町村における子ども・子育てに関する相談支援体制は充実が図られています。そのなかで児童家庭支援センターは，一般的な子育て相談等は市町村における子育て支援事業にゆだねながら，専門性の高い相談を受けもつ役割を高めていくことが求められています。

❍**都道府県または児童相談所からの受託による指導**

児童相談所において，施設入所までは至らないが保護する必要性のある児童，施設を退所して間もない児童等に対するアフターケア（自立支援），継続して指導する必要があると考えられる児童や家庭に対して，都道府県や児童相談所から委託を受けての相談援助が行われています。

❍**里親等への支援**

2011年の「児童家庭支援センター設置運営要綱」の改正により，業務内容として新たに里親やファミリーホームを対象にした相談援助及び支援が規定されました[1]。

❍**関係機関等との連携・連絡調整**

地域における児童や家庭に対する支援を迅速かつ適切に行うため，関連する機関（児童相談所，市町村，福祉事務所，里親，児童福祉施設，**自立援助ホーム**[2]，**ファミリーホーム**[3]，要保護児童対策地域協議会，民生委員，児童委員，母子自立支援員，公共職業安定所，婦人相談員，保健所，市町村保健センター，精神保健福祉センター，教育委員会，学校，里親支援センター等）との情報交換や連絡調整が行われています。

❸ これからに向けて

児童家庭支援センターは，24時間365日体制で相談援助業務を行うという施設の特性を活かしながら，地域支援の拠点として，児童相談所や市町村，あるいは児童福祉施設等を中心とした地域の関連機関と連携した支援体制の整備強化・充実を図っていくことが期待されています。

そのために今後，施設と地域とをつなぐ機関として増設すること，さらに将来的には児童養護施設や乳児院の標準装備としていくことなどが求められています[4]。2022年6月現在，全国に167か所の全国児童家庭支援センター協議会加盟のセンターが設置されています[5]。　　　　　　　　　（古山萌衣）

▷1　2022年に改正された児童福祉法では，2024年4月より里親支援を行う里親支援センターが新たな児童福祉施設として位置づけられることになった。

▷2　**自立援助ホーム**
児童養護施設等を退所する児童等に対し，日常生活における相談援助や生活指導等を行う施設。
⇨Ⅵ-13 参照。

▷3　**ファミリーホーム**
社会的養護の取り組みとして家庭養護を行う事業形態の1つ。小規模住居型児童養育事業ともいう。
⇨Ⅵ-1 参照。

▷4　これまでは乳児院，児童養護施設，母子生活支援施設等に附置するという附置要件が設けられていたが，2009年の児童福祉法改正によりこの規定が削除された。一方で施設に附置されている場合には，施設との連携により子どもの一時保護等を行うことも可能になっている。

▷5　2019年度末までに340か所に増設することが目標とされていた。

（**参考文献**）
厚生労働省（2011）「社会的養護の課題と将来像」。

こども家庭センター

市区町村の子育て支援の拠点「こども家庭センター」

　子育て世帯を包括的に支援する機関である「こども家庭センター」が，2022年の児童福祉法と母子保健法の改正により創設されました。これにより，2024年度以降，全国の市区町村への設置が推進されます。改正後の法律は，こども家庭センターを「全ての妊産婦・子育て世帯・子どもへ一体的に相談支援を行う」機関と位置づけ，2023年に内閣府の外局として創設される**こども家庭庁**が権限をもち管理します。こども家庭センターでは，図Ⅴ-2の通り，家族の介護や世話を日常的に担う**ヤングケアラー**や虐待，貧困，若年妊娠など，困難を抱える家庭への支援提供計画「サポートプラン」を作成し，支援の管理運営が行われます。加えて，家庭を訪問し，家事や育児の援助を行うことも想定されています。さらに，子どもが家庭や学校以外で安心して過ごせる居場所づくりの支援や，保護者が育児の負担を軽減する目的で利用する一時預かり施設の紹介も行います。そして，**要保護児童対策地域協議会**の調整機関として，虐待の疑いがある家庭について，児童相談所をはじめ他の機関と連絡調整などを行う役割も担います。また，同じく2022年の児童福祉法改正で，新たに地域の障害児支援の拠点としての役割が明確化された「児童発達支援センター」とも連絡調整を行うため，各自治体の障害児支援が進展することが期待されています。

② 「こども家庭センター」創設の背景

　「こども家庭センター」は，2016年の児童福祉法と母子保健法の改正で創設された**子育て世代包括支援センター**（法律上の名称は，母子健康包括支援センター）と，児童福祉法改正で創設された**子ども家庭総合支援拠点**を一体化して設置されます。子育て世代包括支援センターは，母子保健法に基づき，妊産婦や乳幼児の保護者の相談を受け，支援プランを策定し，保健医療や福祉の関係機関と連絡調整等を行う機関であり，その多くが，従来から存在する市町村保健センター等に機能として付加されたものです。子ども家庭総合支援拠点は，児童福祉法に基づき，虐待や貧困などの問題を抱えた家庭に対応する機関であり，その多くが子育て世代包括支援センターや**家庭児童相談室**などを拡充して設置されてきました。2016年の創設以降，両者は一体的に運営されることが推奨されながらも，それぞれの役割を担い併存してきました。しかし，これら2つの

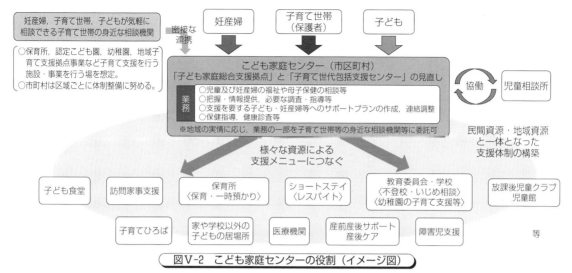

図V-2 こども家庭センターの役割（イメージ図）

出所：厚生労働省子ども家庭局（2022）「児童福祉法改正法案による子育て支援について」。

機関で情報が十分に共有されず，支援が届かない事例が指摘されたことを受け，支援が必要な家庭の見落としを防ぐため，こども家庭センターとして両者を統合し，体制を強化することになりました。なお，2021年4月時点で，子育て世代包括支援センターは全市区町村の9割を超える1,603自治体に設置され，子ども家庭総合支援拠点は4割弱の635自治体に設置されています。

3 子育て支援を担う機関・施設が複数ある理由

　全国には，**児童相談所**を改称しこども家庭センターと称している自治体がいくつかありますが，ここで取り上げるこども家庭センターは，児童相談所のことではありません。また，児童福祉法に基づく**児童家庭支援センター**や**地域子育て支援拠点事業**とも異なります。似たような名称の機関・施設・事業が複数存在するため，混同しないよう注意が必要です。子どもや家庭の相談支援は，戦後長らく，児童相談所や福祉事務所（家庭児童相談室）などが中心となってその役割を果たしてきました。ところが，1990年代後半以降，少子化や子ども虐待の増加等を背景に，児童相談所等の業務が急迫し，従来以上に地域において身近な相談支援が求められたことから，各自治体へ新たに支援機関や施設，事業を創設し，対応にあたってきました。

　その結果，子どもや家庭を支援する機関・施設は地域で身近なものとなり，より専門的な支援が可能となりましたが，それぞれの役割分担や機関・施設間での情報共有や連携などが求められるようになっています。こども家庭センターは，前身である2つの支援機関が果たしてきた機能を損なうことなく一体化し，地域の子育て支援の拠点となることが期待されています。　　　（吉田幸恵）

▷7　児童相談所
⇨V-1 参照。

▷8　児童家庭支援センター
⇨V-3 参照。

▷9　地域子育て支援拠点事業
⇨Ⅷ-7 参照。

保健所・市町村保健センター

 保 健 所

○保健所の概要

　保健所は，地域保健法に規定された公的機関であり，地域住民の健康の保持・増進のための疾病予防，生活環境衛生の向上，地域における公衆衛生の向上・増進のための保健活動を中心に行っています。地域住民の高度化・多様化する保健，衛生，生活環境のニーズに応え，健康を支えるための拠点として中心的な役割を担っています。保健所は，都道府県，**政令指定都市**，**中核市**，その他政令で定める市または特別区に設置されており，原則として人口10万人に1か所の割合で設置されています。職員としては，医師，歯科医師，薬剤師，獣医師，保健師，助産師，看護師，診療放射線技師，臨床検査技師，管理栄養士，歯科衛生士等が配置されています。

　わが国では，1937年に結核予防対策を中心とする保健所法に基づき，各地区に保健所が設けられ，1938年厚生省設立とともにその所管となりました。第二次世界大戦後しばらくは感染症予防対策を中心とした活動を行いましたが，やがて**公衆衛生**を中心に行うようになりました。その後，高齢化の進展，保健医療を取り巻く環境の変化等にともない，1994年に保健所法が全面改定され，地域保健法となりました。なお，地域保健法では，この法律による保健所でなければ，その名称中に保健所ということを示す文字を用いてはならないと規定されています（名称独占）（第13条）。

○保健所の事業

　地域保健法第6条に定められている保健所の主な事業内容は，以下の通りです。

①地域保健に関する思想の普及及び向上に関する事項，②人口動態統計その他地域保健に係る統計に関する事項，③栄養の改善及び食品衛生に関する事項，④住宅，水道，下水道，廃棄物の処理，清掃その他の環境の衛生に関する事項，⑤医事及び薬事に関する事項，⑥保健師に関する事項，⑦公共医療事業の向上及び増進に関する事項，⑧母性及び乳幼児並びに老人の保健に関する事項，⑨歯科保健に関する事項，⑩精神保健に関する事項，⑪治療方法が確立していない疾病その他の特殊の疾病により長期に療養を必要とする者の保健に関する事項，⑫感染症（エイズ，結核，性病，伝染病等）その他の疾病の予防に関する事

▷1　政令指定都市
人口50万人以上の市のうち，政令の指定を受けた都市のことを指す。政令指定都市は区を設置することができ，社会福祉，衛生，都市計画等の事務等を行う権限が都道府県から委譲され，都道府県と同等の権限を有している。

▷2　中核市
人口20万人以上の市のうち，政令の指定を受けた都市のことを指す。中核市には，社会福祉，衛生，都市計画等の事務等を行う権限が都道府県から委譲されているが，その権限は政令指定都市に比べると限られている。

▷3　公衆衛生
人々の健康の保持・推進のために行われる組織的な衛生活動のことを指す。内容としては，感染症予防，母子保健，成人病対策，精神衛生，公害対策，労働衛生等がある。

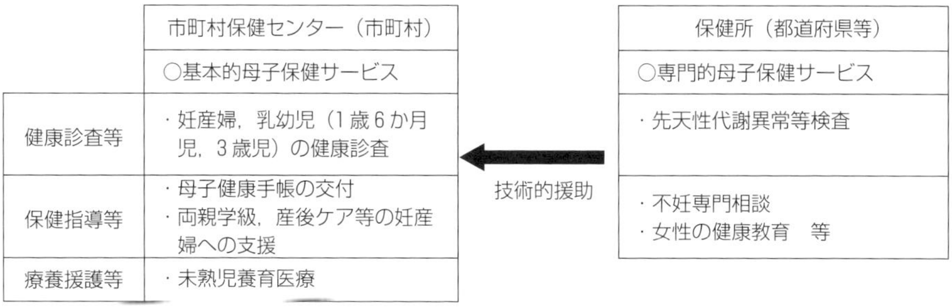

市町村保健センター（市町村）		保健所（都道府県等）
○基本的母子保健サービス		○専門的母子保健サービス
健康診査等	・妊産婦，乳幼児（1歳6か月児，3歳児）の健康診査	・先天性代謝異常等検査
保健指導等	・母子健康手帳の交付 ・両親学級，産後ケア等の妊産婦への支援	・不妊専門相談 ・女性の健康教育　等
療養援護等	・未熟児養育医療	

技術的援助

図V-3　市町村保健センターと保健所における主な母子保健事業の推進体制

出所：厚生労働省（2021）「令和3年版厚生労働白書 資料編」（https://www.mhlw.go.jp/wp/hakusyo/kousei/20-2/, 2022.8. 28）より筆者作成。

項，⑬衛生上の試験及び検査に関する事項，⑭その他地域住民の健康の保持及び増進に関する事項。

　以上の事業の他に，地域住民の健康の保持及び増進を図るために必要がある時は，以下の業務を行うことができます。

　①所管区域に係る地域保健に関する情報を収集，整理，及び活用すること，②所管区域に係る地域保健に関する調査及び研究を行うこと，③歯科疾患その他厚生労働大臣の指定する疾病の治療を行うこと，④試験及び検査を行い，並びに医師，歯科医師，薬剤師その他の者に試験及び検査に関する施設を利用させること，⑤所管区域内の市町村の地域保健対策の実施に関し，市町村相互間の連絡調整を行い，及び市町村の求めに応じ，技術的助言，市町村職員の研修その他必要な援助を行うこと（第7条，第8条）。

　なお，保健所の施設の利用または保健所で行う業務については，政令で定める場合を除いては，使用料，手数料または治療料を徴収してはならないことになっており，無料が原則となっています。

2　市町村保健センター（保健センター）

　市町村保健センターは，高度化・多様化していく地域住民の保健のニーズに，より身近な市町村で応えるために，1994年の地域保健法によって法制化されました。市町村ごとに設置されており，保健師，看護師，管理栄養士，歯科衛生士，理学療法士，作業療法士等が配置され，地域住民に対する健康相談，保健指導，健康診査等，地域保健に関する業務を行っています。図V-3に示した母子保健事業の例のとおり，保健所が専門的・広域的なサービスを実施するのに対して，市町村保健センターは住民に身近な保健サービスを提供しています。

　今後の市町村保健センターには，地域住民の多様なニーズに対応したきめ細やかなサービスの提供，地域住民に身近な保健サービスを介護サービスまたは福祉サービスと一体的に提供できる体制の整備等，医療・介護・福祉等の関連施策との連携体制の強化が求められています。　　　　　　　　　（水野和代）

要保護児童対策地域協議会

 要保護児童対策地域協議会とは

　虐待を受けた子どもなどの要保護児童への援助には，多くの機関が関わっています。それらの関係機関の連携が不十分，あるいは役割分担が明確になっていないと，要保護児童に適切な援助が行き届かず，時には子どもの命に関わってくることがあります。

　関係機関の連携を推進するため，2004年の児童福祉法改正により，**要保護児童対策地域協議会**（以下，地域協議会）が法的に位置づけられました。地域協議会は，市町村などの地方公共団体が設置し，要保護児童の保護や支援を行うために必要な情報交換や，児童に対する支援の内容について協議をします。

　地域協議会を構成するメンバーには守秘義務が課されます。守秘義務に反して秘密を漏らした場合は，罰則があります。それによって，これまで守秘義務が課せられていなかった民間団体などの関係機関も積極的に参加し，情報交換することが期待できます。また，地域協議会が関係機関に情報提供や必要な協力を求める場合，地域協議会に守秘義務が課せられていることで，守秘義務のある医師や公務員からも積極的に個人情報を提供してもらうことができます。

2 要保護児童対策地域協議会の動向

　地域協議会が適切に設置・運営されることを目的として，2005年に「要保護児童対策地域協議会設置・運営指針」が策定されました。2008年には，地方公共団体に対し，地域協議会の設置が努力義務化されました。2009年の児童福祉法改正では，地域協議会が協議する対象が，養育支援を特に必要とする児童やその保護者，妊婦まで拡大されました。また，地域協議会の運営の中核となる要保護児童対策調整機関（以下，調整機関）には，児童福祉司や保健師などの専門職を配置する努力義務が課されました。さらに，2016年の児童福祉法改正により，調整機関への専門職配置が義務化されました。2022年の児童福祉法改正では，こども家庭センターの業務の一つとして，調整機関としての関係機関との情報共有・調整を行うことになりました。

▶1　要保護児童対策地域協議会
市町村の児童福祉担当部局・児童相談所・児童福祉施設・保育所などの児童福祉関係，市町村保健センター・保健所・医療機関などの保健医療関係，幼稚園・小学校などの教育関係，警察などの警察・司法関係，NPO・民間団体等の関係機関により，地域の実情にあわせて構成される。

表Ⅴ-1　要保護児童対策地域協議会運営のための3つの会議

	目　的	参加者	開催頻度	協議事項
代表者会議	実務者会議が円滑に運営されるための環境整備	地域協議会の構成員の代表者	年に1〜2回	• 支援対象児童等の支援に関するシステム全体の検討 • 実務者会議からの地域協議会の活動状況の報告と評価
実務者会議	すべてのケースについての状況確認および支援方針の見直し	実際に活動する実務者	年に数回	• すべてのケースについて定期的な状況フォロー，主担当機関の確認，支援方針の見直し等 • 定例的な情報交換や，個別ケース検討会議で課題となった点の更なる検討 • 支援対象児童等の実態把握や，支援を行っているケースの総合的な把握 • 要保護児童対策を推進するための啓発活動 • 地域協議会の年間活動方針の策定，代表者会議への報告
個別ケース検討会議	個別の支援対象児童等に対する具体的な支援の内容を検討すること	支援対象児童等に直接関わっている担当者および今後関わる可能性がある関係機関等の担当者	適時	• 関係機関が現に対応している虐待事例についての危険度や緊急度の判断 • 要保護児童の状況の把握や問題点の確認 • 支援の経過報告およびその評価，新たな情報の共有 • 支援方針の確立と役割分担の決定およびその認識の共有 • ケースの主担当機関と支援機関の決定 • 実際の支援，支援方法，支援スケジュール（支援計画）の検討 • 次回会議（評価および検討）の確認

出所：厚生労働省雇用均等・児童家庭局長通知（2005）「要保護児童対策地域協議会設置・運営指針（平成29年3月31日）」より筆者作成。

3　要保護児童対策地域協議会の運営

地域協議会を運営するための3つの会議

　地域協議会は，地域協議会の構成員の代表者が参加する「代表者会議」，実際に活動する実務者が参加する「実務者会議」，児童に直接関わっている担当者および今後関わる可能性がある関係機関の担当者が参加する「個別ケース検討会議」の3つの会議によって運営されます（表Ⅴ-1）。

　地域協議会を設置した地方公共団体の長は，関係機関のなかから，調整機関を指定します。調整機関は，地域協議会の運営の中核となり，事務の総括，支援の実施状況の進行管理，関係機関との連絡調整を行います。

個別のケースの援助の流れ

　個別のケースの相談から援助に至るまでのおおまかな流れは次の通りです。地域住民や関係機関からの相談や通報は事務局が集約し，関係機関への事実確認と子どもや保護者に関する情報収集を行います。次に，ケースに応じて参加機関を考え，緊急度判定会議を開催し，ケースの危険度や緊急度の判断を行います。緊急を要するケースは児童相談所へ通告します。緊急を要しないが地域協議会の活用が必要と判断されたケースについては，援助方針を検討するために必要な情報を収集します。そして，個別ケース検討会議を開催し，援助方針，具体的な支援の方法および時期，各機関の役割分担，連携方法等を話し合います。関係機関による支援を行い，定期的に個別ケース検討会議を開催して，援助活動を評価し援助方針の見直しを行います。　　　　　　　　　　　（原佳央理）

参考文献
　厚生労働省雇用均等・児童家庭局長通知「要保護児童対策地域協議会設置・運営指針（平成29年3月31日）」。

家庭裁判所

家庭裁判所とは

○ 概　要

日本国憲法は，最高裁判所と**下級裁判所**について規定しています。家庭裁判所は下級裁判所の一つで（裁判所法第2条），**家事事件手続法**で定める家庭に関する事件の審判および調停，**少年法**で定める**少年**の保護事件の審判などの権限をもっています（同法第31条の3）。

家庭裁判所は家事部と少年部に分かれています。家事部では，家庭や親族の問題に関する家事事件および人事訴訟事件を取り扱っています。一方，少年部では，非行少年の問題に関する少年事件を取り扱っています。

2022年現在で家庭裁判所は全国に50か所あり，203か所の支部と，77か所の家庭裁判所出張所が，それぞれ設けられています。

○ 家庭裁判所の理念

家庭裁判所の理念は「家庭に平和を，少年に希望を」であり，家庭内で起こる紛争や少年の犯した非行の事件などを扱っています。裁判は，通常は公正を期すために公開されるものですが，家庭裁判所では，離婚などの人事訴訟事件を除き，原則非公開となります。

家庭内の紛争や少年非行を，通常の訴訟手続きのように公開裁判による審理や刑罰を科すといった法律的解決で対処すると，その事件を引き起こすに至った感情的な対立が解消されないままで終わることが危惧されます。それは家族や少年の将来にとって好ましい結果をもたらすとは限りません。

そこで，単に法律的判断を下すのみならず，事件の背景にある複雑な人間関係や環境なども考慮し，よりよい将来を展望した解決策が求められています。

○ 家庭裁判所で働く専門職

家庭裁判所には，その理念に基づき，人間科学に関する専門的知見をもった家庭裁判所調査官が配置されています。主な役割は，①裁判官が審判する上で決定材料となる事実調査，②人間関係の調整や教育的な働きかけ，といった調整や援助です。

家庭裁判所調査官は，専門的な知識や技術を活用しながら，より事件の根底に潜む問題について丁寧に調査を行い，事件の当事者である個々の家族や少年と向き合い，抱える問題について一緒に考えます。

表V-2 親権制限事件および児童福祉法第28条事件の既済件数

件数 年	親権制限事件				児童福祉法第 28条第1項事件[45]	児童福祉法第 28条第2項事件[46]
	合計	うち 親権喪失	うち 親権停止	うち 管理権喪失		
2018	378	131	236	9	347	156
2019	369	134	223	7	434	112
2020	382	97	275	8	531	134
2021	402	138	258	6	425	166

出所：最高裁判所（2022）「親権制限事件及び児童福祉法に規定する事件の概況——令和3年1月～12月」より筆者作成。

家事部の職務

　家事部では，調停事件と審判事件等を扱います。調停では，家庭内の紛争などが調停委員会において取り扱われます。審判とは，生活場面における事件を処理・解決する裁判です。たとえば，養育費に関することなどは，調停から始まりますが，調停が成立しない場合には，審判に移行となります。

　子ども虐待対応においては，保護者から虐待を受けている子どもの安全を図るため，家庭裁判所の審判での承認を受けて，児童福祉施設への入所や里親委託を行うことがあります（児童福祉法第28条）。また，保護者による**親権**[47]の濫用が虐待につながっている場合もあります。2011年の民法改正により，「親権喪失」に加えて，虐待する親の親権を制限できる新たな制度（親権の一時停止）が設けられたことで，親権制限制度の利用も積極的に行われるようになりました（表V-2）。

　その他，子どもに関わる家事審判としては，特別養子縁組，未成年後見人等の選任・解任，子の監護権者の指定，親権者の指定・変更などがあります。また，東京家庭裁判所および大阪家庭裁判所の家事部では，「国際的な子の奪取の民事上の側面に関する条約の実施に関する法律」（ハーグ条約実施法）に基づく子の返還に関する事件も取り扱っています。

3 少年部の職務

　少年部では，少年法に基づいて非行のある少年の健全な育成を期し，性格を矯正し，生活の環境を調整します（少年法第1条）。家庭裁判所が少年に対して行う処分としては，非行を犯した少年を改善・更生させて，再び犯罪や非行を犯さないようにすることを目的としています。具体的には，少年を保護観察所の指導，監督にゆだねる保護観察，少年院で指導や訓練を受けさせる少年院送致などがあります。少年に刑罰を科すことが適当なときは，事件を検察官に送って刑事裁判を受けさせる検察官送致を行う場合もあります。また，家庭裁判所の教育的な措置によって少年の更生が見込まれるときには，不処分や審判不開始とし，このような処分をしない場合もあります。　　　　　　　（千賀則史）

▷5 児童福祉法第28条第1項事件
都道府県又はその委任を受けた児童相談所長は，保護者に児童を監護させることが著しくその児童の福祉を害する場合等において，施設入所等の措置が保護者である親権者等の意思に反するときは，家庭裁判所の承認を得て，施設入所等の措置を採ることができる（児童福祉法第28条第1項第1号）。なお，保護者が親権者等でない場合において，その児童を親権者等に引き渡すことが児童の福祉のため不適当であると認めるときは，家庭裁判所の承認を得て，施設入所等の措置を採ることができる（同項第2号）。

▷6 児童福祉法第28条第2項事件
児童福祉法第28条第1項の承認を得て採られた施設入所等の措置の期間は，2年を超えてはならない。ただし，2年を超えて施設入所等の措置を継続する必要がある場合には，家庭裁判所の承認を得て，その期間を更新することができる（児童福祉法第28条第2項）。

▷7 親権
成年(満18歳未満のもの)に達しない子を監護，教育し，その財産を管理するため，その父母に与えられた身分上および財産上の権利・義務の総称。詳細はII-1参照。

子ども家庭福祉に関わる施設の種類と類型

施設の種類

　児童福祉法に基づく施設は13種類あります。助産施設，乳児院，母子生活支援施設，保育所，幼保連携型認定こども園，児童厚生施設（児童館，児童遊園），児童養護施設，障害児入所施設，児童発達支援センター，児童心理治療施設，児童自立支援施設，児童家庭支援センター，里親支援センターです。この他にも子ども家庭福祉に関わる施設として，母子保健法や母子及び父子並びに寡婦福祉法に基づく施設もあります。

② 施設の類型

　児童福祉法に基づく児童福祉施設は，その設置目的や生活形態によって次のように分類することができます。まず，施設の設置目的によって，社会的養護関係施設（保護，養護，自立支援などを行うことを目的とする施設），障害児関係施設（障害児に対して保護，療育訓練，自活訓練などを行うことを目的とする施設），子ども育成関係施設（子どもの健全な育成を図ることを目的とする施設），保健関係施設の4つに分類できます。

　また，生活形態によって，入所施設（24時間そこで生活するというかたちで利用する施設），通所施設（1日のうちの一定時間利用する施設で各種の契約制度により利用者を制度的に把握できる施設），利用施設（1日のうちの一定時間利用する施設で，各種の契約制度により利用者を制度的に把握できない施設，もしくは把握することを必要としない施設）の3つに分類できます。設置目的と生活形態による分類をまとめると表Ⅵ-1のようになります。

③ 社会的養育の体系

　子ども家庭福祉に関わる施設について，社会的養育の体系における位置づけをみてみ

▷1　山縣文治（2018）『子ども家庭福祉論 第2版』ミネルヴァ書房。

▷2　地域小規模児童養護施設
本体施設の敷地外で，民間住宅等を活用し，原則6人の子どもと職員で生活をする。地域の中で，家庭に近い環境で生活することができる。

▷3　小規模グループケア
本体施設の養育単位を小さくし，1グループ6～8人の子どもと担当の職員で生活をする。グループごとに，居室，居間，キッチン，浴室，トイレなどの設備があり，家庭的な環境を作ることができる。

表Ⅵ-1　児童福祉施設の類型（設置目的と生活形態の関係）

	入所施設	通所施設・通所機能	利用施設
社会的養護関係施設	乳児院 母子生活支援施設 児童養護施設 児童心理治療施設 児童自立支援施設	児童心理治療施設＊ 児童自立支援施設＊	里親支援センター
障害児関係施設	障害児入所施設	児童発達支援センター	
子ども育成関係施設		保育所 幼保連携型認定こども園	児童館 児童遊園 児童家庭支援センター
保健関係施設	助産施設		

注：＊は通所機能を有するもの。
出所：山縣文治（2007）「児童福祉の実施体制」松原康雄・山縣文治編『児童福祉論』ミネルヴァ書房，79頁を一部改変。

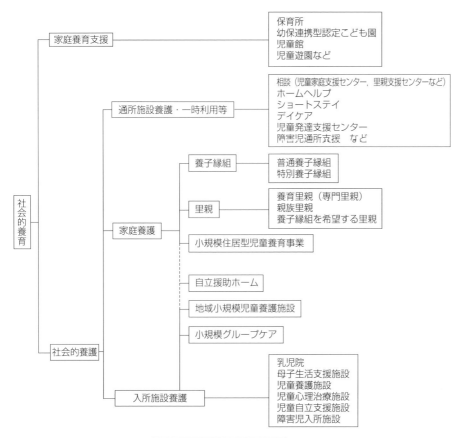

図VI-1　社会的養育の体系

出所：山縣文治・林浩康編（2013）『よくわかる社会的養護 第2版』ミネルヴァ書房，12頁を一部改変。

ましょう（図VI-1）。社会的養育は，家庭養育支援と社会的養護に分けることが
できます。家庭養育支援は，保護者と家庭で生活している子どもの養育を支援
することです。家庭養育支援のための施設として保育所等の子ども育成関係施
設が位置づけられます。

　社会的養護は，入所施設養護，家庭養護，通所施設養護・一時利用等の3つ
に分けられます。入所施設養護は，保護者と分離して子どもを施設で養育する
ことをいいます。社会的養護関係施設や障害児入所施設は，入所施設養護に位
置づけられます。子どもをできる限り家庭的な養育環境で育てるため，**地域小
規模児童養護施設**や**小規模グループケア**も増えてきています。

　家庭養護は，保護者と分離して，家庭や家庭に近い養育環境で子どもを養育
することをいいます。**里親**や**小規模住居型児童養育事業（ファミリーホーム）**，
自立援助ホームが含まれます。また，養子縁組も家庭養護に含まれます。

　通所施設養護・一時利用等は，在宅支援サービスですが，入所施設養護の予
防に役立つという観点から，社会的養護に含めています。　　　　　（原佳央理）

▷4　里親
⇨VI-14参照。

▷5　小規模住居型児童教
育事業（ファミリーホーム）
⇨V-3参照。

▷6　自立援助ホーム
⇨VI-13参照。

▷7　2017年に厚生労働省
の検討会がまとめた「新し
い社会的養育ビジョン」で
は，養子縁組に移行する
プロセスは社会的養護に含ま
れるが，養子縁組成立後は
社会的養護に含まれないと
している。
⇨VI-14参照。

子ども家庭福祉に関わる施設の運営

 児童福祉施設の設備及び運営に関する基準

○「従うべき基準」と「参酌すべき基準」

　従来，児童福祉法に基づく施設の運営は，「児童福祉施設最低基準」に基づいて行われてきましたが，「児童福祉施設の設備及び運営に関する基準（設備運営基準）」（厚生労働省令）に改められ，2012年から施行されています。この改正に伴い，地方自治体が条例で「児童福祉施設の設備及び運営に関する基準」（最低基準と言われることもあります）を制定することになりました。

　この最低基準のなかには，「従うべき基準」と「参酌すべき基準」があります。厚生労働省令で定める基準は「従うべき基準」とよばれ，地方自治体が条例で基準を定める際に，当該基準に従い地域の実情に応じた内容を定めることはできますが，異なる内容は定めることはできません。職員に関わる基準や職員数，居室面積，人権に直結する運営基準等がこれにあたります。一方，「参酌すべき基準」は，地方自治体が十分参酌（他を参考にして考慮）したのであれば，地域の実情に応じて異なる内容を定めることが許される基準です。「従うべき基準」に定められている以外の設備や運営に関する基準がこれにあたります。

○「児童福祉施設の設備及び運営に関する基準」の内容

　「児童福祉施設の設備及び運営に関する基準」には，まず「総則」として，児童福祉施設に共通する事項が定められています。たとえば，施設の一般原則，非常災害，職員の一般的要件，職員の知識及び技能の向上，入所した者を平等に取り扱う原則，虐待等の禁止，衛生管理，食事，秘密保持，苦情への対応などです。

　「総則」の後には，児童福祉施設の種別ごとに基準が定められています。児童養護施設を例にあげると，施設の設備の基準，職員の職種と配置基準（表Ⅵ-2），施設長の資格，児童指導員の資格，養護や支援の内容，自立支援計画の策定，業務の質の評価，関係機関との連携等について定

表Ⅵ-2　児童養護施設の設置基準と職員配置基準

設置の基準 （第41条）	居室，相談室，調理室，浴室，便所を設ける。 児童の居室の一室の定員は，4人以下とし，居室の面積は，1人につき4.95 m²以上とする。 ただし，乳幼児のみの居室の一室の定員は6人以下とし，居室の面積は，1人につき3.3 m²以上とする。
職員の職種 （第42条）	児童指導員，嘱託医，保育士，個別対応職員，家庭支援専門相談員，栄養士，調理員など。 乳児が入所している施設には看護師。
職員の配置基準 （第42条）	児童指導員及び保育士の総数は， 0・1歳児1.6人につき1人以上 2歳児2人につき1人以上 3歳以上の幼児4人につき1人以上 少年5.5人につき1人以上とする。

出所：厚生労働省「児童福祉施設の設備及び運営に関する基準」より筆者作成。

自立支援計画票

施設名		作成者名			
フリガナ 子ども氏名		性別 男・女	生年月日	年 月 日 (歳)	
保護者氏名		続柄	作成年月日	年 月 日	
主たる問題					
本 人 の 意 向	本人や保護者がどのようなニーズをもち、どのような支援・治療を望んでいるか等について記入する。				
保 護 者 の 意 向					
市町村・保育所・学校・職場 などの意見					
児童相談所との協議内容					

【支援方針】アセスメントの結果や総合診断及び施設における支援状況から明らかになった支援ニーズに基づき、到達したいと考えている内容や方向性などについて記入する。

第○回 支援計画の策定及び評価	次期検討時期: 年 月

子 ど も 本 人

【長期目標】概ね6か月～2年程度で達成可能な目標を設定する。

支援上の課題	支援目標	支援内容・方法	評価(内容・期日)
短期目標(優先的・重点的課題) アセスメントの結果や総合診断から明らかになった優先的・重点的課題について、優先度の高いものから具体的に記入する。	「支援方針」の内容をふまえ、「支援上の課題」に対する具体的な支援目標を記入する。	支援目標を達成するための支援内容・方法について、回数や頻度などを含めできるだけ具体的に記入する。	子どもの担当職員を中心に、目標の達成状況などについて、定期的に評価する。 年 月 日 年 月 日

「長期目標」を達成するためにより具体的な目標として「短期目標」を設定する。概ね1～3か月程度で達成したり進展するような目標を設定する。

家 庭(養 育 者・家 族)

【長期目標】

支援上の課題	支援目標	支援内容・方法	評価(内容・期日)
【短期目標(優先的重点的課題)】			年 月 日 年 月 日 年 月 日

地 域(保 育 所・学 校 等)

【長期目標】

支援上の課題	支援目標	支援内容・方法	評価(内容・期日)
【短期目標】			年 月 日 年 月 日

総 合

【長期目標】

支援上の課題	支援目標	支援内容・方法	評価(内容・期日)
【短期目標】			年 月 日 年 月 日

【特記事項】

図Ⅵ-2 児童自立支援計画の例

注:これは児童自立支援計画の一例であり、書式は各施設で工夫されている。
出所:児童自立支援計画研究会(2005)「子ども自立支援計画ガイドライン」140-141・533頁より筆者作成。

められています。

2 児童自立支援計画

　児童自立支援計画(以下、自立支援計画)は、子どもの自立を支援するため、子どもとその家庭状況をふまえ、入所している子ども一人ひとりに策定されます。児童福祉施設には自立支援計画策定の責任者(基幹的職員等)が置かれ、ケース会議で話し合った上で計画を策定します。また、児童相談所と援助方針等について話し合い、その内容を計画に反映し、策定した計画は児童相談所に提出して共有することも重要です。

　自立支援計画には、支援上の課題、課題解決のための支援目標、目標達成のための具体的な支援内容・方法等について書かれています(図Ⅵ-2)。策定された自立支援計画は、全職員で共有し、子どもにも努力目標として説明します。

　自立支援計画は、少なくとも半年ごとなど定期的に評価と計画の見直しを行います。子どもの担当職員が中心となり、支援方法や支援の成果について振り返り、行動観察、子どもの自己評価をふまえ、目標の達成状況を評価します。また、子どもや保護者の意向をふまえ、子どもの最善の利益を考慮した上で計画の見直しを行います。

(原佳央理)

参考文献
　厚生労働省雇用均等・児童家庭局長通知(2012)「児童養護施設運営指針」。
　児童自立支援計画研究会(2006)「子ども自立支援計画ガイドライン」(https://www.wam.go.jp/wamappl/bb16GS70.nsf/vAdmPBigcategory60/F9A5EA5BF85C5A4A4925702A00037013?OpenDocument)。

子ども家庭福祉に関わる施設の権利擁護

 児童福祉法に明記された子どもの権利

　2016年の児童福祉法改正において第 1 条に,「全て児童は, 児童の権利に関する条約の精神にのつとり, 適切に養育されること, その生活を保障されること, 愛され, 保護されること, その心身の健やかな成長及び発達並びにその自立が図られることその他の福祉を等しく保障される権利を有する」と明記されました。児童福祉法の理念として, 子どもは保護の対象であるだけではなく, すべての子どもが権利の主体であることが明確に規定されました。

　児童福祉施設や里親のもとで生活する子どもたち (被措置児童) についても, そのような権利が守られる必要があります。そのために, さまざまな取り組みが行われています。

2　被措置児童等虐待への対応

　施設における最も深刻な権利侵害は, 入所施設や里親のもとで起きる養育者による子どもへの虐待 (被措置児童等虐待) といえるでしょう。2019年度, 全国の被措置児童等虐待の届出・通告受理件数は372件で, その内, 虐待の事実が認められたのは121件でした[1]。虐待が発生した背景には, 施設の運営や支援体制の未整備, 子どもを適切にケアするには不十分な職員配置, 職員の専門性の不足などがあげられます。

　被措置児童等虐待を防止するため, 2009年の改正児童福祉法により, 被措置児童等虐待を防止するための枠組みが規定されました[2]。また, 2009年には「**被措置児童等虐待対応ガイドライン**[3]」が作成されました。

　被措置児童等虐待を予防するためには, 施設職員がひとりで子どもを抱え込み孤立しないよう, 複数の職員で子どものケアにあたる, 第三者委員や第三者評価を活用し開かれた組織運営をする, 職員の研修を実施するなど, 施設で虐待を予防する体制整備を進めることが重要です。また, 施設で生活する子どもの権利について書かれた「子どもの権利ノート」を入所児に配布し説明することや,「意見箱」の設置など子どもの意見をくみ取る仕組みづくりも有効です。

3　施設運営指針及び里親等養育指針

　施設の運営や援助の質を向上させるため, 2012年に**社会的養護関係施設**[4]の運

▷1　厚生労働省 (2021)「令和 2 年度における被措置児童等虐待届出等制度の実施状況」。

▷2　具体的には被措置児童等虐待の定義, 被措置児童等虐待の都道府県への通告や届出, 通告や届出があった場合の都道府県の対応, 通告をした施設職員等の不利益取扱いの禁止など。

▷3　**被措置児童等虐待対応ガイドライン**
都道府県・政令指定都市・児童相談所設置市が準拠すべきガイドラインで, 被措置児童等虐待の早期発見と対応, 予防について書かれている。被措置児童等虐待の相談や通告があった場合は, 都道府県が関係者と連携して, 事実確認, 被措置児童等に対する支援, 施設等への指導を行う。

▷4　**社会的養護関係施設**
社会的養護関係施設とは, 児童養護施設, 乳児院, 児童心理治療施設, 児童自立支援施設, 母子生活支援施設。

営指針と，里親及びファミリーホーム養育指針が策定されました。また，運営指針をわかりやすく説明した手引書（ハンドブック）も，施設種別ごとに作成されています。運営指針は総論と各論から成ります。施設の指針の各論は，第三者評価のガイドラインの評価項目に対応しています。各施設は施設運営指針を基に施設の自己評価をし，第三者評価を受けることが求められます。

④　第二者評価

　第三者評価とは，公正・中立な第三者機関が，社会福祉施設等が提供する福祉サービスを評価し，公表する仕組みです。第三者評価の受審は，施設が組織運営や提供しているサービスを見直し，サービスの質の向上に取り組む機会になります。また，評価の結果が公表されることで，施設は，組織運営や提供するサービスについて，利用者に説明責任を果たすことができます。

　第三者評価は，ほとんどの社会福祉施設では任意に行われています。しかしながら，社会的養護関係施設は，2012年度から3年に1回以上の受審と結果の公表が義務づけられました。なぜなら，これらの施設は，子どもが施設を選ぶ仕組みではない措置制度等であり，また，施設長による親権代行等の規定もあり，そして，被虐待児等が増加し施設運営の質の向上が必要であるためです。原則として，第三者評価の評価基準は全国共通で，全国社会福祉協議会が評価機関の認証と評価調査者の研修を行います。

⑤　苦情解決

　社会福祉法第82条では，施設等の社会福祉事業の経営者に，福祉サービスの利用者からの苦情を適切に解決する努力義務が課されています。利用者からの苦情解決に適切に対応することは，提供している福祉サービスの質の向上や利用者の権利擁護につながります。

　苦情解決体制として，苦情解決責任者，苦情受付担当者，第三者委員を設置します。苦情解決責任者には苦情解決の責任主体を明確にするため，施設長や理事長がなります。苦情受付担当者は職員の中から任命され，利用者からの苦情の受付，苦情内容の確認と記録，苦情解決責任者及び第三者委員への報告を行います。第三者委員には，苦情解決の客観性を確保するため，地域の民生委員や社会福祉士など事業所以外の第三者が選任されます。第三者委員は，利用者から直接苦情を受け付けるほか，苦情受付担当者から苦情内容の報告受付，苦情申立人や事業者への助言，苦情申立人と事業者の話し合いへの立ち会い，苦情解決責任者からの苦情に係る事案の改善状況等の報告聴取を行います。

　苦情解決の手順は，苦情解決について利用者へ周知，苦情の受付，苦情受付の報告・確認・苦情解決に向けての話し合い，苦情解決の記録・報告，解決結果の公表です。　　　　　　　　　　　　　　　　　　　（原佳央理）

（参考文献）

厚生省大臣官房障害保健福祉部長等の連名通知（2000）「社会福祉事業の経営者による福祉サービスに関する苦情解決の仕組みの指針について」。

厚生労働省雇用均等・児童家庭局家庭福祉課長／厚生労働省社会・援護局障害保健福祉部障害福祉課長通知（2009）「被措置児童等虐待対応ガイドライン——都道府県・児童相談所設置市向け」。

厚生労働省雇用均等・児童家庭局長／厚生労働省社会・援護局長通知（2015）「社会的養護関係施設における第三者評価及び自己評価の実施について」。

保 育 所

1 保育所とは

「保育園」と表記されている施設をよく見かけると思いますが，児童福祉法上の正式名称は「保育所」です。ここで取り上げるのは，厚生労働省が定めた基準に基づき，都道府県知事等から認可を受けた「認可保育所」についてです[※1]。保育所の保育時間や職員配置の基準については，Ⅷ-4で詳述します。

保育所は児童福祉法第39条第１項において「保育を必要とする乳児・幼児を日々保護者の下から通わせて保育を行うことを目的とする施設（利用定員が20人以上であるものに限り，幼保連携型認定こども園を除く。）とする」と定められた，厚生労働省が管轄する児童福祉施設の一つです。

保育所の設置に関して，1999年までは，保育所の設置主体は市町村及び社会福祉法人に限られていました。しかし，2000年の規制緩和により，設置主体の制限はなくなり，民間企業等も保育所の設置ができるようになりました。

2 保育所の利用

児童福祉法第24条において，保育の実施責任は市町村にあると定められています。また，保育所を利用するためには，保護者の就労等の**保育を必要とする事由**があることが要件となります[※2]。

保育所は，かつて措置制度の仕組みがとられており，居住地によって利用できる保育所が限定されていました。1997年の児童福祉法の改正により，保育所利用が措置から選択利用制度へと変更されました。それにより，子どもを預ける保育所を保護者が選ぶことができるようになりました。保育所の利用を希望する場合，市町村に保育利用の申請後，保育の必要性の認定を受け，保護者（利用者）が市町村と契約し，保育所から保育の提供を受ける（保育所に入所する）という仕組みがとられています（図Ⅵ-3）。

また，保育料（利用者負担）は，国が定めた水準を超えない範囲で，各市町村が保護者の収入や，**保育認定区分**[※3]に応じて設定します。そのため，同市町村内であれば保育所によって保育料が異なることもありません。具体的な保育料は[※4]，国の定めた水準では月額０円から約10万円までの幅があります。また，第２子，第３子以降においては，半額や無料などの軽減措置がとられる場合もあります。

▶1　認可保育所とは別に，都道府県知事等から認可を受けていない保育施設として，「認可外保育施設（認可外保育所）」がある。
⇨Ⅷ-5参照。

▶2　保育を必要とする事由
子ども・子育て支援新制度では，保育の必要度認定を受ける際の保育を必要とする事由として，保護者の①就労，②妊娠・出産，③疾病・障害，④親族の介護・看護，⑤災害復旧，⑥求職活動，⑦就学，⑧虐待やDVのおそれ，⑨育児休業取得時の継続利用，⑩その他市町村が定める事由などをあげている。

▶3　保育認定区分
⇨Ⅷ-4参照。

▶4　2019年10月以降，幼児教育・保育の無償化により，３歳以上児及び，住民税非課税世帯の０～２歳児の利用料が無料となった。

3 「保育所保育指針」について

　保育所の具体的な保育内容は「保育所保育指針」によって示されています。

　「保育所保育指針」は1965年の制定以降，保育所保育のガイドラインとして通知されていました。しかし，2008年以降は告示化され，法令として遵守すべき保育内容の基準を明示したものとなりました。また，2017年3月の4次改定では，①乳児〜3歳未満児保育の記述の充実，②幼児教育の位置づけ，③「健康及び安全」の記載の見直し，④子育て支援の必要性，⑤職員の資質・専門性の向上，の主に5つの記載について見直されました。

　保育所には，毎日の生活のなかで，養護の内容である「生命の保持」「情緒の安定」と，保育の内容である「健康・人間関係・環境・言葉・表現」のいわゆる5領域の指導が相互に達成されながら，就学前の子どもたちの保育・教育の充実が求められます。さらには，関係機関との連携を図ったうえで，在園児の保護者だけでなく，地域の子育て家庭への子育て支援も必要です。地域のなかで，社会の多様な状況に目を向けた保育所のあり方が期待されていると同時に，保育者には，研修等を経た専門性の向上が求められています。

4 保育所の現状

　2021年4月時点の保育所数は2万3,869施設です。2014年ピーク時の2万4,425施設から減少していますが，2015年以降に導入された幼保連携型認定こども園を含めた数（保育所等）では，合計2万9,985施設と増加し，利用児童数も283万8,675人と増加しています。一方，保育所等の待機児童数は5,634人であり，2017年から年々減少しています。

　これまで，少子化が進行するなかでも，共働き世帯やひとり親家庭の増加に伴い保育所利用希望が増え，保育所も増加し続けてきました。しかし厚生労働省は，保育所の利用児童数のピークは2025年であるとの推測を出しています。人口減少地域では，すでに定員数に満たない保育所の統廃合が行われています。対応策として，地域に身近にある保育所の特性を生かし，一時保育事業や児童発達支援事業，子ども食堂の併設など，多機能化による保育所の持続可能性が検討されています。さらに今後は人口減少地域だけでなく，都心部においても定員割れ問題が生じてくることも予想されています。

　従来の待機児童問題解消が主軸だった保育政策から，地域の特性に応じた保育の提供や多岐にわたる支援の実施，それらを担う保育士確保と専門性の向上等，保育の充実を図る政策が強化されつつあります。　　　　　　　（上原真幸）

▷5　2017年には，「保育所保育指針」と同時に『幼稚園教育要領』「幼保連携型認定こども園教育・保育要領」も改訂された。詳細はⅧ-4 参照。

▷6　厚生労働省（2016）「保育所保育指針の改定に関する議論のとりまとめの概要」」参照（https://www.mhlw.go.jp/file/05-Shingikai-12601000-Seisakutoukatsukan-Sanjikanshitsu_Shakaihoshoutantou/0000148655.pdf，2017. 12. 20）。

▷7　厚生労働省子ども家庭局保育課（2021）「保育所を取り巻く状況について」（令和3年5月26日）参照。

▷8　厚生労働省（2021）「地域における保育所・保育士等の在り方に関する検討会　取りまとめ」（令和3年12月20日）参照。

▷9　堀川勝元（2022）「痛手深い保育園経営　0歳児定員割れ，待機問題再燃も／東京都」『朝日新聞』2022年7月4日付朝刊。

▷10　厚生労働省子ども家庭局保育課（2020）「新子育て安心プラン」（令和2年12月21日）参照。

5 幼保連携型認定こども園

1 幼保連携型認定こども園とは

　2006年に「就学前の子どもに関する教育，保育等の総合的な提供の推進に関する法律」（通称，認定こども園法）が定められました。その後その他の関係法令の改定等が行われ，同年10月から認定こども園が創設されました。**認定こども園**は①幼保連携型，②幼稚園型，③保育所型，④地方裁量型と４つに区分されますが，幼保連携型はその一つに該当します。

　また，幼保連携型認定こども園は，児童福祉法第39条の２においても「義務教育及びその後の教育の基礎を培うものとしての満３歳以上の幼児に対する教育及び保育を必要とする乳児・幼児に対する保育を一体的に行い，これらの乳児又は幼児の健やかな成長が図られるよう適当な環境を与えて，その心身の発達を助長することを目的とする施設」と定められています。そのため，児童福祉施設の一つにも該当します。

　つまり，幼保連携型認定こども園は学校（幼稚園）としての機能と，児童福祉施設（保育所）としての機能をあわせもつ施設です。そのため，国の行政窓口は内閣府が担っています。主管部局は，保育所を含め，内閣府こども家庭庁が担っています。

2 幼保連携型認定こども園の利用

　幼保連携型認定こども園の利用手続きは，保育の認定区分によって異なります。１号認定を受けた場合は，直接園に申し込みをします。一方で，２号・３号の場合は，市町村に保育の必要性の認定を受けた上で，市町村に申し込み，市町村が利用の調整をします（図Ⅵ-3）。

3 保育教諭とは

　幼保連携型認定こども園の職員については，「幼保連携型認定こども園の学級の編制，職員，設備及び運営に関する基準」第５条に「保育教諭等」を置くことが定められています。幼保連携型認定こども園で働く職

▷1　認定こども園
認定こども園の４区分等については，Ⅷ-4 参照。

▷2　子どもの年齢や保育の必要性に応じて，１号認定子ども，２号認定子ども，３号認定子どもと３つの区分がある。認定区分によって利用できる施設や利用時間が変わる。詳細は Ⅷ-4 参照。

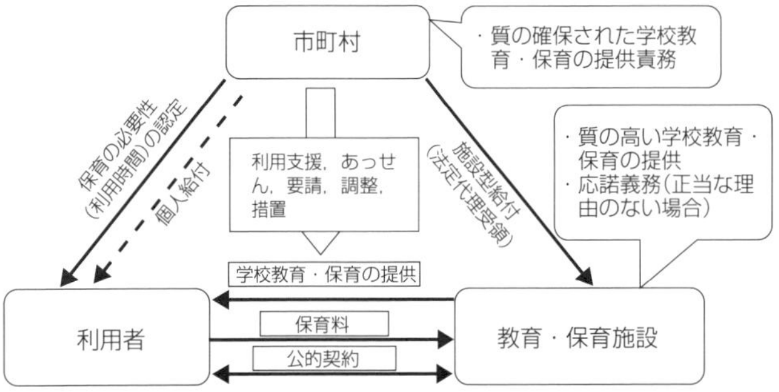

図Ⅵ-3　施設給付型教育・保育施設における利用の仕組み

市町村
・質の確保された学校教育・保育の提供責務
保育の必要性（利用時間）の認定
個人給付
利用支援，あっせん，要請，調整，措置
施設型給付（法定代理受領）
・質の高い学校教育・保育の提供
・応諾義務（正当な理由のない場合）
学校教育・保育の提供
利用者
保育料
公的契約
教育・保育施設

出所：内閣府（2018）「子ども・子育て支援新制度について（平成30年５月）」（https://www8.cao.go.jp/shoushi/shinseido/outline/pdf/setsumei.pdf，2018.7.20）。

員を「保育教諭」と呼びます。

　保育教諭は、「幼稚園教諭免許状」と「保育士資格」の両方の免許・資格を有していることが原則とされています。ただし、2015年の改正認定こども園法において、同法の施行から5年間は、どちらか一方の免許・資格しか有していない場合でも、保育教諭として勤務できる経過措置が設けられています。[3]

4 「幼保連携型認定こども園教育・保育要領」とは

　幼保連携型認定こども園の教育及び保育内容は、認定こども園法第10条に定められています。また、それをもとに2014年に最初の「幼保連携型認定こども園教育・保育要領」が告示されました。2017年3月に、幼稚園教育要領と保育所保育指針の改定と同時に、同要領も改訂されています。

　「幼保連携型認定こども園教育・保育要領」の基本的な考え方として、幼稚園教育要領と保育所保育指針の整合性を図り、環境を通して教育及び保育を行うことを基本とし、5領域の維持、乳児・3歳未満児の保育の配慮事項を規定していることがあげられます。認定こども園として0歳児から就学前までの子どもへの一貫した教育や保育、発達の連続性を考慮して展開することなどを示しています。[4]

5 幼保連携型認定こども園の現状と課題

　幼保連携型認定こども園は、2021年4月時点で5,140施設あり、施設が開始された2015年の1,931施設から年々増加しています。幼保連携型認定こども園は、就学前の子どもが日々生活する場を、保護者の就労等によって区別しないというねらいがあります。保育認定が異なっても、同一施設で子どもたちが過ごし、共通の教育及び保育を得ることが可能となります。保護者の退職など、保育を必要とする要件がなくなった場合でも施設を変わることなく、子どもが安定した環境で過ごすことができる利点もあります。

　一方で、同一施設に保育時間が異なる子どもが生活する現状もあります。すべての子どもがともに活動し、遊びを楽しむことができる時間は、1号認定の子どもたちも過ごす4時間程の時間に限られます。1号認定の子どもの多くは昼食後しばらくすると降園時間となります。一方、2号認定・3号認定の子どもは午睡等をしながら午後の時間を長く過ごします。そのなかでも降園が比較的早い子どもと、遅い時間まで園で過ごす子どもがいます。すべての子どもに対し、教育・保育内容に大きな違いが生じることなく、一人ひとりに必要な教育・保育、保護者への支援が提供されることが求められています。

（上原真幸）

▷3　内閣府は2019年に、この特例措置を2025年3月まで延長することを決定した。

▷4　[VI-4]参照。

93

児童厚生施設

1 児童厚生施設の種類

　児童福祉法第40条において，児童厚生施設は，「児童遊園，児童館等児童に健全な遊びを与えて，その健康を増進し，又は情操をゆたかにすることを目的とする施設」と規定されています。児童館や児童遊園は子どもたちが自由に利用することができるだけでなく，保護者なども一緒に利用することができます。児童厚生施設の対象は０歳から18歳までのすべての子どもです。そのなかでも，おもに幼児及び小学校低学年児童が利用していますが，地域によっては中高生が使えるスペースを設けている施設もあります。

2 児 童 館

　児童館での活動は室内が主となります。遊びの指導員である「児童の遊びを指導する者」が配置されています。なお，「児童の遊びを指導する者」に必要な資格の詳細は，「児童福祉施設の設備及び運営に関する基準」に定められています。児童館は，それぞれ規模および機能によって「小型児童館」「児童センター」「大型児童館」に分けられていますが，共通の機能もあります。①健全な遊びを通して，児童の集団及び個別指導の実施並びに年長児童の自主的な活動に対する支援，②母親クラブ，子ども会等の地域組織活動の自主的な活動に対する支援，③子育てに不安や悩みをかかえる親への相談援助活動等の子育て家庭に対する支援，④その他地域における児童健全育成に必要な活動です。

　「小型児童館」は小地域を対象にしており，地域によっては，小学校区ごとに設置されています。主に小学校低学年までの子どもが利用していますが，午前中に就園前の乳児及び幼児と一緒に親たちが集まって行う遊びの活動や，午後に放課後児童健全育成事業を行うなど，地域における子育て支援の拠点としても活用されています。また，集会室，遊戯室，図書室，事務執行に必要な設備があり，必要に応じて，相談室，創作活動室，静養室等が設置されています。

　「児童センター」には，小型児童館の活動に加えて，運動や遊びを通して，体力増進を図る役割があり，体力増進指導者が職員として配置されています。また，児童センターの種類の一つに「大型児童センター」があります。大型児童センターでは，中学生や高校生等の年長児童への指導に関し専門的知識を有している職員が配置されている場合もあり，中高生向けのプログラムを企画し，

文化的な活動や芸術的な活動，スポーツ活動などを展開しています。そのため，中学生や高校生等の年長児童用設備として，スタジオ，トレーニング室，小ホールなどが設けられています。

「大型児童館」にはA型児童館，B型児童館，C型児童館の3種類があります。A型児童館は，児童センターの機能に加えて，都道府県内の小型児童館，児童センター及びその他の児童館の指導及び連絡調整等の役割を果たす中枢的機能を有します。B型児童館は，豊かな自然環境に恵まれた一定の地域内に設置されており，児童が宿泊しながら，自然を活かした遊びを通して協調性，創造性，忍耐力等を高めることを目的とした児童館です。C型児童館は，広域を対象としており，児童に健全な遊びを与え，児童の健康を増進し，又は情操を豊かにする等の機能に加えて芸術，体育，科学等の総合的な活動ができるように，劇場，ギャラリー，屋内プール，コンピュータプレイルーム，歴史・科学資料展示室，宿泊研修室，児童遊園等が適宜附設され，多様な児童のニーズに総合的に対応しています。

❸ 児童遊園

児童遊園は，屋外での活動を主としています。敷地は原則として330 m²以上で，標準的設備としてブランコ，砂場，滑り台，ジャングルジムなどの遊具，広場，ベンチ，トイレ，飲料水設備，ごみ入れ，照明設備などを設けることとなっています。

❹ 児童館ガイドライン

2011年に厚生労働省から「児童館ガイドライン」が通知され，児童館が地域の期待に応えるための基本的事項が示されました。そして，このガイドラインに基づき，児童館における活動や運営の向上が図られています。

このガイドラインでは児童館の機能として①発達の増進，②日常の生活の支援，③問題の発生予防・早期発見と対応，④子育て家庭への支援，⑤地域組織活動の育成を位置づけました。ここでの「問題」とは，非行や虐待など，子どもと子育て家庭が抱える可能性のあるものを言い，専門機関と連携して対応にあたります。活動内容は①遊びによる子どもの育成，②子どもの居場所の提供，③保護者の子育ての支援，④子どもが意見を述べる場の提供，⑤地域の健全育成の環境づくり，⑥ボランティアの育成と活動，⑦放課後児童クラブの実施，⑧配慮を必要とする子どもの対応としています。

総じて，家庭との連携，学校との連携，地域との連携も重視し，地域における子育て支援の拠点として期待する内容となっています。　　　　（藤林清仁）

7　児童発達支援センター・障害児入所施設

障害児に関わる施設の種類

　障害児に関わる施設には，子どもたちが入所して生活している障害児入所施設と，自宅から通って支援を受ける児童発達支援センターがあります。それぞれの施設が福祉型と医療型に分かれており，医療型の施設には，医療的ケアを含めた支援の必要な子どもたちが入所もしくは通所しています。

　障害児入所施設は，何らかの理由で保護者と暮らすことのできない障害のある子どもを受け入れ，それぞれの障害に応じた適切な支援を提供しています。2012年の改正児童福祉法施行により，それまで障害種別ごとに分かれていた施設が障害児入所施設に一元化されました。しかし，医療的ケアが必要な子どもたちに対する専門的な支援が必要なため，①福祉型障害児入所施設と②医療を併せて提供する医療型障害児入所施設の2類型となっています。[1]

　児童福祉法第42条において，障害児入所施設の目的が定められています。福祉型障害児入所施設は，施設に入所している障害のある子どもに対して，「保護，日常生活の指導及び独立自活に必要な知識技能の付与」を行うことが目的の施設とされています。また，医療型障害児入所施設は，施設に入所または指定医療機関に入院している障害のある子どもに対して，「保護，日常生活の指導，独立自活に必要な知識技能の付与及び治療」を行うことが目的の施設です。実施主体は都道府県が担っています。

　児童発達支援センターは，児童福祉法第43条に目的が定められている施設です。福祉型児童発達支援センターは，通所している障害のある子どもに対して「日常生活における基本的動作の指導，独立自活に必要な知識技能の付与又は集団生活への適応のための訓練」を行うことが目的になります。医療型児童発達支援センターの場合は，福祉型の目的に加えて「治療」も行われます。

2 障害児入所施設の対象

　障害児入所施設は，身体に障害のある子どもや知的障害のある子ども，発達障害のある子どもが入所の対象になります。入所するのに身体障害者手帳等の手帳所持の有無は問われません。児童相談所や医師等により**療育**の必要性が認められた子どもが対象となります。

▷1　2024年4月1日より福祉型と医療型の一元化が行われる。

▷2　療育
もともとは肢体不自由児への「治療的教育」を意味していた。障害のある子どもと家族への「発達支援」「家族支援」「地域支援」の総合的な取り組みを指す。

3 児童発達支援センターの対象

　児童発達支援センターは，主に小学校就学前の障害のある乳幼児が対象となります。障害児入所施設と同じく，身体障害者手帳等所持の有無は問われません。乳幼児健康診査等で，知的障害や発達障害などの発達上の課題があり支援が必要と判断された子どもも通っています。

4 障害児に関わる施設で行われる支援

　障害児に関わる施設で行われている支援は，発達支援，家族支援，地域支援の3つに大きく分けることができます。

　発達支援とは，障害のある子どもたちの可能性を広げるために行われる取り組みです。子どもたち一人ひとりの発達と，障害からもたらされる困難さをふまえ，障害の軽減に向けたリハビリテーションなど医療的な支援のほかに，生活に根ざした体験を重ねることや子どもが楽しく世界を広げることのできる取り組みを大切に実践していきます。また，障害児入所施設では，集団生活のなかで，一緒に暮らす友だちのことを意識しながら，社会性を身につけることをめざしています。

　乳幼児期の発達支援においては，昼間の生活を充実させ，健康的な生活リズムを作っていくことが大切な取り組みになります。生活のなかで楽しい遊びが待っていると，子どもは苦手な着替えや食事に前向きな気持ちで取り組むようになります。しっかり朝から遊ぶことによって食欲も湧き，楽しく遊んだことによる充実感によって，夜もしっかりと眠ることができます。こうして子どもは，健康的な生活リズムと身近な人々との愛着関係の育成という乳幼児期の発達課題を達成していきます。

　家族支援の内容は多岐にわたっています。障害児入所施設においては，保護者の養育困難や，医療的な治療の必要性がある時，経済的困難などの明確な入所理由があったとしても，保護者は子どもを施設に入れてしまったという思いで悩むことが多くあります。そのため，親子関係への支援として，保護者が障害を適切に理解し受けとめることに向けた支援や，親子入所等による保護者の育児能力向上への支援を行うことも期待されています。

　虐待を理由とした措置により入所した子どもの家族に対しても，支援が必要となります。この場合は，児童相談所や市町村の福祉事務所等と連携をとりながら支援を行っていく必要があります。

　児童発達支援センターに共通している家族支援の一つに，進路決定に向けた支援があります。特に，児童発達支援センターから保育所や幼稚園，学校などに生活の軸足を移すなど，子どもにとっての環境が大きく変わるときに，家族は支援を必要とします。このとき大切なことは，子どもの発達や家族の状況な

どを客観的かつ総合的に把握して助言することができるよう連携体制をつくることです。特に学校を選択する場面では，子どもにとってどの進路が最善なのかを，さまざまな視点から考える必要があります。特別支援学校小学部を選ぶのか，地元の公立小学校を選ぶのか，さらに地元の公立小学校を選ぶ場合には，通常学級を選ぶのか，特別支援学級を選ぶのかも決める必要があります。大事なのは，子どもにとって一番楽しく通える場を選ぶことです。その選択を支える助言と体制づくりも家族支援の一つです。

　地域支援については，障害児福祉施設が蓄積してきた，専門的な知識や経験を地域にある保育所や児童養護施設，児童発達支援事業への支援に役立てることが期待されています。国は，児童発達支援センターの職員が保育所や幼稚園へ出向くアウトリーチ型の支援を求めており「保育所等訪問支援」を制度化しています。「保育所等訪問支援」は保護者が希望して児童発達支援センター職員に訪問してもらう制度です。保育所や幼稚園は障害という診断がついていない子どもに関して保育のアドバイスが欲しいと考える場合もあります。そのため，市町村によっては児童発達支援センターが行う支援として，保育所や幼稚園に出向き保育士への支援を行うことや，市町村の研修を合同で行うなどの工夫をしている地域もあります。

　ほかに障害児入所施設においては，退所後の地域生活，**障害者支援施設**への円滑な移行，就労へ向けた対応のための「自立支援機能」，虐待を受けた子ども等への対応のための「社会的養護機能」をもっています。

⑤　障害児福祉施設を利用する子どもたちの障害の種別

○知的障害

　知的障害の定義は，精神医学の診断基準や，アメリカにおける関係学会が示す基準などによって規定されています。一般には，次の３つの要件を満たす状態を知的障害と呼びます。第１に，知的機能（知能）が明らかに平均より低いということです。「明らかに低い」ということをどのようにとらえるかについては，一般に，知能指数（IQ）が70（あるいは75）以下という値が基準になっています。第２に，身辺処理，家庭生活，余暇活動などの適応行動（あるいは適応技能）に著しい困難があるということです。第３に，これら２つが発達期（通常は18歳までを基準とする）に現れるということです。

　また，申請により児童相談所で知的障害と判断された子どもには療育手帳が交付されます。障害の程度は「重度（A）」と「それ以外（B）」に分かれています。「重度（A）」の判定基準は，知能指数が概ね35以下であって，食事，着脱衣，排便及び洗面等の日常生活の介助を必要とする場合や，知能指数が概ね50以下であって，盲，ろうあ，肢体不自由等を有する場合となります。

○自閉スペクトラム症（ASD：Autism Spectrum Disorder）

▷3　2024年4月1日施行の改正児童福祉法において，児童発達支援センターが地域における障害児支援の中核的支援を担うことについて明確化されている。

▷4　障害者支援施設
原則18歳以上の障害者に対して，施設入所支援（入浴，排せつ，食事の介護など）を行うとともに，昼間は「生活介護」などを行う施設。

自閉スペクトラム症という障害は，現在のところ，大まかに以下の３つの行動傾向が特徴づけられますが，発達にともなってあらわれ方が変化していくという認識が必要です。

第１に，社会性の障害と呼ばれる，人と上手につきあえないという対人関係の困難があります。自閉スペクトラム症の人は，他の人がどう思うかを自然に理解することや，ことばに出さなくても，みんなが守っている決まりのようなものを理解することが苦手です。

第２に，ことばやコミュニケーションにおいて困難があります。指さしやことばでは要求せずに相手の手をとって要求する物の近くに連れていく（クレーンハンド現象），問いかけに対して問いかけた人のことばと同じ口調で応じる（エコラリア），ことばの意味理解が字義通りで，状況に応じた理解が難しいなどの特徴がみられます。

第３に，想像力の障害と呼ばれる，想像力の乏しさや，こだわりがあるという特徴があります。自閉症の人は，「もしも～だったら……」と，本当はそうでないことを思い描いてみることが苦手です。このことが原因となって，さまざまなこだわりがみられることも多くあります。

❍視覚障害

視覚障害は，盲と弱視とに分けられます。盲とは，全く見えない状態や，光の明暗程度はわかるけれども，主として触覚や聴覚を通して生活している状態をいいます。弱視とは，メガネなどで矯正しても視力の弱い状態で，日常生活で見ることに不自由さがある状態を指します。

❍聴覚障害

聴覚障害のある子どもの，聞こえない・聞こえにくいという器質的・機能的障害に起因する困難やコミュニケーション障害，情報障害を最小限に抑え，発達障害を招かない保育のあり方を考えていく必要があります。

❍肢体不自由

肢体不自由とは，上肢（手と腕）や下肢（足と脚）の四肢，体幹（胴体）の機能に永続的な障害があり，運動や動作に不自由がある状態を指します。

❍重症心身障害

重症心身障害とは，知的発達の遅れ（知的障害）と肢体不自由が重複し，そのどちらもの程度が重度な状態を指します。

❍注意欠如多動性障害（ADHD）

注意欠如多動性障害（ADHD：Attention Deficit/Hyperactivity Disorder）とは，自分をコントロールする力が弱く，それが行動面の問題となってあらわれる障害です。不注意（注意力・集中力に欠けること），多動性（じっとしていられないこと・しゃべりすぎること），衝動性（状況を勘案せずに思いつきで行動すること）の特徴があります。

（藤林清仁）

（参考文献）
喜多一憲監修・堀場純矢編（2017）『社会的養護』みらい。
近藤直子（2015）『"ステキ"をみつける保育・療育・子育て』全国障害者問題研究会出版部。
近藤直子・全国発達支援通園事業連絡協議会（2013）『ていねいな子育てと保育』クリエイツかもがわ。
近藤直子・白石正久・中村尚子編（2013）『保育者のためのテキスト 障害児保育』全国障害者問題研究会出版部。

8　乳児院

1　乳児院とは

○乳児院の概要

　乳児院は，児童福祉法第37条に規定されています。乳児を入院させて，これを養育し，あわせて退院した者について相談その他の援助を行うことを目的とする施設です。対象とする子どもは，原則は乳児（1歳未満）ですが，必要のある場合は幼児も含むとされています。乳児院の設備は，寝室（乳幼児1人につき2.47 m^{2}以上），観察室，診察室，病室，ほふく室，相談室，調理室，浴室，便所を設けることとされています。乳児院の養育の内容は，授乳，食事，排せつ，沐浴，入浴，外気浴，睡眠，遊びおよび運動のほか，健康状態の把握，健康診断，感染症等の予防措置も含まれます。

○職員の配置基準

　乳幼児には職員として，施設長，医師又は嘱託医，看護師，個別対応職員，**家庭支援専門相談員**，栄養士，調理員，**心理療法担当職員**[*2]（心理療法が必要な乳幼児又は保護者が10人以上の場合）を置かなければなりません。看護師は，0〜1歳児1.6人につき1人以上，2歳児2人につき1人以上，3歳以上の幼児4人につき1人以上配置することになっています。看護師の一部は保育士や児童指導員に代えることが可能で，実際に多くの保育士が乳児院で働いています。

▶1　家庭支援専門相談員
⇨Ⅶ-5 参照。

▶2　心理療法担当職員
⇨Ⅶ-5 参照。

2　乳児院の役割

○乳幼児の生命を守り育むこと

　乳児院は，ひとりでは生きていけない乳幼児の生命を守り育む施設です。乳幼児期の心身の発達は著しく，被虐待児，障害児，病虚弱児も入所しているため，個々の子どもに応じた適切かつ専門的な養育を行う必要があります。また，安全で安心した環境において，豊かな愛情と応答的かつ継続的な関わりをとおして，子どもは基本的信頼感を獲得していきます。乳児院における養育は，子どもの人間形成の基礎を培い，将来の子どもの自立へとつながっていきます。

○一時保護機能を担うこと

　児童相談所で一時保護された子どもは，通常，一時保護所において行動観察を行います。しかし，一時保護所が乳児に対応できないことも多く，その場合は，児童相談所から一時保護委託を受けた乳児院が，アセスメントを含め一時

保護機能を担います。入所後に，虐待を受けていた事実が判明することも多く，乳児院におけるアセスメントは重要といえます。

○保護者への支援，地域への子育て支援

乳児院は，従来，親のいない子どもを保護し養育する役割を担ってきました。しかし現在は，少なくとも一人の親がいる子どもが9割以上を占め，25%の子どもが退所後は家庭に復帰します。また，乳児院の入所理由は，母親の精神疾患，母の放任・怠だなどの項目が高い割合となっており[3]，さまざまな困難を抱えている家庭も少なくありません。乳児院は子どもを保護し養育するのみならず，子どもの退所後も含め，親子間の関係調整や家庭機能の回復支援を担う必要があります。

また，乳児院は，地域住民の育児相談に応じたり，**ショートステイ**[4]や**トワイライトステイ**[5]などのサービスを提供し，地域の子育て支援に貢献することも求められています。

3 今後の課題

○専門的養育機能の充実

乳児院に入所している子どもの半数が被虐待児，障害児，病虚弱児など発達上の困難を抱えています。そのため，医療や療育と連携した専門的養育機能を充実させることが必要です。

○養育単位の小規模化の推進

落ち着いた環境で，養育担当者と継続的な愛着関係を築くためには，養育単位を小規模化することが重要です。乳児院における小規模グループケアは，4〜6人を一つの養育単位とし，小規模なグループで家庭的な養護を行います。小規模化を推進するためには，職員配置を手厚くすることが必要となります。

○保護者支援・地域支援・里親支援の充実

子育てに課題のある保護者や関わりの難しい保護者に対して，親子間の関係調整や家庭機能の回復支援を行います。たとえば，乳児院において，入所している子どもとその保護者が一定期間共に生活しながら，親子関係を再構築し，保護者が育児に関する知識や技術を身につける支援などが考えられます。

地域に対しては，子育て不安や家庭生活の困難に悩む保護者に対して，保護者の相談に応じたり，関係機関と連携しながら具体的な社会資源を提供するなど，家庭支援における専門機能を充実させることが課題となります。

さらに，乳児院は里親支援の拠点としての役割も求められます。家庭支援専門相談員や**里親支援専門相談員**[6]が，入所している子どもの里親委託を推進する，里親に対して相談に応じる，あるいは育児疲れ等の身体的・精神的負担を軽減するためレスパイト（休息のための一時預かり）の利用を促進するなど，継続的な支援体制を充実させる必要があります。　　　　　　　　（原佳央理）

▷3　厚生労働省（2020）「児童養護施設入所児童等調査結果」。

▷4　ショートステイ
保護者の病気や出産等の理由で子どもの養育が困難となった場合に，一時的に子どもを施設において養育する事業。短期入所生活援助事業ともいう。

▷5　トワイライトステイ
保護者の仕事等の理由で，平日の夜間や休日に子どもの養育が困難となった場合に，施設において子どもを預かる事業。夜間養護等事業ともいう。

▷6　里親支援専門相談員
児童養護施設及び乳児院において，入所児童の里親委託の推進や地域の里親支援を行う。里親支援ソーシャルワーカーともいう。
⇨Ⅶ-5参照。

（参考文献）
厚生労働省雇用均等・児童家庭局長通知（2012）「乳児院運営指針」。
厚生労働省（2014）「乳児院運営ハンドブック」。

児童養護施設

1　児童養護施設とは

○児童養護施設の現状

　児童養護施設は，児童福祉法第41条に定められた児童福祉施設で，「保護者のない児童（乳児を除く。ただし，安定した生活環境の確保その他の理由により特に必要のある場合には，乳児を含む。），虐待されている児童その他環境上養護を要する児童を入所させて，これを養護し，あわせて退所した者に対する相談その他の自立のための援助を行う」ことを目的とします。2021年3月31日現在，児童養護施設は全国612か所に設置されており，2万3,631人の子どもたちが生活しています。

○児童養護施設を必要とする子どもたちのニーズの変化

　第二次世界大戦後，1947（昭和22）年に制定された児童福祉法により，孤児院は養護施設として児童福祉施設の一つと位置づけられました。児童福祉法が戦後いち早く制定された背景には戦災孤児たちの存在が大きな理由としてあげられます。当時の厚生省による全国孤児一斉調査結果（厚生省，1948年）では，12万3,511人の戦災孤児の存在が報告されていますが，実際はもっと多くの子どもたちが戦災孤児として衣食住の場を必要としていたともいわれています。養護施設は，戦後処理施策の一環として，子どもたちを収容保護し，衣食住を保障する場としてスタートしました。

　その後，社会状況の変化に伴い養護施設の役割も変化し，1997年の児童福祉法改正により，現在の名称になりました。2018年2月に実施された調査では，両親がいる世帯またはひとり親世帯の子どもが93.3％となっています。またその背景には虐待やネグレクトなど，保護者による不適切な養育が存在し，家族との関係の再構築も大きなテーマとなっています（図Ⅵ-4）。

2　児童養護施設の実践内容

　前述の通り，2021年現在，全国には612か所の児童養護施設があります。生活形態，施設の理念等，それぞれの施設ごとに特徴がみられます。しかし，すべての児童養護施設におけるケアの共通基盤も必要であり，児童養護施設運営指針が策定されています。運営指針は，その冒頭で「そこで暮らし，そこから巣立っていく子どもたちにとって，よりよく生きること（well-being）を保障す

るものでなければならない」と指針の存在意
義について示しています。

運営指針では，社会的養護の原理として
「家庭的養護と個別化」「発達の保障と自立支
援」「回復をめざした支援」「家族との連携・
協働」「継続的支援と連携アプローチ」「ライ
フサイクルを見通した支援」が定義されまし
たが，児童養護施設が行う養育・支援にとっ
ての重要な要素として，児童養護施設運営ハ
ンドブックではさらに次の３点が掲げられて
います。

① 援助過程そのものが子どもとの関係
性を構築し深めていく

② 前の養育者から丁寧に引き継ぎを受け，次に丁寧に引き継いでいく

③ 子どもとつながり続けていく

児童養護施設に入所してくる子どもたちは「マイナスの状態」から大人との
関係を始めることが多いとされています。児童養護施設においては，ともに生
活体験を重ねていくことから，子どもとの信頼関係を時間をかけて構築する姿
勢が求められます。毎日の生活の営みをくり返すうちに，子どもは自分が大切
にされていることを実感できるようになるのです。

しかし，児童養護施設においては，一般家庭のように特定の大人が一貫した
方針のもとに継続的に養育を行うことはできません。家庭から乳児院，そして
児童養護施設へと，成長や課題に応じて，生活の場や主たる養育者が変わって
いく場合も少なくありません。

子どもの育ちは，途切れることなく続く１本の道筋となっていることが望ま
しく，たとえ養育者が変わることがあっても，互いに連携し，途切れることな
く子どもの育ちを支え続けることが必要です。前の養育者から丁寧に引き継ぎ
を受け，目の前の子どもと向き合い，そしてまた次の養育者に丁寧につないで
いく姿勢が求められます。

児童養護施設の利用は，これまで原則18歳までででした。施設を離れた子ども
は「ケアリーバー（社会的養護経験者）」と呼ばれますが，生活上の困難を抱え
やすく，孤立しやすいことが課題となっていました。2022年６月の児童福祉法
改正で，施設での支援について年齢制限をとりやめ，必要に応じて自立支援が
継続できることとなりました。入所中のみならず，退所後も子どもたちの安全
基地として機能できるよう整備が進められています。 （石田賀奈子）

図Ⅵ-4 児童養護施設の入所理由

注：2018年２月１日現在の値である。
出所：厚生労働省（2020）「児童養護施設入所児童等調査結果」より筆者作成。

参考文献
厚生労働省（2022）「社会的養育の推進に向けて」。
厚生労働省（2014）「児童養護施設運営ハンドブック」。

母子生活支援施設

　母子生活支援施設とは

　母子生活支援施設は，「配偶者のない女子又はこれに準ずる事情にある女子及びその者の監護すべき児童を入所させて，これらの者を保護するとともに，これらの者の自立の促進のためにその生活を支援し，あわせて退所した者について相談その他の援助を行うことを目的」（児童福祉法第38条）として設置および運営される児童福祉施設です。社会的養護を行う児童福祉施設のなかでは唯一，母親とその子どもが一緒に生活し，支援を受けることができる施設となっています。2020年10月現在，全国には212か所の母子生活支援施設が設置されています。しかし近年，その数は減少傾向にあります（図Ⅵ-5）。

　母子生活支援施設における入所支援の対象となるのは，18歳未満の児童とその保護者，あるいは配偶者のない女子またはこれと同様の事情にある女子（たとえば，何らかの理由で離婚届が提出できない事情にあるもの）となっています。ただし必要がある場合，子どもが満20歳に達するまで引き続き入所することができます。具体的には，離婚や死別，未婚等により配偶者（事実婚を含む）のいない母親とその子どもからなるひとり親家庭が主な対象となっています。また，近年増加傾向にある家庭内暴力（DV：Domestic Violence，ドメスティック・バイオレンス）や子ども虐待の問題を背景として，何らかの事情により離婚ができない場合であっても，実質的に母子家庭の状況であれば利用可能とされています（図Ⅵ-6）。

　母子生活支援施設における支援内容としては，入所する母子を保護するとともに，その自立を促進するために個々の家庭生活や稼働の状況に応じて，入所による生活支援や就労支援，子どもの教育に関する相談及び助言等が中心に行われています。さらに2001年度より，支援を行うことが特に必要と認められる妊産婦についても，婦人相談所による一時保護委託として受け入れが可能になるなど，妊娠期から出産後までの一貫した母子の保護及び支援を行う施設としての体制

▷1　厚生労働省（2021）「令和2年社会福祉施設等調査」。

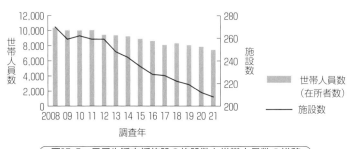

図Ⅵ-5　母子生活支援施設の施設数と世帯人員数の推移

注：調査票が回収された施設のうち，活動中の施設のみ集計している。
出所：厚生労働省（2009〜2021）「社会福祉施設等調査」より筆者作成。

の整備が進められています。

　母子生活支援施設にはさまざまな生活支援を担当する職員として，施設長をはじめ，母子支援員，少年指導員，保育士，調理員，嘱託医，心理療法担当職員[2]が配置されています。

2 母子寮から母子生活支援施設へ

　「母子生活支援施設」はかつて，母子の「保護」を主たる目的とした「母子寮」として設置・運営されていました。しかし，昨今の，子どもや子育て家庭をめぐる社会環境の変化に対応した児童家庭福祉体系再構築の一環として行われた1997年の児童福祉法改正により，その目的に「入所者の自立促進と生活支援」が追加され，現在の「母子生活支援施設」という名称に変更されました。また2004年には退所者への相談・援助の実施も目的の一つに加えられるなど，支援の対象は退所後の利用者にまで拡大されています。

3 今後の課題

　母子生活支援施設における地域支援の一環として，地域で生活する母子を対象にした子育て支援や保育機能といった支援機能の強化が求められています。そのなかで近年，特に期待されているのが，DV被害者の保護及び自立支援を進めるための施設としての役割です。現在，母子生活支援施設の入所理由として最も多いのは，「夫などの暴力」すなわちDVです。母子生活支援施設は2004年に施行された「改正DV法（配偶者からの暴力の防止及び被害者の保護等に関する法律）」においても規定され，一時保護施設として最も多く利用されている施設となっています。

　その他にも，母子生活支援施設の利用世帯のなかには，それまでの厳しい生活環境から心身に不調をきたしている利用者や，さまざまな疾患や障害のある利用者，外国籍の利用者等も増加しており，それぞれの利用者が求める支援ニーズも多岐にわたっています[3]。今後はこのようにさまざまに広がるニーズに対応した支援を行うためにも，利用者が生活において抱えている課題を正しく理解し，必要とする支援を高い専門性をもって提供することが求められています。

　母子生活支援施設は，母親と子どもの最善の利益を保障するという理念を土台として，それまでの生活における貧困や暴力といった危機的な状況から母子を保護するだけでなく，母親と子どもの自己実現に向けた生活の安定と自立，および子どもの健全な発達をめざした支援を行うことが期待されています。その方法として，入所型施設の特性を活かした日常生活支援の提供を軸として，合理的で計画的な一貫した専門的支援を行うことが必要とされています。

（古山萌衣）

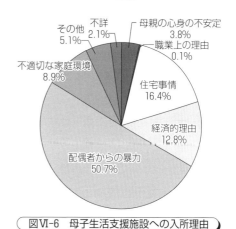

図VI-6　母子生活支援施設への入所理由

出所：厚生労働省（2020）「児童養護施設入所児童等調査結果（平成30年2月1日現在）」より筆者作成。

▷2　心理療法が必要と認められる母子が10人以上いる場合に配置される。

▷3　2016年度現在，入所する母親（養育者）のうち，障害のある母親の割合は全体の30.4％を占めている。また入所する子どもについても全体の16.1％に障害があり，その割合は増加傾向にある（全国母子生活支援施設協議会〔2017〕「平成28年度全国母子生活支援施設実態調査報告書」）。

（参考文献）

　厚生労働省雇用均等・児童家庭局長通知（2012）「母子生活支援施設運営指針」。

　厚生労働省（2014）「母子生活支援施設運営ハンドブック」。

11 児童自立支援施設

1 児童自立支援施設とは

○目　的

　児童自立支援施設は，児童福祉法に規定される児童福祉施設です。その目的は，「不良行為をなし，又はなすおそれのある児童及び家庭環境その他の環境上の理由により生活指導等を要する児童を入所させ，又は保護者の下から通わせて，個々の児童の状況に応じて必要な指導を行い，その自立を支援し，あわせて退所した者について相談その他の援助を行う」（児童福祉法第44条）こととされています。

○児童自立支援施設の歴史

　児童自立支援施設の前身は明治初期に設置された感化院です。感化法の制定に大きく貢献した**留岡幸助**は，1899年に私設の家庭学校を創設しました。家庭学校では家庭的雰囲気を重んじ，愛情に満ちた家族舎において夫婦が子どもたちと生活をともにして支援を行うことを理念にしていました。この後，家庭学校の理念は，全国の感化院に取り入れられていきました。

　1933年には感化法が制定され，「非行少年は幼少のうちに教化改善すべきである」との考え方から，教護思想の展開が始まり，少年教護法による少年教護院へと引き継がれ，1947年の児童福祉法制定によって教護院となりました。

　教護院は，非行問題に対応するための専門機関として長い歴史を培っており，一貫してとり続けた姿勢は，児童と暮らしをともにする，**小舎夫婦制**の形態でした。しかし，労働条件などの諸問題から，夫婦制から交代制へ，小舎制から中舎制へと変わっていきます。「生活指導」「作業指導」「学習指導」を指導の柱として，子どもを家庭的な小集団のなかで情緒を安定させ，生活や学習への積極性，規範意識，職業生活への関心を高めていきました。

　1997年の法改正によって，名称が児童自立支援施設となり，通所機能を付加し，対象児童も拡大されました。現在では，保護者による養育の怠慢や放棄などのために，生活指導などを要する子どもも入所できることになっています。また，施設の目的も「教護すること」から，「指導し，自立を支援すること」となり，非行問題の改善とともに，「社会で自立させること」が目的に加わりました。

　国立2施設，都道府県・市立54施設，私立2施設の計58施設あり，2019年10月現在では，約1,200人の子どもたちが生活しています。

▶1　留岡幸助（1864-1934）
岡山県出身。同志社神学校を卒業後，教誨師。アメリカで研修後，東京に巣鴨家庭学校，北海道に北海道家庭学校を創設。家庭的な生活・学習・職業教育を一体化した，非行少年教育を実践した感化教育事業の開拓者。

▶2　小舎夫婦制
教護院時代からの処遇スタイルで，子どもに家庭的な生活環境を与えるという観点に基づき，夫婦で1つの小舎を担当し，支援する形態。

表VI-3　支援の基本的な考え方

- 子どもへの支援は，子どもを権利の行使の主体者として，その人格を尊重し，相互交流における納得，合意を基本にした支援を中心に展開しなければならない。
- 一人一人の子どもの健全で自主的な生活を志向しながら，良質な集団生活の安定性を確保した保護・支援が重要となる。
- 施設内での生活という限定された時間的・空間的な枠組みの中で，子どもの自立を支援するための一定の「枠のある生活」とも言うべき保護・支援基盤が重要である。ただし，規則の押し付けや管理のためとなってはならない。
- 子どもの発達段階や個別性などに応じた衣食住等を保障し，施設全体が愛情と理解のある雰囲気に包まれ，子どもが愛され大切にされているという実感が持てる家庭的・福祉的なアプローチによって，子どもの基本的信頼感の形成，社会性の発達や基礎学力の獲得，生活自立や心理的自立の発達，アイデンティティの獲得やキャリア願望の発達など「育ち・育てなおし」を行っていく。
- 安心感・安全感のある生活の中で，一人一人の子どもを受容し真摯に向き合い，子どもと職員との間で信頼関係を深めながら，自立を支援していく。

出所：厚生労働省（2012）「児童自立支援施設運営指針」より一部抜粋。

2　対象となる子ども

　児童自立支援施設の対象となるのは，不良行為を行う，あるいはそのおそれのある子どもなどですが，虐待などの不適切な養育環境で育った子ども，知的障害や注意欠陥多動性障害（ADHD），自閉スペクトラム症（ASD）などの発達障害のある子どもなども少なくありません。年齢としては，18歳に至るまでの子どもが対象（必要がある場合は20歳に達するまで措置延長が可能）ですが，実際の入所児童は，中学生が多くなっています。

　入所経路は，家庭裁判所の審判における**保護処分**[3]と児童相談所の**措置**[4]の2通りがあります。後者の場合，原則的に保護者の同意を必要とします。なお，国立施設には，**強制的措置**[5]が認められており，必要に応じて，鍵のかかる部屋に入れることが許されています。一方，他の施設には強制的措置が認められていないため，子どもがどんなに暴れたとしても，鍵のかかる部屋に入れるなど，強制力のある対応をすることはできません。

3　児童自立支援施設における支援の概要

　児童自立支援施設では，生活指導，学習指導，職業指導を主な柱として，子どもの自立に向けた支援を行います。また，子どもの家庭状況に応じて家庭環境の調整を行うなど，健全な社会生活を送ることができるよう支援していきます。児童自立支援施設における支援の基本的な考え方は表VI-3のように定められており，職員と子どもがともに生活する場のなかで行われる生きた言葉・態度などの相互交流によってともに育ち合う「共生共育」を理念とします。

　児童自立支援施設における支援については，子どもの健全な発達・成長のための最善の利益の確保など子どもの権利擁護を基本として，子どもが抱えている問題性の改善・回復や発達課題の達成・克服など，一人ひとりの子どものニーズに応じたきめ細かな支援が重要であるとされています。　　　（千賀則史）

▷3　保護処分
家庭裁判所が非行少年に行う処分で，①保護観察所の保護観察に付する，②児童自立支援施設または児童養護施設に送致する，③少年院に送致する，の3つがある。

▷4　措置
児童相談所などの決定により，原則は保護者の同意のもとに子どもの施設入所・里親委託を行うこと。

▷5　強制的措置
児童福祉法が認める児童保護手段の一つであり，児童福祉施設入所中の子どもに対して，一時的かつ強制的に，その行動の自由を制限し，またはその自由を奪うような措置をとること（児童福祉法第27条の3）。

12 児童心理治療施設

1　児童心理治療施設とは

　児童心理治療施設は，生活支援を基盤とした心理治療を行う児童福祉施設で，「家庭環境，学校における交友関係その他の環境上の理由により社会生活への適応が困難となつた児童を，短期間，入所させ，又は保護者の下から通わせて，社会生活に適応するために必要な心理に関する治療及び生活指導を主として行い，あわせて退所した者について相談その他の援助を行うことを目的とする施設」（児童福祉法第43条の2）です。2016年の児童福祉法改正により，現在の名称になる前は，**情緒障害児短期治療施設**[注1]と呼ばれていました。

　児童福祉法に位置づけられたのは1961年で，広い意味での自閉症や低年齢の非行児童に対して，早期に短期集中的治療を行う施設としてスタートしました。その後，不登校児の入所が増え，入所児の多くを占めるようになりましたが，現在は，被虐待児の入所が急増しています。被虐待児は，心身の発達に深刻な影響を抱え，心理的なケアを必要としているため，心理治療機関としての児童心理治療施設への期待は高まっています。そうしたなかで，2000年当時の17施設から，2020年現在で53施設と約3倍に増えており，約1,400人の子どもたちが生活しています。

　入所と通所の両方の機能を備えている施設が多いですが，主は入所機能にあり，在宅では改善が難しい子どもが，施設で他の入所児や職員と生活をともにしながら成長していく施設です。職員としては，児童指導員，保育士，心理療法担当職員，個別対応職員，家庭支援専門相談員，医師（精神科または小児科），看護師，栄養士などがいます。さらには，小中学校の分級や分校等が施設内に設置されているところが多く，教員も含めたさまざまな専門領域の職員がチームを組んで援助にあたります。福祉，医療，心理，教育等が連携することで，特に，子ども虐待への支援に必要とされる多分野横断的協働による支援を行っているのが大きな特徴です。

2　対象となる子ども

　児童心理治療施設の対象は，心理治療を必要する子どもたちですが，知的障害児や重度の精神障害児は，他の支援機関を検討することになります。自閉スペクトラム症やADHDといった発達障害児の入所は増えており，虐待や発達

▷1　情緒障害児短期治療施設
情緒障害児短期治療施設という名称は，emotionally disturbed を「情緒障害」と訳して名づけられたが，本来この英語は「情緒をかき乱されている」といった意味のものである。そのため，「障害」という表現が適切なのか，また，入所期間が延びているなかで，「短期」という名称を使用することで誤解が生じるのではないかといったことから，名称変更を求める意見が多かった。そのため，2016年の児童福祉法改正以前から，現場では「児童心理治療施設」をはじめ，複数の通称が用いられていた。

障害などを背景とする行動上の問題に対する支援が中心となります。

　児童心理治療施設は，おおむね学童期から18歳に至るまでの子どもを対象としています（必要がある場合は，20歳までの措置延長が可能）。幅広い年齢層が対象であり，さまざまなタイプの子どもが入所してきます。平均入所期間はおおむね２年半程度ですが，入所期間が長くなることも少なくありません。治療はできるだけ短期間で終え，家庭復帰や児童養護施設等へ措置変更することが望ましいですが，それが困難な場合は，高校を卒業し，自立するまで支援する必要のある子どももいます。

3　児童心理治療施設における支援の概要

○総合環境療法

　児童心理治療施設における治療（的）支援は，生活を基盤として総合的な支援を行う**総合環境療法**と呼ばれています。日常生活を治療的実践の場としてみなすことの利点は，多岐にわたります。たとえば，幼少期から不適切な養育環境におかれ，早期の心理発達課題の獲得が十分でない子どもたちの場合，食事，入浴，排泄，睡眠などの基本的な生活場面に，その子の抱えた本質的な問題がさまざまなかたちであらわれます。生活のなかで見せる些細な子どもの言動が，治療的展開へとつながる場面もあります。そのため，支援者が子どもと生活をともにし，関わりながら観察することが重要な意味をもちます。支援者は子どもが安心・安全に暮らせるように，個々の子どもに合った生活環境を考え，毎日の生活を安心，安定して送ることができるようにすることで，新たな大人との信頼関係が芽生えていきます。

　こうした生活に根ざした支援を行うには困難が伴います。特に，虐待を受けた子どもたちは，多くの行動上の問題を抱えており，支援者ひとりで抱えることは到底できません。複数の多職種による連携と協働が必須であり，児童心理治療施設では，チームアプローチによる支援を重視しています。

○施設における心理的支援

　児童心理治療施設の特徴は，職員配置にあります。心理療法担当職員が常勤で配置されており，**プレイセラピー**やカウンセリングなどの子どもへの心理的支援が行われています。ただし，施設における心理的支援は，心理療法よりもチームアプローチによる生活に根ざした支援を優先する必要があります。なぜなら，日々の生活の場の安心・安全が守られることで，はじめて個人心理療法が意味をもつからです。また，子どもの社会性を促すために，**社会的スキル訓練**などの集団療法も行われています。さらには，子どもの治療には，保護者へのアプローチも不可欠です。したがって，児童相談所などの関係機関等と連携しながら，子どもと保護者が安心で安全な関係性を構築できるように，親子関係の回復に向けた**家族再統合支援**を進めていきます。　　　　（千賀則史）

▶2　**総合環境療法**
福祉，医療，心理，教育等の協働により，施設での生活を治療的な経験にできるように，日常生活，学校生活，個人心理治療，集団療法，家族支援，施設外での社会体験などを有機的に結びつけた総合的な治療・支援のこと。児童心理治療施設の治療の基盤は，治療的に配慮された日々の生活にあり，生活支援は治療的観点からそれぞれの子どものニーズに沿った関わりを行う。治療には，教育的な支援も重要であり，教育機関とも綿密な連携を保ちながら，それぞれの子どもに応じた特別な教育支援を行う。

▶3　**プレイセラピー**
遊戯療法。言語能力が不十分で内的世界を言語で表現することが難しい子どもを対象に，遊びを媒介として自己表現を促す心理療法のこと。

▶4　**社会的スキル訓練**
さまざまな対人場面における適切な行動のスキルを具体的に学ぶためのトレーニング。ソーシャルスキルトレーニング（Social Skills Training：SST）とも呼ばれる。一般的には，①導入，②教示，③モデリング（モデルによる実演の視聴），④リハーサル（ロールプレイやゲーム等のなかでの練習），⑤強化とフィードバック（賞賛と振り返り），⑥維持と般化（日常生活への定着）から構成される。

▶5　**家族再統合支援**
狭義には家庭復帰に向けた支援のこと。広義には家族関係のあり方の変容や家族機能の改善・再生に向けた支援のこと。

13 自立援助ホーム

1 自立援助ホームとは

❍概　要

　自立援助ホームは，義務教育終了後，児童養護施設，児童自立支援施設等を退所したのち，就職したり大学等に進学した子どもに暮らしの場を提供する施設です。法的には，児童福祉法第6条の3，第33条の6の児童自立生活援助事業として**第2種社会福祉事業**に位置づけられます。施設数は年々増加し，2008年度は54か所でしたが，2022年8月1日現在では234か所となりました。
　「自立援助ホーム運営指針」には，自立援助ホームの理念として，以下の4つがあげられています。

❍自立援助ホームの原点

　自立援助ホームにおける理念として，これまで培ってきた社会的養護の「最後の砦」としての歴史や，長きにわたって支援してきた人々の思いが現在も引き継がれています。第2種社会福祉事業ですが，これは入居児童のみならず，退居した児童も含めた個別のニーズに継続的に対応できる柔軟性や連携による支援を可能としています。

❍大切にされる経験の保障

　入居までの経緯を汲み，利用者（子ども）自身が大切にされる経験を保障することは，人への信頼感を獲得し成長していくために欠かせないことです。そのため，「しつけ」や「指導」を優先するのではなく，利用者の自尊心が育まれる受容的，支持的関わりを中心とした支援を行うことが重要であるとされています。

❍真摯に向き合う姿勢

　自立援助ホームでは，自傷や他害など，利用者のさまざまな表出行動が生じることもあります。その場合の対応としては，受容的，支持的な関わりだけではなく，対話を中心とした利用者への真摯な向き合いが求められています。

❍継続する支援の必要性

　自立援助ホームでの目標としては，基本的生活習慣や金銭管理，生活技術等の獲得以上に，利用者とスタッフとの信頼関係に基づいた相談体制の整備が大切です。入居中の支援と同じぐらい退居後の相談支援が大切であることを意識して，利用者が求め続けている間は，支援を継続する必要があるとされます。

❷ 対象となる子ども

　自立援助ホームの対象となるのは，さまざまな理由により家庭で生活することができず，働いて自立しなくてはならない義務教育を終了した子ども等です[3]。児童養護施設や児童自立支援施設等の児童福祉施設を退所した子どもや，家庭で生活していたけれども，中卒後家庭にいられなくなってしまった子ども，家庭裁判所や少年院を出た後に帰る場所をもたない子どもたちがたくさん入居しています。

　利用者の多くは被虐待経験者であり，不適切な養育環境の影響から，対人関係に困難を抱えている子どもが多くいます。知的障害や発達障害を抱えている子どもや，さまざまな精神的症状を表出しやすい子どももいます。自立援助ホームは，医療などの専門機関との連携が必要な複合的課題を抱えている利用者を受け入れるところでもあります。自立援助ホームの利用者の多くが，中卒および高校中退の学歴で入居します。適切な学習環境が保障されなかったことなどから，学校生活に馴染むことができず，不登校や非行等の問題を抱え，結果として学ぶ機会が奪われてしまった子も少なくありません。

　入居の手続きは，本人の申し込み及び自立援助ホームが代行して児童相談所に申請を行い，児童相談所が自立援助ホームに受け入れの可否を確認し，委託措置を決定することで入居となります。また，退居の手続きについても入居と同様に，本人の意向を尊重し，児童相談所と協議した上で，委託措置解除の決定をもって退居となります。

❸ 自立援助ホームにおける支援の概要

　自立援助ホームは，定員が6名のグループホームであることがほとんどです。家庭機能に近い体制であり，小規模，小舎が基本となるため，一人ひとりの個性や特性を尊重した生活環境をつくりやすい条件があります。利用者の多くは，不適切な生活環境に長くいたことから衣食住を基本とした当たり前の生活が身についていないことが多くあります。心地よく感じられる快適な生活環境とともに，スタッフ，利用者同士の語らいの環境づくりを大切にし，自尊心が育まれる心配りを可能にすることが「丁寧な生活の営み」の保障といえます。

　利用者への支援の基本的なあり方として，信頼関係の再構築，主体性の尊重，就労への定着化，家族環境調整，退居者へのアフターケアなどを重視します。自立援助ホームは，一般的に市街地や住宅地域に開設している場合が多いため，地域社会からの理解と信頼を得られるよう努める必要があります。また，自立援助ホーム単独で行うことができる支援には限りがあるため，関係機関と連携したネットワーク支援が必要不可欠です。

（千賀則史）

▷3　自立援助ホームの対象者の年齢については，従来，満20歳未満とされていたが，2016年の児童福祉法改正により，大学等に在学中の者（満20歳に達する日の前日に自立援助ホームに入居していた者に限る）については，満22歳の年度末までとされた（2017年4月1日施行）。

14 里親・特別養子縁組制度

1 家庭で育つ権利の保障

社会的養護を必要とする子どもの生活の場として，従来わが国では乳児院や児童養護施設等，施設養護が中心的役割を担ってきました。しかし，子どもの権利保障の視点から，育ちの場としての家庭的環境の保障が重要であるという認識が，この流れに変化をもたらしています。

1989年に国連総会で採択され，わが国も1994年に批准国となった「児童の権利に関する条約（子どもの権利条約）」では，子どもに家庭で育つ権利を保障することが規定されています（第20条）[1]。また，2009年に国連から出された「児童の代替的養護に関する指針」では，施設養育は，子どもの最善の利益に沿う，特別な場合に限るべきだとしています。すべての子どもは家庭で育つ権利があり，実親による家庭での養育が困難な場合は，国および社会によって，それに代わる家庭で育つことを保障される権利があるのです。

こうした情勢を受け，わが国においても2016年改正の児童福祉法でその原理について大きく条文を改めました。同法第3条の2において，社会的養護を必要とする子どもたちの育ちの場として「家庭における養育環境と同様の養育環境」で継続的に養育されること，またそれが適切でない場合は「良好な家庭的環境」で養育されるよう必要な措置を行うことが規定されています。

これを図で表すと，図Ⅵ-7のようになります。わが国における「家庭と同様の養育環境」として，養子縁組・里親・ファミリーホームが位置づけられています。これを「家庭養護」とし，小規模施設あるいは小規模ケアによって提供される「良好な家庭的環境」と区別しています。

▷1 「児童の権利に関する条約」第20条には，次のとおり規定されている。
1　一時的若しくは恒久的にその家庭環境を奪われた児童又は児童自身の最善の利益にかんがみその家庭環境にとどまることが認められない児童は，国が与える特別の保護及び援助を受ける権利を有する。
2　締約国は，自国の国内法に従い，1の児童のための代替的な監護を確保する。
3　2の監護には，特に，里親委託，イスラム法のカファーラ，養子縁組又は必要な場合には児童の監護のための適当な施設への収容を含むことができる。解決策の検討に当たっては，児童の養育において継続性が望ましいこと並びに児童の種族的，宗教的，文化的及び言語的な背景について，十分な考慮を払うものとする。

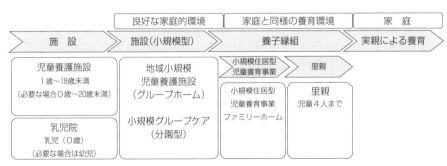

図Ⅵ-7　家庭と同様の環境における養育の推進

出所：厚生労働省（2016）「資料2（1）児童福祉法等の理念の明確化」『全国児童福祉主管課長等会議資料』より筆者作成。

表VI-4 里親の種類

種 類	養育里親		養子縁組里親	親族里親
		専門里親		
対象児童	要保護児童	次に挙げる要保護児童のうち，都道府県知事がその養育に関し特に支援が必要と認めたもの①児童虐待等の行為により心身に有害な影響を受けた児童②非行等の問題を有する児童③身体障害，知的障害又は精神障害がある児童	要保護児童	次の要件に該当する要保護児童①当該親族里親に扶養義務のある児童②児童の両親その他当該児童を現に監護する者が死亡，行方不明，拘禁，入院等の状態となったことにより，これらの者により，養育が期待できないこと

出所：厚生労働省子ども家庭局家庭福祉課（2021）「里親制度（資料集）」。

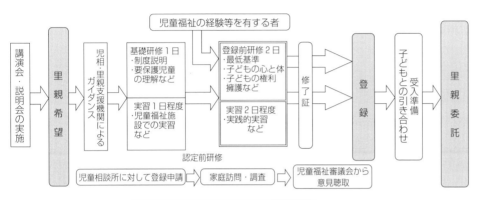

図VI-8 養育里親研修と登録の流れ

出所：厚生労働省子ども家庭局家庭福祉課（2022）「社会的養育の推進に向けて」。

2 里親制度とは

○里親の種類

里親の種類は，養育里親，専門里親，親族里親，養子縁組里親の4種類です。それぞれの概要は表VI-4の通りです。親族里親と専門里親は2002年に創設され，その後，2008年の児童福祉法改正において，養育里親と養子縁組を希望する里親は法律上区分されました。

○里親になるには

里親になるには，里親認定を受ける前の「認定前研修」の受講義務があります。研修受講から認定までの流れは図VI-8の通りです。養育里親を希望する場合，希望者とその同居人が欠格事由に該当しないことや経済的に困窮していないことが必要になります。里親登録の有効期間は5年（専門里親は2年）となっており，その後は更新が必要になります。

里親になる家庭には，実子がいない場合も少なくありません。全国里親委託等推進委員会による里親家庭の全国実態調査報告によると，実子のいる里親家庭は全体の41％となっており，里子を迎えて初めて子育てをするという里親も多いのです。乳児院や児童養護施設も里親子を支援する機関の一つとして存在しており，里親を支援するための専門職として里親支援専門相談員が配置され，子どもが家庭で育つ権利を保障するための相談援助活動を展開しています。

3 養子縁組とは

　養子縁組は，民法に規定されている制度です。実の親子ではない人同士が，法律的に親子になるための手続きが規定されています。家庭裁判所に申し出て手続きをするものですが，要保護児童が養子縁組を行う場合は，児童相談所が関わることになります。養子縁組には「普通養子縁組」と「特別養子縁組」があります。

○普通養子縁組とは

　普通養子縁組は，養親子が養子縁組に合意し，届け出をすることによって成立します。未成年の者が養子となる場合は，家庭裁判所の許可を必要とします。普通養子縁組の場合，養親は成年（18歳以上）に達していること，養子となる者より年長であること，養子となるものは自分の尊属[42]でないことなどが条件となります。15歳未満の子どもは養子縁組の有効な合意ができないとされており，親権者等，法定代理人による承諾が必要となります。

　養子縁組が成立すると法律的に親子として認められたことになり，親子間の相互扶助義務が生じ，相続も認められます。一方，養子にとっては実親との親子関係も存続することになりますが，養子の親権は養親にあります。養子縁組は解消することも可能です。解消の際は縁組の際と同様に，合意の上，家庭裁判所に届け出を提出することで成立します。養子が15歳以下の場合は法定代理人の承諾が必要になりますが，子どもにとって「安心で安全で恒久的に」養親との暮らしが保障できる制度とは言い難いものとなっているのが現状です。

○特別養子縁組とは

　特別養子縁組は，1987年に「子の福祉のための養子縁組」制度として創設されました。普通養子縁組と違い，縁組の成立によって実親との親子関係が終了することが大きな特徴です。実親による十分な監護が期待できない子どもについて，新たに親子関係を結ぶ相手に出会い，これを唯一の親として「安心で安全で恒久的な」家族関係を保障しようとするものです。

　特別養子縁組は，以下の手続きをふまえた上で，子の利益のため特に必要があると家庭裁判所が認める必要があります。

　① 実親の同意

　養子となる子どもの父母（実父母）の同意が必要です。ただし，実父母がその意思を表示できない場合，実父母による虐待，悪意の遺棄その他養子となる子どもの利益を著しく害する事由がある場合などは，実父母の同意が不要となることがあります。

　② 養親の年齢

　養親となる者は25歳以上で，配偶者がいることが求められます（夫婦共同縁組）。ただし，養親となる夫婦の一方が25歳以上である場合，もう一方は20歳

▷2　尊属
自身の父母や祖父母等を指す。

以上であれば養親となることができます。

③　養子の年齢

養子になる子どもの年齢は、養親となる者が家庭裁判所に審判を請求するときに15歳未満である必要があります。ただし、子どもが15歳に達する前から養親に監護されていた場合には、子どもが18歳（縁組成立時）に達する前までは、審判を請求することができます。

④　半年間の監護

縁組成立のためには、養親となる者が養子となる子どもを6か月以上監護していることが必要です。縁組成立前に養子縁組里親としてともに生活し、その監護状況等を考慮して、家庭裁判所が特別養子縁組の成立を決定することになります。

○児童福祉法における養子縁組の位置づけ

養子縁組は、前述の通り民法上の制度となります。しかし、2016年の改正において、児童福祉法でも家庭養育優先の理念が規定されたことに伴い、養子縁組里親についても法律上記載されるようになりました。

児童福祉法第6条の4第2号には、養子縁組里親が明確に位置づけられ、同第34条の19〜21において、名簿登録、欠格要件の設定などが規定されています。そして、児童福祉法第11条第1項第2号には、都道府県（児童相談所）の役割として養子縁組家庭への支援も記載されています。また、家庭裁判所による審判に関連して以下の改正がされました。児童相談所長は、必要に応じて、実親による養育が著しく困難または不適当な状況であることを示す資料を提出することができると規定されています（児童福祉法第33条の6の2および6の3）。

④ 「家庭で育つ権利」の保障に向けてのソーシャルワークの課題

2017年、すべての子どもを対象として児童福祉法の理念を推進するために、厚生労働省「新たな社会的養育の在り方に関する検討会」は「新しい社会的養育ビジョン」を提示しました。2018年度から、市区町村に**子ども家庭総合支援拠点**[3]が設置されています。ソーシャルワーカーやカウンセラーが配置され、地域における子どもの育ち、親の子育てが支援されることになりました。社会的養護を必要とする子どもたちについても、できる限り育った地域で、できる限り里親家庭で養育を受けられるよう目標値が設定されています[4]。

子どもが地域から分離されることなく育っていくためには、今後、里親家庭の量的拡大が課題となるとともに、児童相談所や施設においても、里親子家庭への支援がますます重要な課題となります。子どもや家族への直接的支援だけでなく、里親子関係が構築されていく過程を支援するためのソーシャルワークの方法論の確立が求められます。

（石田賀奈子）

▷3　子ども家庭総合支援拠点
2022年の児童福祉法改正でこども家庭センターへ移行する。

▷4　3歳未満は5年以内、それ以外の就学前の子どもは7年以内に里親委託率を75%に、学童期以降は10年以内に50%以上にするという目標値が示されている。

（参考文献）
子どもの村福岡編（2011）『国連子どもの代替養育に関するガイドライン』福村出版。
全国里親委託等推進委員会（2016）「平成27年度調査報告書」（https://www.mhlw.go.jp/file/06-Seisakujouhou-11900000-Koyoukintoujidoukateikyoku/0000137486.pdf、2018.3.10）。

里親支援センター

1　家庭養育優先の実現のために

○都道府県における社会的養育の推進

　2016年の児童福祉法等改正において，家庭養育優先原則の理念が規定され，国や地方公共団体の責務とされました。この理念のもと，子どもができる限り良好な家庭的環境で養育されることを目指して，里親委託の推進が行われることになりました。

　2017年の「新しい社会的養育ビジョン」の具体化を進めるために，2018年には都道府県社会的養育推進計画の策定要領が出されました。このなかで，都道府県には2020年度までに，①里親のリクルート及びアセスメント，②里親登録前後及び委託後における里親に対する研修，③子どもと里親家庭のマッチング，④子どもの里親委託中における里親養育への支援，⑤里親委託措置解除後における支援に至るまでの，一連の里親支援に関する業務（フォスタリング業務）の包括的な実施体制を構築することが求められ，各都道府県では，この計画に基づいた里親支援事業を通じた里親支援が展開されてきました。

　しかし，里親支援事業を進める上では課題もありました。里親支援事業は児童福祉法上，都道府県の業務として位置づけられており，都道府県知事等が認めた者へ委託が可能とされています。しかし，実際は児童相談所で業務が行われている場合が多く，児童虐待相談への対応に追われながら，里親家庭の養育環境の整備を支え，委託された子どもの育ちを支援するには限界があります。里親支援事業の充実のためには，里親支援事業を民間委託するなど，役割分担を進めることの必要性が指摘されていました。

○児童福祉法改正と里親支援センターの法的位置づけ

　こうした背景をうけて，2022年の児童福祉法改正では，フォスタリング業務の担い手として，新たに「里親支援センター」を児童福祉施設として位置づけることとなりました。

　里親支援センターには，里親の普及啓発，里親の相談に応じた必要な援助，施設や里親児童と里親相互の交流の場の提供，里親の選定・調整，委託児童等の養育の計画作成といった里親支援事業や，里親や委託児童等に対する相談支援等を行うことが期待されています。

　2024年4月の施行に向けて，里親支援センターの設備・運営基準や第三者評

▶1　児童福祉法第11条第1項第2号に規定されており，一連のフォスタリング業務を包括的に実施する機関を「フォスタリング機関」といい，都道府県知事から一連のフォスタリング業務の包括的な委託を受けた民間機関を「民間フォスタリング機関」という。

価基準等の検討が進められていく予定です。

② 里親養育の包括的な支援を進めるために

里親支援センターの整備に向けて，里親のリクルート及びアセスメントから，里親に対する研修，マッチング，養育支援，措置解除後の支援に至るまでの一連の業務を一貫して担う包括的な里親養育支援の一層の推進が求められています。そのために今後取り組まれる予定の事業についてみていきましょう。

○里親養育包括支援（フォスタリング）事業

里親支援に当たり，①里親の開拓，②研修等による育成，③子どもと里親のマッチング，④委託後の支援をすべて実施するフォスタリング機関に対して包括的な補助メニューを創設するとともに，自治体やフォスタリング機関の実態に応じた柔軟な事業の実施に向けて予算の配分が行われる予定です。

また，開設準備にあたって必要な経費の補助も予算化されています。フォスタリング機関を開設する場合，開設準備経費が必要となります。準備期間の人件費のほか，机，椅子，パソコン等の備品や，外部から助言（コンサルタント）を受けるために必要な費用その他の必要な経費が補助されます。

○里親養育包括支援（フォスタリング）機関人材育成事業

社会的養護を必要とする子どものニーズに応えるために里親となった家族が質の高い里親養育をしていくためには，里親自身の力量や自己研鑽による努力だけに頼っていては実現できません。里親を取り巻く社会資源，つまり児童相談所をはじめ NPO 法人等の民間機関，乳児院・児童養護施設，里親会等が，それぞれの「強み」を最大限に活用しながら，地域の実情に応じて支援体制を構築していくことが求められます。

このような支援体制の構築に向けて，児童相談所や NPO 法人等の民間機関，乳児院・児童養護施設，里親会等の職員を対象とした研修事業の実施や全国的なフォーラムを開催し，フォスタリング業務の担い手の掘り起こし，育成及び確保が進められていく予定です[▷2]。なお，現行の里親養育包括支援機関職員研修事業は，この事業の創設によって終結されます。

虐待等，さまざまな理由で家庭から分離され，社会的養育の下で成長することが最善とされた子どもたちに「家庭と同様の養育環境」を提供する際には，その環境が「安心で安全」であることが必要です。しかし，里親と子どもがともに生活する上で，さまざまな課題が浮かび上がることもまた自然なことです。社会的養護の場がそれぞれの子どもたちにとって安心で安全な場であるために，専門職間の連携と資質の向上は重要な課題です。ハード面に限らず，そうした側面からも，里親支援センターの設置が有効なものとなるための準備が進められていくことが必要です。

(石田賀奈子)

▷2 新しい里親養育包括支援機関人材育成事業の担い手には，民間団体が想定されている。研修事業や全国フォーラムの内容として想定されているのは以下のような内容である。
① 里親養育包括支援機関職員（職員候補の者を含む）研修
　研修の企画立案（カリキュラム，研修資料等），講師の選定・招聘，研修の開催案内及び参加希望者の募集，修了証の交付等を実施する。
② 全国フォーラムの開催
　里親養育包括支援機関の担い手の掘りおこし，育成及び確保を目的として，フォスタリング機関や自治体，里親会等の関係機関による全国的なフォーラムを開催する。

参考文献
　厚生労働省（2022）「令和４年度全国児童福祉主管課長・児童相談所長会議資料」（https://www.mhlw.go.jp/content/11900000/000987725.pdf，2022.9.9）。
　厚生労働省（2022）「児童福祉法等の一部を改正する法律案について」（https://www.mhlw.go.jp/content/11920000/000916556.pdf，2022.8.18）。

16 子ども家庭福祉に関連する施設

▷1　母子及び父子並びに寡婦福祉法
母子・父子家庭や寡婦に対する福祉資金の貸付け，就業支援事業等の実施，自立支援給付金の給付などの支援措置について定める法律。社会福祉6法の一つ。2014年に父子家庭を対象に含めて現行法名となった。

▷2　寡婦
配偶者のない女子であって，かつて配偶者のない女子として民法第877条の規定により児童を扶養していたことのあるもの（母子及び父子並びに寡婦福祉法第6条第4項）。つまり，夫と離婚または死別し，再婚をしていない女性のことをいい，未婚のシングルマザーの場合は寡婦に該当しない。

▷3　保護処分
家庭裁判所に送致された少年を更生させるために行われる少年法上の処分のこと。①保護観察（少年法第24条第1項第1号），②児童自立支援施設等送致（同項第2号），③少年院送致（同項第3号）の3種類がある。なお，16歳以上の少年については成人の犯罪者と同じように刑事処分を受けることが相当であるとして，検察官に事件を送致されることもある（少年法第20条第1項）。

▷4　少年
⇨Ⅴ-7 参照。

▷5　保護観察
犯罪をした人または非行のある少年が，社会のなかで更生するように，保護観察官及び保護司による指導と

1 母子・父子福祉施設

　母子及び父子並びに寡婦福祉法では，「都道府県，市町村，社会福祉法人その他の者は，母子家庭の母及び父子家庭の父並びに児童が，その心身の健康を保持し，生活の向上を図るために利用する母子・父子福祉施設を設置することができる」と規定しています（同法第38条）。母子・父子福祉施設の種類としては，母子・父子福祉センターと母子・父子休養ホームがあります。

○母子・父子福祉センター

　母子・父子福祉センターは，「無料又は低額な料金で，母子家庭等に対して，各種の相談に応ずるとともに，生活指導及び生業の指導を行う等母子家庭等の福祉のための便宜を総合的に供与すること」を目的としています（同法第39条第2項）。2020年10月現在，全国の設置数は54施設です。

　ひとり親家庭の親や**寡婦**の精神的，経済的自立の促進と生活意欲の向上を図るために，法律相談などの各種相談および就職に必要な技術取得などのための各種講座の開講といったサービスが行われています。

○母子・父子休養ホーム

　ひとり親家庭では，日頃の家事・育児，仕事に追われて，宿泊旅行に行くのも大変なことです。母子・父子休養ホームは，「無料又は低額な料金で，母子家庭等に対して，レクリエーションその他休養のための便宜を供与する」ことを目的としています（同法第39条第3項）。2020年10月現在，全国の設置数は2施設となっています。

2 少年院

　少年院は，家庭裁判所から**保護処分**として送致された**少年**に対し，その健全な育成を図ることを目的として，矯正教育，社会復帰支援等を行う法務省矯正局所管の施設です。少年の非行傾向が進み，問題性が重大であるために，**保護観察**のように社会において処遇・更生を図ることが困難と判断された場合に，少年院への送致が決定します。

　少年院は，年齢，心身の状況，犯罪性の程度などにより，第1種から第5種までの種類があります（表Ⅵ-5）。少年院においては，設置された矯正教育課程ごとに，当該少年院における矯正教育の目標，内容，実施方法等を定める少年

表VI-5 少年院の種類

第1種少年院	保護処分の執行を受ける者であって，心身に著しい障害がないおおむね12歳以上23歳未満の者を収容する
第2種少年院	保護処分の執行を受ける者であって，心身に著しい障害がない犯罪的傾向が進んだおおむね16歳以上23歳未満の者を収容する
第3種少年院	保護処分の執行を受ける者であって，心身に著しい障害があるおおむね12歳以上26歳未満の者を収容する
第4種少年院	少年院において刑の執行を受ける者を収容する
第5種少年院	特定少年の保護観察処分について，重大な遵守事項違反があった場合に，1年以下の範囲内で，家庭裁判所の決定により収容する

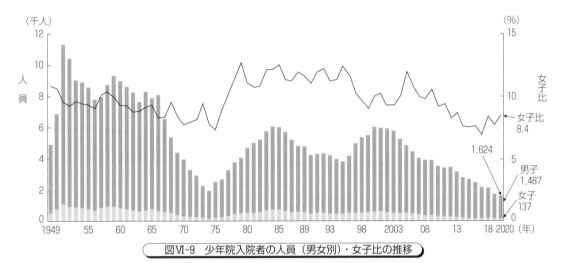

図VI-9 少年院入院者の人員（男女別）・女子比の推移

注：少年矯正保護統計，少年矯正統計年報及び矯正統計年報による。
出所：法務省（2021）『犯罪白書（令和3年版）』（https://hakusyo1.moj.go.jp/jp/68/nfm/mokuji.html，2022.8.12）。

院矯正教育課程を編成しています。その上で，入院してくる少年一人ひとりの特性及び教育上の必要性に応じ，家庭裁判所，少年鑑別所の情報及び意見等を参考にして個人別矯正教育計画を作成し，きめ細かい教育を実施しています。

　矯正教育は，少年の特性に応じ，①生活指導（善良な社会人として自立した生活を営むための知識・生活態度の習得），②職業指導（勤労意欲の喚起，職業上有用な知識・技能の習得），③教科指導（基礎学力の向上，義務教育，高校卒業程度認定試験受験指導），④体育指導（基礎体力の向上），⑤特別活動指導（社会貢献活動，野外活動，音楽の実施）を組み合わせて行います。

　収容年齢は概ね12〜23歳未満で，早期に改善の見込まれる場合は原則として6か月以内の短期処遇，それ以外の場合は原則2年以内の長期処遇を受けることになります。

　なお，入院者の人員は，最近では，2000年の6,052人をピークに減少傾向が続いており，2020年は1,624人でした（図VI-9）。　　　　　　　（千賀則史）

支援を行うこと。少年院等の矯正施設で行われる「施設内処遇」に対して，施設外，つまり社会のなかで行われることから，「社会内処遇」といわれている。
▶6　2022年4月1日，少年法等の一部を改正する法律が施行され，特定少年（18歳及び19歳）のうち2年間の保護観察に付された者に，保護観察中に重大な遵守事項違反があった場合には，少年院に収容することができる制度の運用が新たに開始された。これを受けて，遵守事項違反のあった特定少年を一定期間収容し，その特性に応じた処遇を行う少年院として，第5種少年院が新たに設けられた。

子ども家庭福祉に関わる施設 及び里親制度の課題と展望

Ⅵ-1 から Ⅵ-16 まで，子ども家庭福祉に関わる施設や里親制度等について学んできました。ここでは社会的養護に関わる施設や里親制度を中心に，今後の課題と展望を解説します。社会的養護の長年の課題として，児童福祉施設における施設養護については，職員配置基準の充実や専門性及び養護水準の向上という課題，里親制度等の家庭養護においてはその担い手の開拓と養育水準の向上という課題がありました。また，2009年には国連総会で「**児童の代替的養護に関する指針**」が採択され，国際的に家庭養護が推進されている背景もあり，2000年代以降，社会的養護は子どもの権利擁護の観点から家庭養護の推進をめざして急展開しています。それに伴い，上記の課題に加え家庭養護の推進に関わる課題と在宅養護に関する課題などが浮上しています。

1 家庭養護推進の課題と展望

○「社会的養護の課題と将来像」(2011年)

2011年に社会保障審議会の専門部会から「社会的養護の課題と将来像」報告書が発表され，社会的養護の基本的指針は，家庭的養護の推進，専門的ケアの充実，自立支援の充実，家族支援・地域支援の充実の4点であることが示されました。このうち家庭的養護の推進については，従来わが国の社会的養護の主流であった施設養護のうち半数以上を占めてきた大舎制の大規模な養護から，里親養育や小規模な施設養護への転換が掲げられました。具体的には，2015年度から15年間のうちに措置または委託される子どもの割合として，本体施設，グループホーム，里親またはファミリーホームを各3分の1にするという数値目標が示されました。しかし，里親を中心とする家庭養護の推進を歓迎する意見が多い一方，戦後から大きな変化のない施設体系を維持した上で将来像を描くことに対する疑問などが指摘されました。

○「新しい社会的養育ビジョン」(2017年)

2016年には，厚生労働省「新たな社会的養育の在り方に関する検討会」が設置され，家庭養護・家庭的養護をさらに推進する方向性のもとで「社会的養護の課題と将来像」の全面的な見直しが行われ，その議論の結果が2017年に「新しい社会的養育ビジョン」として発表されました。

主な内容は，市区町村を中心とした支援体制の構築，児童相談所の機能強化と一時保護改革，里親への包括的支援体制（フォスタリング機関）の強化と里親

▷1 児童の代替的養護に関する指針
国連総会が決議した社会的養護に関する国際的なガイドライン。「家族は社会の基本的集団であると同時に，児童の成長，福祉及び保護にとって自然な環境」という前提に立ち，可能な限り子どもが家族の養育を受け続ける，または家族の養育の元に戻すための支援をした上で，それが難しい場合は養子縁組などの永続的解決策を探ることが掲げられている。特に，幼い子ども，なかでも3歳未満の子どもに対しては，家庭を基本とした環境が提供されるべきとしている。

▷2 児童養護施設をはじめとする社会的養護に関わる施設は，主に以下のような形態を採っている。大舎制（1舎につき20人以上），中舎制（1舎につき13〜19人），小舎制（1舎につき12人以下），グループホーム（地域小規模児童養護施設：原則として定員6人）。

制度改革，家庭養育が困難な子どもへの施設養育の小規模化・地域分散化・高機能化，永続的解決（パーマネンシー保障）の徹底，代替養育や集中的在宅ケアを受けた子どもの自立支援の徹底などです。

　また，このなかで，就学前の子どもは原則として施設への新規措置入所を停止し，3歳未満については概ね5年以内に，それ以外の就学前の子どもについては概ね7年以内に里親委託率75％以上を実現し，学童期以降は概ね10年以内を目途に里親委託率50％以上を実現するという計画が打ち出されました。

　こうしたことを受けて，「社会的養護の課題と将来像」に比べ，里親制度を本格的に推進する方針と計画が掲げられたことについて評価する声がある一方，急速な転換に伴う不具合，特に里親家庭内の虐待や不調など里親養育の質に関わる問題が引き起こされるのではないかという懸念の声も上がりました。

　2020年度から2029年度にかけては，「新しい社会的養育ビジョン」の実現に向け，各都道府県において家庭養護等の具体的な数値目標と達成期限が設定された「社会的養育推進計画」が作成・推進されています。この計画の推進においては，施設や里親の実情と課題をふまえつつ，専門性を高め，養育の質の向上を図ることが期待されています。

❷ 在宅養護に関する課題と展望

　わが国における社会的養護は，これまで主流であった「施設養護」と「家庭養護」のいずれにおいても，子どもを元々いた家庭から離して養護するという点では共通していました。しかし，子どもが家庭で育つ権利が重視されるようになり，社会的養護を必要とする子どもについても，住み慣れた家庭や地域における在宅での養護が望まれています。子どもが平日の日中を過ごす保育所等の通所施設や入所施設の一時利用の充実，保健所や市町村の相談機関等による相談や見守り，家事援助等の在宅サービスを組み合わせ，在宅での生活が可能になることが期待されています。

　一方，施設・里親等によるアフターケアや，施設措置中または里親委託中に行われる親子関係の調整のための家庭支援は，在宅生活への移行を支える取り組みであり，在宅養護の一環ととらえることができます。施設における家庭支援については，家庭支援専門相談員が配置されるようになりました。しかし，これらの取り組みは，制度的に位置づけられてから比較的新しく，経験値も含め専門的な蓄積が十分ではありません。また，施設においては慢性的な職員不足のため，施設内の日常業務に追われ，施設外の業務であるアフターケアや家庭支援が後回しにされがちになるという課題もあります。今後はこれらの課題を克服し，親子の分離ケアから在宅ケアへと積極的かつ円滑に移行する取り組みの進展が期待されます。 　　　　　　　　　　　　　　　　　　（吉田幸恵）

（参考文献）

　喜多一憲監修・堀場純矢編（2017）『社会的養護』みらい。

社会福祉の援助の基本と子ども家庭福祉の特性

 社会福祉援助の基本

○ソーシャルワークの構成要素

　社会福祉援助を行う専門職は国際的にはソーシャルワーカーと呼ばれ，その実践はソーシャルワークと呼ばれます。ソーシャルワークとは，ソーシャルワーカーが，何らかの生活上の課題がある人に対して直接的，間接的に支援することをいいます。ソーシャルワークの対象をクライエントといいますが，このクライエントは個人に限らず，家族などの小集団や地域住民などを指す場合もあります。

> 1　社会福祉士養成講座編集委員会編（2009）『相談援助の理論と方法Ⅰ』中央法規出版。

　1958年，全米ソーシャルワーカー協会（NASW）は，ソーシャルワークの枠組みとして，5つの構成要素を提示しました。NASW は，これらのどれか一部のみではソーシャルワークの特徴を示しているとはいえないとし，これらすべてがそろっていることが必要だとしています。

① 目　　　的：人間のウェルビーイングの増進。
② 価　　　値：ソーシャルワーク実践の根拠となり，動機づけるもの。すべての人間は平等であり，尊厳を有しているということを尊重する。
③ 知　　　識：価値で示された方向へと変化を促すために，状況や介入について認識するためのもの。さまざまな分野の知識を活用する，また，実践知もここで重視される。
④ 方法・技能：価値に基づき，知識を活用して実践するためのもの。
⑤ 権限の委任：ソーシャルワークに対して，社会からその存在について承認を得ていくこと。

○ソーシャルワーク実践の成り立ち

　ソーシャルワークの実践には，まず価値を土台として，その上に知識があり，さらに，価値や知識を土台として方法や技能があります（図Ⅶ-1）。

　こうした基盤をもってはじめて，ソーシャルワーカーは目的に向かって進めることになります。そして，ソーシャルワーカーによるソーシャルワークの実践が社会に示されることで，ソーシャルワークは権限を委任されることになり，社会的承認を受けることになっていくのです。

　価値と倫理については，Ⅶ-2で詳しく述べますが，私たちが子どもや家族

を支援するとき大切なのは，「どうすれば」子どもや家族の問題を解決できるか，「どうすれば」子どもと信頼関係が構築できるか，など方法にとらわれる前に，対人援助の専門職として「どのような」価値が求められているのか，しっかりと理解し，また目の前のクライエントに説明できることが必要です。

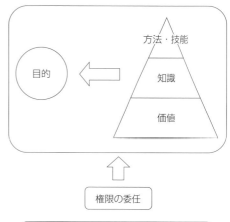

図Ⅶ-1　ソーシャルワークの構成要素

出所：社会福祉士養成講座編集委員会編（2009）『相談援助の理論と方法1』中央法規出版をもとに筆者作成。

② 子ども家庭福祉の特性

○子ども家庭福祉の構造

　下平（1986）は，子ども家庭福祉について「行動・理念・方法の3つの要素の関数である」と提唱しています。また，柏女（2007）は，下平の理論をふまえて，「理念・制度・方法の3つの要素の関数」を子ども家庭福祉としています。私たちは子どもや家族を支援する際，あるいは実習生としてはじめて子どもたちと出会う際，どうしても「どうすればうまく関係が構築できるか，どうすればうまくよりよい結果に導けるか」に関心を向けがちです。しかし，これらはいずれも，方法に頼っていることにすぎません。子ども家庭福祉の実践にたずさわるには，まず児童福祉法における「理念」をしっかり理解しなければなりません。その理念のもとで，子どもの福祉の実現をめざして展開される制度についても把握した上で，実際の支援場面での援助技術，援助方法を身につけていくことが求められます。また，援助の評価や終結において，実践を振り返る際にも，理念と制度と方法の3つの側面から振り返り，検討することによってよりよい実践へとつながっていくのです。

▶ 2　⇨Ⅳ-1 参照。

○子ども家庭福祉におけるニーズ

　社会福祉の援助においては，クライエントが語る「問題」が，そのまま解決をめざすべき問題であるとは限りません。専門職に対してクライエントが語る主訴は，時としてクライエントの希望（wants）であったり，要求（demands）であったりします。クライエントの希望や要求をそのままかなえるのは，社会福祉援助ではありません。希望や要求を聞いた上で，さらにその人とその人を取り巻く環境について把握していきます。クライエントの語る主訴は，援助者の判断を通してはじめて「専門的援助の必要性（needs）」となるのです。

　成長，発達の途上にある子どもは，自分の思いを言葉で表現する力がまだ十分ではありません。そのため，専門職として出会うクライエントは，子ども本人ではなく，子どもを取り巻く大人であることも少なくありません。保護者，学校教員，地域の人々など，さまざまな立場の人から相談がよせられます。クライエントの話に耳を傾けながら，子どもの最善とは何かを常に意識しておく必要があります。

（石田賀奈子）

（参考文献）
　下平幸男（1986）「児童福祉を考える視点」『立正大学文学部論叢』83, 41-60。
　柏女霊峰（2007）『現代児童福祉論』誠信書房, 49。

**子ども家庭福祉を支える人々に
求められる倫理**

ソーシャルワーカーや保育士といった専門職による支援は，経験則などにのみ頼って行われるべきではありません。価値とは一般的には物事の「善」や「望ましさ」と関わるものです。社会福祉の専門職にとっては援助の原理であり，自らの援助の目標ともなる重要なものです。ここでは倫理綱領を読んで対人援助において大切にするべきものは何か考えましょう。

① ソーシャルワーカーの倫理綱領

ソーシャルワーク実践に関わる専門職の国家資格である社会福祉士，精神保健福祉士などの専門職団体によってなる社会福祉専門職団体協議会は，2005年にソーシャルワーカーの倫理綱領を制定しました。これは2000年に国際ソーシャルワーカー連盟において採択されたソーシャルワークの定義にもとづくものです。その後，2014年7月に，国際ソーシャルワーカー連盟（IFSW）と国際ソーシャルワーク学校連盟（IASSW）が，ソーシャルワークのグローバル定義を採択したことを受け，2020年に改訂されています。

倫理綱領では，ソーシャルワーカーの原理を①人間の尊厳，②人権，③社会正義，④集団的責任，⑤多様性の尊重，⑥全人的存在としています。

いずれも，ソーシャルワーカーとして，対人援助の場面で常に心にとどめておくことが求められる内容です。

社会的養護の実践においても，目的は子どものウェルビーイングの増進にあります。子どもの最善の利益をめざして，ソーシャルワークを展開するためには，これらの原理は常に念頭に置いておく必要があります。子どもは，身体的にも，心理的にも，社会的にも保護者による監護を必要とする存在です。時には保護者の思いと子どもの思いが対立する場面もあります。そんな時，子どもを一人の尊厳ある存在としてとらえ，子どもの最善の利益を考慮することが求められます。

② 全国保育士会倫理綱領

次に，保育士についてみていきます。全国保育士会では，2003年に全国保育士会倫理綱領を採択しました。保育士の倫理として大切にすべきことを確認してみましょう（表Ⅶ-2）。

▷1　ソーシャルワークのグローバル定義では，2000年に採択されたソーシャルワークの定義の見直しに伴い，次のように定義されている。
「ソーシャルワークは，社会変革と社会開発，社会的結束，および人々のエンパワメントと解放を促進する，実践に基づいた専門職であり学問である。
　社会正義，人権，集団的責任，および多様性尊重の諸原理は，ソーシャルワークの中核をなす。
　ソーシャルワークの理論，社会科学，人文学，および地域・民族固有の知を基盤として，ソーシャルワークは，生活課題に取り組みウェルビーイングを高めるよう，人々やさまざまな構造に働きかける。
　この定義は，各国および世界の各地域で展開してもよい。」

▷2　ソーシャルワーカーの倫理綱領における原理の詳細は，次のように記述されている。
　Ⅰ（人間の尊厳）ソーシャルワーカーは，すべての人々を，出自，人種，民族，国籍，性別，性自認，性的指向，年齢，身体的精神的状況，宗教的文化的背景，社会的地位，経済状況などの違いにかかわらず，かけがえのない存在として尊重する。
　Ⅱ（人権）ソーシャルワーカーは，すべての

表Ⅶ-1　「ソーシャルワーカーの倫理綱領」前文

　われわれソーシャルワーカーは，すべての人が人間としての尊厳を有し，価値ある存在であり，平等であることを深く認識する。われわれは平和を擁護し，社会正義，人権，集団的責任，多様性尊重および全人的存在の原理に則り，人々がつながりを実感できる社会への変革と社会的包摂の実現をめざす専門職であり，多様な人々や組織と協働することを言明する。

　われわれは，社会システムおよび自然的・地理的環境と人々の生活が相互に関連していることに着目する。社会変動が環境破壊および人間疎外をもたらしている状況にあって，この専門職が社会にとって不可欠であることを自覚するとともに，ソーシャルワーカーの職責についての一般社会および市民の理解を深め，その啓発に努める。

　われわれは，われわれの加盟する国際ソーシャルワーカー連盟と国際ソーシャルワーク教育学校連盟が採択した，次の「ソーシャルワーク専門職のグローバル定義」（2014年7月）を，ソーシャルワーク実践の基盤となるものとして認識し，その実践の拠り所とする。

表Ⅶ-2　「全国保育士会倫理綱領」前文

　すべての子どもは，豊かな愛情のなかで心身ともに健やかに育てられ，自ら伸びていく無限の可能性を持っています。

　私たちは，子どもが現在（いま）を幸せに生活し，未来（あす）を生きる力を育てる保育の仕事に誇りと責任をもって，自らの人間性と専門性の向上に努め，一人ひとりの子どもを心から尊重し，次のことを行います。

　　私たちは，子どもの育ちを支えます。
　　私たちは，保護者の子育てを支えます。
　　私たちは，子どもと子育てにやさしい社会をつくります。

　条文には，保育士の責任として，①子どもの最善の利益の尊重，②子どもの発達保障，③保護者との協力，④プライバシーの保護，⑤チームワークと自己評価，⑥利用者の代弁，⑦地域の子育て支援，⑧専門職としての責務，の8項目が掲げられています。

　社会的養護につながる子どもや家族の背景には，さまざまな課題があります。貧困や社会的排除など，さまざまな要因によって家族を維持する力が低下した家庭において，子ども虐待など子どもの安心感を阻害し，豊かな発達を妨げる状況が起きています。社会的養護につながる子どもたちは，それまでの養育環境での傷つきや生きづらさを，さまざまなかたちで示してきます。保護者も，身体的虐待やネグレクトというかたちで子育てのつらさを表現してくるでしょう。場合によっては，保護者の価値観を受け止めきれない場面に直面し，悩むことがあるかもしれません。

　社会福祉援助の専門職としての職業的価値観と，個人の価値観の間で揺らいだときは，どううまくバランスをとればいいのでしょうか。**ペアレント・トレーニング**[43]や**ライフストーリーワーク**[44]などの方法論を身に付けることも非常に重要です。しかし，何を基盤において，どういう枠組みで子どもや保護者に向き合うのかを常に頭に置いておくことも，それらと同様に非常に重要なのです。価値や倫理という言葉は，難しく，わかりにくく感じるかもしれませんが，だからこそ，倫理綱領をしっかり吟味し，また，仲間同士で議論し，お互い高め合うことが，自らの専門性の向上につながり，子どもの最善の利益の保障に向けた支援につながるのです。

（石田賀奈子）

人々を生まれながらにして侵すことのできない権利を有する存在であることを認識し，いかなる理由によってもその権利の抑圧・侵害・略奪を容認しない。

Ⅲ（社会正義）　ソーシャルワーカーは，差別，貧困，抑圧，排除，無関心，暴力，環境破壊などの無い，自由，平等，共生に基づく社会正義の実現をめざす。

Ⅳ（集団的責任）　ソーシャルワーカーは，集団の有する力と責任を認識し，人と環境の双方に働きかけて，互恵的な社会の実現に貢献する。

Ⅴ（多様性の尊重）　ソーシャルワーカーは，個人，家族，集団，地域社会に存在する多様性を認識し，それらを尊重する社会の実現をめざす。

Ⅵ（全人的存在）　ソーシャルワーカーは，すべての人々を生物的，心理的，社会的，文化的，スピリチュアルな側面からなる全人的な存在として認識する。

▷3　ペアレント・トレーニング
子育て中の親が，子どもとのよりよい関わり方を学びながら，日常の子育ての困りごとを解消し，楽しく子育てができるよう支援するプログラムをいう。

▷4　ライフストーリーワーク
アメリカで1950年代に始まった取り組み。里親委託や養子縁組をする際，ソーシャルワーカーが，子どものそれまでの歴史を記録したものをライフブックとしてまとめたのがその始まりとされている。

児童相談所の専門職

児童相談所の職員組織

○都道府県（政令指定都市）職員としての児童相談所員

　児童相談所の所員は地方公務員であり，児童相談所の所長・所員は，「都道府県知事の補助機関である職員」（児童福祉法第13条③）として位置づけられます。児童相談所員の採用や配属に対する考え方は自治体により異なります。従来は，一般行政職として募集・採用した職員を配置転換する自治体がほとんどでしたが，近年では都市部を中心に福祉職（有資格者）を採用する自治体も増えています。

○専門技術吏と専門資格者としての児童相談所員

　児童福祉法第13条は「都道府県は，その設置する児童相談所に，児童福祉司を置かなければならない」とし，児童福祉司として任用できる者を，①都道府県知事の指定する学校その他の施設を卒業，又は都道府県知事の指定する講習会の課程を修了した者，②大学等で，心理学，教育学若しくは社会学を専修する学科，課程を修めて卒業した者で厚生労働省令に定める施設において１年以上相談援助業務に従事したもの，③医師，④社会福祉士，⑤精神保健福祉士，⑥公認心理師，⑦社会福祉主事として２年以上相談援助業務に従事し，厚生労働大臣が定める講習会の課程を修了したもの，⑧前各号に掲げる者と同等以上の能力を有すると認められるもの，と定めています（児童福祉法第13条③１〜8号）。また，2019年の児童福祉法改正により，児童虐待関連の「調査や一時保護に関わる司法関連業務を適切かつ円滑に行う」弁護士の常勤配置が定められました。

　児童相談所の職員には，官吏としての行政業務だけでなく，子ども家庭福祉の専門性（精神医学，小児精神医学，心理学，ソーシャルワーク，対人援助技術，看護・保健，保育の能力）も不可欠です。そのため，児童相談所には，医師，看護師，保健師，公認心理師，社会福祉士，精神保健福祉士，保育士などの有資格者が配され，2016年には弁護士，歯科医師，助産師も加えられました。

児童福祉司

　児童福祉司とは，行政の任用上の職名であり，児童福祉司を一定数配置することにより児童相談所の適切な業務遂行を担保するものです。児童福祉法は，

児童福祉司を「児童相談所長の命を受けて，児童の保護その他児童の福祉に関する事項について，相談に応じ，専門的技術に基づいて必要な指導を行う等児童の福祉増進に努める」（同法第13条④）ものとしています。また，「児童福祉司の中には，他の児童福祉司が前項の職務を行うため必要な専門的技術に関する指導及び教育を行う児童福祉司（「指導教育担当児童福祉司」という。）が含まれなければならない」（同法第13条⑤）としています。その他，「児童福祉司は，児童相談所長が定める担当区域により，…（中略）…職務を行い，担当区域内の市町村長に協力を求めることができる（第13条⑧）」「児童福祉司は，厚生労働大臣が定める基準に適合する研修を受けなければならない（第13条⑨）などの規定があります。

❸　公認心理師

　児童相談所では，心理に関する専門的な知識及び技術を必要とする指導も行われます。公認心理師は，子どもや親の心理診断を行います。心理診断は，心理学的諸検査や面接，観察等を通じて子どものパーソナリティ全体の評価や，家族の心理学的評価，また子どもの能力や適性の程度を評価するために行われます。また，問題の心理学的意味，心理的葛藤や適応機制の具体的内容，家族の人間関係等について診断を行います。その他，子どもや保護者への心理療法やカウンセリング，助言指導等も行います。

❹　児童相談所の組織強化と今後の課題

　児童相談所は，児童虐待相談受付対応件数の増加に対し，職員の増員，権限強化を行ってきました。2019年の児童福祉法改正では，法律の専門家，弁護士の配置，DV関連での配偶者暴力支援センターとの連携強化なども行いました。さらに，2022年の児童福祉法改正では，「児童虐待を受けた児童の保護その他児童の福祉に関する専門的な対応を要する事項について，児童及びその保護者に対する相談及び必要な指導等を通じて的確な支援を実施できる十分な知識及び技術を有する者として内閣府令で定めるもの」（児童福祉法第13条③1号）が定められました。また，その際「一定の実務経験のある有資格者や現任者について，国の基準を満たした認定機関が認定した研修等を経て取得する認定資格を国家資格を含めて検討する」ことも提起されました。また，児童相談所は，社会的養護についても，施設養護を家庭養護へ移行する取り組みを強化しています。児童相談所に特別養子縁組や里親委託業務を行う専門職員を置き，市町村，施設，里親との連携強化により施設から里親委託への措置を総合的に推進し，里親に対しても専門性を確保するため，レスパイトを含むさまざまな支援・研修プログラムなどが提供されています。

（福永英彦）

▷2　指導教育担当児童福祉司は，児童福祉司としておおむね5年以上勤務した者であって，厚生労働大臣が定める基準に適合する研修の課程を修了したもの，また内閣府令で定める施設や相談事業で2年，3年の勤務したものなどとされている（児童福祉法第13条⑥〔令和6年4月から〕）。

（参考文献）

　日本子ども家庭総合研究所編（2000）『子どもの虐待対応マニュアル』有斐閣。

　厚生労働省（2013）「子ども虐待対応の手引き」（https://www.mhlw.go.jp/bunya/kodomo/dv12/00.html，2017.12.5）。

　厚生労働省児童家庭局長通知「児童相談所運営指針」（https://www.mhlw.go.jp/bunya/kodomo/dv11/01.html，2017.12.5）。

　厚生労働省（2016）「児童相談所強化プラン」（https://www.mhlw.go.jp/stf/houdou/0000122715.html，2017.12.5）。

4 福祉事務所及び家庭児童相談室の専門職

 福祉事務所の専門職

●福祉事務所の機能と主な職員配置

社会福祉法第15条に基づく福祉に関する事務所（福祉事務所）の職員配置は次のとおりとなります。

① 所長：都道府県知事又は市町村長（特別区の区長を含む）の指揮監督を受けて，所務を掌理する。

② 指導監督を行う所員（社会福祉主事）：所長の指揮監督を受けて，現業事務の指導監督をつかさどる。

③ 現業を行う所員（社会福祉主事）：所長の指揮監督を受けて，援護，育成又は更生の措置を要する者等の家庭を訪問し，又は訪問しないで，これらの者に面接し，本人の資産，環境等を調査し，保護その他の措置の必要性の有無及びその種類を判断し，本人に対し生活指導を行う等の事務をつかさどる。

④ 事務を行う所員：所長の指揮監督を受けて，所の庶務をつかさどる。

指導監督を行う所員及び現業を行う所員は，上に掲げる職務にのみ従事することが原則とされています。ただし，その職務の遂行に支障がない場合には他の社会福祉又は保健医療に関する業務を行うことができることとされており，現在では，民生委員・児童委員に関する事務，児童扶養手当に関する事務などを行う福祉事務所も増えています。

また，福祉事務所にはこの他に，老人福祉の業務に従事する社会福祉主事（老人福祉指導主事），身体障害者福祉司，知的障害者福祉司などを配置する事務所もあります。

●社会福祉主事

上記のように，生活保護ワークを行う所員は社会福祉主事でなければならないとされています。社会福祉主事とは行政の業務上の任用資格であり，福祉事務所の現業員のほか，知的障害者福祉司，身体障害者福祉司，児童福祉司，家庭相談員等の任用資格条件の一つでもあります。また，社会福祉主事への任用資格そのものが社会福祉施設の施設長や生活相談員，社会福祉協議会の福祉活動専門員等の任用にも準用されています（社会福祉法第18条）。

社会福祉法では，社会福祉主事の任用要件を，年齢が18歳以上の人格が高潔

で，思慮が円熟し，社会福祉の増進に熱意があり，かつ，次のいずれかに該当する者としています[1]（社会福祉法第19条）。

①　大学，短大等において，厚生労働大臣の指定する社会福祉に関する科目を修めて卒業した者。

②　都道府県知事の指定する養成機関又は講習会の課程を修了した者。

③　社会福祉士。

④　厚生労働大臣の指定する社会福祉事業従事者試験に合格した者。

2　家庭児童相談室の専門職

○家庭相談員

家庭児童相談室は市町村（福祉事務所）に設置され，地域に密着した児童・家庭の相談機関として活動を行っています。家庭児童相談室には社会福祉主事と家庭相談員を配置すること，とされています。社会福祉主事は，主に家庭児童相談室の専門的な技術を必要とする業務，福祉事務所への技術指導，運営管理事務などの業務を担います。家庭相談員は，日々，地域から持ち込まれてくる子どもや保護者に対する専門的な面談などの相談指導業務を行います。

家庭相談員の任用については，人格円満で，社会的信望があり，健康で，家庭児童福祉の増進に熱意をもつものであって，次のいずれかに該当する者，と規定されています[2]。

①　学校教育法に基づく大学において，児童福祉，社会福祉，児童学，心理学，教育学もしくは社会学を専修する学科又はこれらに相当する課程を修めて卒業した者。

②　医師，社会福祉士。

③　社会福祉主事として，2年以上児童福祉事業に従事した者。

④　前各号に準ずる者であって，家庭相談員として必要な学識経験を有する者[3]。

○家庭児童相談室の体制と課題

家庭児童相談室の家庭相談員は，原則として非常勤職員であることとされています。自治体によっては常勤の家庭相談員を配置していることもありますが，非常勤職員を配置しているほとんどの自治体では，相談員の相談日は週に3回，時間も半日のみといったように限られたものとなります。家庭相談員は，保健師，保育士，教師，社会福祉士など，多様な背景をもつ有資格者や実務経験者が任用されています。また，その相談業務は，児童相談所が法的に規定された措置を行うのとは異なり，細かくは規定されていないのが特徴であり，継続的な面接支援も可能です。今後は，こうした特徴を利点として活かし，より柔軟な総合的相談援助の場として，市町村の児童家庭相談体制に位置づけられることが期待されます。

（福永英彦）

▷1　その他の社会福祉主事任用資格としては，「前号に掲げる者と同等以上の能力を有すると認められる者として厚生労働省令で定める者」がある。精神保健福祉士はこれに含まれる。

▷2　厚生省（1964）「別紙　家庭児童相談室設置運営要綱」「家庭児童相談室の設置運営について」（厚生事務次官通達）。

▷3　社会福祉士や精神保健福祉士はこれに含まれる。

（参考文献）
厚生労働省雇用均等・児童家庭局総務課長通知「子ども虐待対応の手引き」（https://www.mhlw.go.jp/bunya/kodomo/dv12/00.html，2017.12.15）。
厚生省児童家庭局長通知「児童相談所運営指針」（https://www.mhlw.go.jp/bunya/kodomo/dv11/01.html，2017.12.15）。

施設に配置される職員

　児童福祉法が規定する児童福祉施設では，それぞれの施設において対象となる子どもやその家族について，さまざまな支援・指導等を行う職員が配置されています。職員は職務内容別に表Ⅶ-3のように区分することができます。

　ここでは「児童福祉施設の設備及び運営に関する基準」（厚生労働省令）を中心に規定されている児童福祉施設における職員について，それぞれが行う職務内容と資格要件を説明します（表Ⅶ-4）。

1　保育士，保育教諭

　保育士とは，保育に関する専門的知識や技術をもって，保育所における乳幼児の保育および保護者に対する保育指導，児童養護施設等における日常生活支援，障害児の療育等を行う職員です。2003年の児童福祉法改正により，同法に定められた国家資格となりました。都道府県知事の指定する保育士養成施設の卒業者，あるいは保育士試験に合格した者が保育士として資格を有し，登録をすることができます（児童福祉法第18条の6）。

　また2012年に成立した「就学前の子どもに関する教育，保育等の総合的な提供の推進に関する法律（通称，認定こども園法）の一部を改正する法律」の施行によって，学校教育（幼稚園）と保育（児童福祉施設）を一体的に提供することを目的とした幼保連携型認定こども園が創設されることとなりました。ここでの勤務に原則として求められる保育士資格と幼稚園教諭免許の両方を有する職員を保育教諭といいます。

2　児童の遊びを指導する者

　児童の遊びを指導する者（**任用資格**[1]）とは，児童遊園や児童館等を含む**児童厚生施設**[2]において，遊びをとおして児童の自主性や社会性を育てることを目的とした支援・指導を行うために配置される職員です。児童の遊びを指導する者[3]

▷1　任用資格
その職務に就いたことにより名乗ることのできる資格。

▷2　児童厚生施設
⇨Ⅵ-6参照。

▷3　1998年に「児童福祉施設最低基準」（現「児童福祉施設の設備及び運営に関する基準」）が改正される以前は，「児童厚生員」という名称の専門職員として配置されていた。

表Ⅶ-3　児童福祉施設の職務内容による職員の区分

直接ケア職員	相談援助	児童指導員，母子支援員，児童自立支援専門員，個別対応職員，家庭支援専門相談員，里親支援専門相談員，児童の遊びを指導する者など
	日常的ケア	保育士，児童生活支援員など
	専門的ケア	心理療法担当職員，心理指導担当職員，看護師，医師，栄養士など
間接ケア職員	施設管理・事務	施設長，事務職員，作業員，調理員など

表Ⅶ-4　児童福祉施設に配置されている職員

施設の種別	「児童福祉施設の設備及び運営に関する基準」における規定箇所	配置されている職員
助産施設	第17条	医療法に規定する職員，助産師
乳児院	第21条	**保育士（児童指導員）**⁽¹⁾，医師又は嘱託医，看護師，**個別対応職員，家庭支援専門相談員**，栄養士及び調理員，**心理療法担当職員**（治療を必要とする乳幼児10人以上の場合），**里親支援専門相談員**
母子生活支援施設	第27条	**母子支援員**，嘱託医，少年指導員及び調理員又はこれに代わるべき者，**心理療法担当職員**（治療を必要とする母子10人以上の場合），**個別対応職員**（DV被害等により個別支援を行う場合）
保育所	第33条	**保育士**，嘱託医及び調理員
児童厚生施設	第38条	**児童の遊びを指導する者**
児童養護施設	第42条	**児童指導員**，嘱託医，**保育士**，**個別対応職員**，**心理療法担当職員**（治療を必要とする児童10人以上の場合），**家庭支援専門相談員**，栄養士及び調理員，看護師（乳児が入所している施設），**里親支援専門相談員**
福祉型障害児入所施設	第49条	嘱託医，**児童指導員**，**保育士**，栄養士，調理員，児童発達支援管理責任者，医師（主として自閉症児の入所する施設），(准)看護師（主として自閉症児及び肢体不自由児の入所する施設），心理指導担当職員及び職業指導員（心理指導および職業指導を行う場合）
医療型障害児入所施設	第58条	**児童指導員**，**保育士**，児童発達支援管理責任者及び「医療法」に規定する病院として必要な職員，理学療法士又は作業療法士（肢体不自由児・重症心身障害児の入所する施設），心理指導担当職員（重症心身障害児の入所する施設）
福祉型児童発達支援センター	第63条	嘱託医，**児童指導員**，**保育士**，栄養士，調理員及び児童発達支援管理責任者，機能訓練担当職員（機能訓練を行う場合），言語聴覚士（主として難聴児の通所する施設），(准)看護師（医療的ケアを行う場合）
医療型児童発達支援センター⁽²⁾	第69条	**児童指導員**，**保育士**，看護師，理学療法士又は作業療法士，児童発達支援管理責任者，「医療法」に規定する診療所として必要な職員
児童心理治療施設	第73条	医師，**心理療法担当職員**，**児童指導員**，**保育士**，看護師，**個別対応職員**，**家庭支援専門相談員**，栄養士及び調理員
児童自立支援施設	第80条	**児童自立支援専門員**，**児童生活支援員**，嘱託医，**個別対応職員**，**家庭支援専門相談員**，栄養士及び調理員，**心理療法担当職員**（治療を必要とする児童10人以上の場合），職業指導員（職業指導を行う場合）
児童家庭支援センター	第88条の３	相談・支援を担当する職員，心理療法等を担当する職員

注：(1) 太字は本文で解説している職員。
(2) 医療型児童発達支援（センター）は，2022年の児童福祉法改正により，2024年４月から児童発達支援に一元化される。

の任用要件には，①都道府県知事の指定する児童福祉施設の職員を養成する学校その他の養成施設を卒業した者，②保育士の資格を有する者，③社会福祉士の資格を有する者などがあげられます（同基準第38条第２項）。

③ 児童指導員

児童指導員（任用資格）は，保育士と連携し，児童福祉施設に入所する児童の生活指導をはじめ，自立支援，関係機関（学校や児童相談所等）との連絡調整等を担当する職員です。児童指導員の任用要件には，①都道府県知事の指定す

る児童福祉施設の職員を養成する学校その他の養成施設を卒業した者，②社会福祉士の資格を有する者，③精神保健福祉士の資格を有する者などがあげられます（同基準第43条）。

④　児童自立支援専門員，児童生活支援員

　児童自立支援専門員（任用資格）および児童生活支援員は，児童自立支援施設において，不良行為をなす，またはなすおそれのある児童や，家庭環境など環境上の理由によって生活指導等を必要とする入所・通所児の自立支援を目的として，生活指導や学科指導，職業指導，家庭環境の調整等を担当する職員です。児童自立支援専門員の任用要件には，①医師であって，精神保健に関して学識経験を有する者，②社会福祉士の資格を有する者，③都道府県知事の指定する児童自立支援専門員を養成する学校その他の養成施設を卒業した者などがあげられます（同基準第82条）。また児童生活支援員の資格要件には，①保育士の資格を有する者，②社会福祉士の資格を有する者，③３年以上児童自立支援事業に従事した者などがあげられます（同基準第83条）。

⑤　母子支援員

　母子支援員（任用資格）は，母子生活支援施設での母子の自立を目的とした生活支援として，就労や家庭生活，児童の養育に関する相談・助言等を担当する職員です。母子支援員の任用要件には，①都道府県知事の指定する児童福祉施設の職員を養成する学校その他の養成施設を卒業した者，②保育士の資格を有する者，③社会福祉士の資格を有する者などがあげられます（同基準第28条）。

⑥　個別対応職員

　個別対応職員は，乳児院，児童養護施設，児童自立支援施設，児童心理治療施設および母子生活支援施設において，虐待を受けた児童等の施設入所の増加に対応するため，個別対応を必要とする児童に対してマンツーマンによる対応を図るとともに，保護者への援助等を担当する職員として配置される職員です。

> ▷4　個別対応職員については，「家庭支援専門相談員，里親支援専門相談員，心理療法担当職員，個別対応職員，職業指導員及び医療的ケアを担当する職員の配置について」（2012年雇用均等・児童家庭局長通知）において配置施設のみ規定されている。

⑦　心理療法担当職員

　心理療法担当職員は，乳児院，児童養護施設，児童自立支援施設，児童心理治療施設および母子生活支援施設において，それまでに受けた虐待や暴力による心的外傷に対するケアとして，心理療法を必要とする入所児童や家族について心理療法を担当する職員です。その配置目的は，対象児童等の心理的な困難を改善し，安心感・安全感の再形成や人間関係の修復等を図ることをとおして，自立を支援することにあります。特に児童自立支援施設等においては，虐待を受けた経験や発達障害等を有する児童など，児童の抱える問題の複雑化に対応

するため，心理療法担当職員の複数配置を含む専門的ケア機能の充実が課題となっています。

心理療法担当職員の資格要件は，乳児院，児童養護施設および母子生活支援施設に配置される場合，「大学若しくは大学院において，心理学を専修する学科，研究科若しくはこれに相当する課程を修めて卒業した者であつて，個人及び集団心理療法の技術を有するもの又はこれと同等以上の能力を有すると認められる者」とされています（同基準第42条第4項等）。また，児童自立支援施設および児童心理治療施設に配置される場合，「大学若しくは大学院において，心理学を専修する学科，研究科若しくはこれに相当する課程を修めて卒業した者又は心理学に関する科目の単位を優秀な成績で修得したことにより，大学院への入学を認められた者であつて，個人及び集団心理療法の技術を有し，かつ，心理療法に関する1年以上の経験を有するもの」であることが規定されています（同基準第80条第4項等）。

⑧　家庭支援専門相談員（ファミリーソーシャルワーカー）

家庭支援専門相談員は，児童相談所や福祉事務所を中心とした他機関との連携のもとで，社会的養護を行う児童福祉施設（乳児院，児童養護施設，児童自立支援施設，児童心理治療施設）における入所児童の家族を対象とした支援として，家族および家庭環境の調整に関する相談支援および里親委託の推進等を行う職員です。2012年度より配置が義務づけられるようになりました。

家庭支援専門相談員の資格要件には，①社会福祉士あるいは精神保健福祉士の資格を有する者，②児童養護施設等において児童の養育に5年以上従事した者，③児童福祉司となる資格を有する者であることが規定されています（同基準第42条第2項等）。

⑨　里親支援専門相談員（里親支援ソーシャルワーカー）

里親支援専門相談員は，里親委託の推進と里親支援の充実を図ることを目的として，2012年度より，地域の里親およびファミリーホームに対する支援を行う児童養護施設と乳児院に配置されるようになった職員です。施設における入所児童の里親委託の推進，退所児童のアフターケアとしての里親支援，退所児童以外を対象とする地域支援としての里親支援を行っています。

里親支援専門相談員の資格要件には，①社会福祉士あるいは精神保健福祉士の資格を有する者，②児童福祉司となる資格を有する者，③里親を含む児童養護施設等において児童の養育に5年以上従事した者であって，里親制度への理解およびソーシャルワークの視点を有するものであることが規定されています。

（古山萌衣）

▷5　里親支援専門相談員の資格要件は「家庭支援専門相談員，里親支援専門相談員，心理療法担当職員，個別対応職員，職業指導員及び医療的ケアを担当する職員の配置について」（2012年厚生労働省雇用均等・児童家庭局長通知）に規定されている。

6 児童委員・主任児童委員

① 児童委員の配置目的と職務内容

　児童委員は，児童福祉法第16条第１項に基づき，住民の立場に立った相談援助・支援活動等を行うボランティアとして，市町村の各区域に配置された非常勤の公務員です。地域における住民への相談援助活動を行う民生委員を兼任しています。児童委員を配置する目的は，地域の子どもや子育て家庭の福祉を推進することにあります。その主な業務として，子どものいる世帯や妊産婦のいる世帯，ひとり親世帯等の状況について把握し，福祉事務所や児童相談所等と連携協力するなかで，家庭が必要としているサービスに関する情報提供や相談援助活動を行うことがあげられます。

　児童委員の具体的な職務内容は，以下の５点に整理することができます（同法第17条第１項）。

① 児童及び妊産婦につき，その生活及び取り巻く環境の状況を適切に把握しておくこと。

② 児童及び妊産婦につき，その保護，保健その他福祉に関し，サービスを適切に利用するために必要な情報の提供その他の援助及び指導を行うこと。

③ 児童及び妊産婦に係る社会福祉を目的とする事業を経営する者又は児童の健やかな育成に関する活動を行う者と密接に連携し，その事業又は活動を支援すること。

④ 児童福祉司又は福祉事務所の社会福祉主事の行う職務に協力すること。

⑤ 児童の健やかな育成に関する気運の醸成に努めること。

② 児童委員の選出と配置

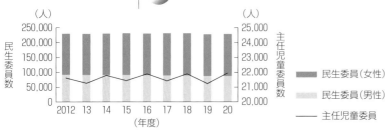

図Ⅶ-2　男女別民生委員（児童委員）数および主任児童委員数の推移

出所：厚生労働省「福祉行政報告例（平成24～令和２年度）」より筆者作成。

　児童委員（民生委員）の選出は，市町村に設置された民生委員推薦会によって行われています。住民のなかから選出された者が，都道府県知事の推薦に基づいて厚生労働大臣により児童

委員として委嘱されることになります。その任期は 3 年となっており，大都市では220～400世帯，中核市及び人口10万人以上の市では170～200世帯，人口10万人未満の市では120～280世帯，町村では70～200世帯に 1 人の割合で児童委員が配置されています。

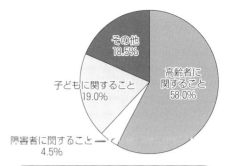

図Ⅶ-3　民生委員（児童委員）の分野別相談支援内容の内訳

出所：厚生労働省（2021）「令和 2 年度福祉行政報告例」より筆者作成。

③　主任児童委員の指名

　地域福祉における子どもに関する問題の広がりを背景に，子育てを社会全体で支える「健やかに子供を産み育てる環境づくり」[1]の一環として，児童福祉を専門として担当する主任児童委員制度が1994年より創設されました（2001年の児童福祉法改正により法定化）。児童福祉法第16条第 3 項では，「厚生労働大臣は，児童委員のうちから，主任児童委員を指名する」ことが規定され，現在は各民生委員児童委員協議会[2]において，最低 2 人の主任児童委員が配置されています[3]。

　主任児童委員の職務内容は以下の 2 点に整理することができます。

　　①　児童の福祉に関する機関と区域を担当する児童委員との連絡調整を行うこと。

　　②　区域を担当する児童委員の活動に対する援助・協力を行うこと。

　主任児童委員の指名・配置は，それまで民生委員との兼任によるものとされてきた児童委員について，より専門的な援助活動を行うことが求められるようになったという社会的ニーズを反映したものであるといえます。職務内容を遂行するため，主任児童委員については「児童福祉に関する理解と熱意を有し，また専門的な知識・経験を有し，地域における児童健全育成活動の中心となり，積極的な活動が期待できる者」を選出することが規定されています。

④　児童委員および主任児童委員の現状と課題

　2020年 3 月現在，全国で23万690人が児童委員（民生委員）を委嘱されています。そのうち女性は61.5％と 6 割を超えています（図Ⅶ-2）。そのなかで，主任児童委員に指名されている者は 2 万1,974人となっています[4]。また民生委員・児童委員が2020年度中に取り扱った相談支援事例470万1,439件のうち，子どもに関する事例は89万1,702件となっています。その割合は全体の19％を占めており，地域における子ども・子育て家庭に対する相談支援のニーズの高さを示しています（図Ⅶ-3）。これについて，主任児童委員と児童委員とが連携協力した相談支援活動を実施していくことが期待されています。

（古山萌衣）

▷ 1　1989年の1.57ショックをきっかけとして，政府は少子化対策の方向性について，1991年に「健やかに子供を産み育てる環境づくり」を報告している。

▷ 2　民生委員法第20条によって市町村の一定区域ごとに「民生委員協議会」が設置されている。ここでは委員の活動を通じて把握した地域の課題共有や，対応方法の検討，委員への研修などが実施されている。

▷ 3　民生委員・児童委員定数が39人以下の民生委員児童委員協議会には 2 人，40人以上の場合には 3 人の主任児童委員の配置が規定されている。

▷ 4　厚生労働省（2021）「令和 2 年度福祉行政報告例」。

（参考文献）

全国民生委員児童委員連合会（2017）「あなたのまちの民生委員・児童委員」。

7 スクールカウンセラーと
スクールソーシャルワーカー

学校現場に入り，教員とともに子どもや家族を支援する専門職の代表的なものとして，スクールカウンセラー（SC）とスクールソーシャルワーカー（SSW）があります。ここでは，それらの専門職について学びます。

1 スクールカウンセラーとは

SC は，1995年に文部省（当時）の「スクールカウンセラー活用調査研究委託事業」として始まりました。SC は，「学校を取り巻く諸環境の変化等を背景とするいじめや登校拒否など，児童生徒の問題等がますます複雑化・深刻化しつつあるなかで，学校におけるカウンセリング等の機能の充実を図る」ことを目的として配置が進められてきました。

しかし，子どもへの心理的支援だけでは解決の難しい問題が多くあることが指摘され，不登校や引きこもり，いじめの問題について，子どもの家庭環境や地域の生活環境を含めた支援を行う必要性について認識が高まっていきました。

そこで，わが国でもスクールソーシャルワーカーの導入が本格的に検討されるようになっていきました。

2 スクールソーシャルワーカーとは

❍スクールソーシャルワークの源流

スクールソーシャルワークの起源は20世紀初頭のアメリカであるとされています。当時のアメリカ社会では，都市部は貧困問題を抱えていました。1906年，学校に行けない貧困家庭の子どもたちに教育を保障するため，学校と家庭や地域の橋渡し役として「訪問教師」の取り組みが始まりました。この訪問教師制度は全米へ広がり，1919年に全米訪問教師協会が結成されました。この訪問教師制度が，1940年以降「スクールソーシャルワーカー（SSW）」の名称へと変わっていったのです。

❍わが国におけるスクールソーシャルワークの広がり

わが国では，1949年頃より高知県において不就学児童や長期欠席児童対策として福祉教員制度が導入されました。こうした取り組みは，京都市や大阪市でも古くからなされてきました。

1970年代以降の高度経済成長社会においては，それまでの貧困や疾病といった課題から，子どもの行動や精神的な問題に関心が寄せられるようになりまし

▷1　SC 配置以前は，学校現場では教育相談のなかで教師による学校カウンセリングが行われていた。しかし，教師とカウンセラーの両立の難しさ，担当する教師の力量に左右されるなどといった課題が指摘されていた。

▷2　具体的な実践事例として，大阪市西成区では，1962年に特殊学級として認可を受け設立された「大阪市立萩之茶屋小学校・今宮中学校分校あいりん学園」にケースワーカーが配置され，子どもの怠学，問題行動，貧困などの問題に取り組み，さまざまな機関と連携して活動したとされている。

た。学校現場では，校内暴力やいじめ・不登校などの問題が相次いで生じ，1990年代後半頃からは，小学生を中心に授業が成立しない学級崩壊がみられるようになりました。また家庭における子ども虐待の増加，子どもたちの発達障害への対応といった課題も顕著になってきました。

　さらに，家庭や地域の変化も，課題の解決を困難にしています。核家族化やまた，地域のネットワークの弱体化が進み，社会的な支援ネットワークに乏しい環境のなかで，子どもも親も生活しています。

　このように学校現場での子どもたちの問題の背景には，さまざまな環境上の要因が複雑に絡み合っていることが多く，そういった問題への社会福祉の専門職による介入が求められるようになりました。

　1986年には埼玉県所沢市で山下英三郎氏がSSWとしての活動に取り組み始めました。その取り組みは次第に広がり，1999年には日本スクールソーシャルワーク協会が発足しました。

　行政レベルのスクールソーシャルワークの広がりは，2000年に兵庫県赤穂市で開始されたスクールソーシャルワーク推進事業がきっかけです。2004年には同市教育委員会からスクールソーシャルワーカー設置要綱が明確化されました。こうした取り組みがSSWの社会的認知度を高める役割を果たしました。

　2005年からは大阪府にSSWが3名配置されました。この流れは全国的に広がり，その3年後の2008年には，文部科学省が調査研究事業としてスクールソーシャルワーカー活用事業を開始しました。

3　「チーム学校」のなかのSCとSSW

　中央教育審議会は，2014年7月，文部科学大臣から「これからの学校教育を担う教職員やチームとしての学校の在り方について」諮問を受けました。これを受け，9月より，「チームとしての学校・教職員の在り方に関する作業部会」が初等中等教育分科会に設置され，専門的な議論を深めていきました。2015年12月第103回初等中等教育分科会には「チームとしての学校の在り方と今後の改善方策について（答申（案））」が示されました。このなかでは，「子供たちの問題行動の背景には，多くの場合，子供たちの心の問題とともに，家庭，友人関係，地域，学校など子供たちの置かれている環境の問題」があるとされ，学校現場で，より効果的に対応していくためには，教員に加えて，心理の専門家であるカウンセラーや福祉の専門家であるソーシャルワーカーを活用し，子どもたちの様々な情報を整理統合し，アセスメントやプランニングをした上で，教職員がチームで，問題を抱えた子どもたちの支援を行うことが重要とされ，SCおよびSSWは，専門能力スタッフとしてチーム学校のなかに位置づけられることになりました（図Ⅶ-4）。

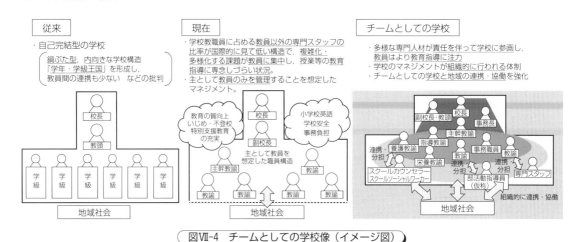

図Ⅶ-4　チームとしての学校像（イメージ図）

出所：文部科学省（2015）「チームとしての学校の在り方と今後の改善方策について（答申）」。

④ スクールソーシャルワークの実際

○ SSW の要件とは

「スクールソーシャルワーカー活用事業実施要領」には，以下のように書かれています。

> 「社会福祉士や精神保健福祉士等の福祉に関する専門的な資格を有する者から，実施主体が選考し，スクールソーシャルワーカーとして認めた者とする。ただし，地域や学校の実情に応じて，福祉や教育の分野において，専門的な知識・技術を有する者又は活動経験の実績等がある者であって，次の職務内容を適切に遂行できる者のうちから，実施主体が選考し，スクールソーシャルワーカーとして認めた者も可とする。
>
> (1) 問題を抱える児童生徒が置かれた環境への働き掛け
>
> (2) 関係機関等とのネットワークの構築，連携・調整
>
> (3) 学校内におけるチーム体制の構築，支援
>
> (4) 保護者，教職員等に対する支援・相談・情報提供
>
> (5) 教職員等への研修活動」

では SSW は，実際にどのように子どもや家族をとりまく環境に働きかけていくのでしょうか，事例からみてみましょう。

○ 家族のケアを担う子どもへの支援

 小池さんは，Ａ市の教育委員会で SSW として勤務しています。小池さんが配置されているＡ中学校の２年の担任の先生から，１組のタケシくんについて相談を受けました。担任の先生の話は以下のようなものでした。

① タケシくんは，１年生のころから休みや遅刻が多い生徒という印象だったが，２年生になってほとんど学校に来なくなった。

② タケシくんは祖母，父親と３人で暮らしている。父親は長距離トラックの運転手をしていて，祖母は病気がちのため，大人が学校行事に顔を出したことはない。

③ そろそろ，タケシくんの卒業後の進路のことも考えていかなければいけないが，父親は「自分で決めてくれればいい」と言っている。本人は「高校には行かない，働く」と言っている。

④ 学校としては進路の話をしたい。しかし，うまく関われないでいるため，力になってほしい。

小池さんは，担任の先生の家庭訪問に同行しました。タケシくんは，担任の先生とも小池さんとも素直に話をする生徒でした。父はタケシくんの進学のために仕事を増やして，ほとんど家にいないこと，祖母が病院に行くにも一人では心配なのでついていくこと，母が病気で亡くなってしまったため，祖母もいなくなるのではないかと思うと心配であることを話してくれました。

その後，中学校で行われたケース会議で，小池さんは，タケシくんの情報を共有し，本来大人が担うと想定されている家事や家族の世話などを日常的に行っているタケシくんは，「ヤングケアラー」として家族のケアを担っていることを確認しました。父親にはタケシくんの高校進学を応援したい意向があること，しかし，学習支援の前にまず家庭環境の調整が必要であることが確認されました。

会議の後，担任の先生は改めてタケシくんに話を聞いてみました。「祖母の世話をするのは当たり前のことだし，できることはしたい」「できれば高校に進学して，自動車に関する仕事がしたい」という気持ちが語られました。「でも，自分一人ではできないこともあるし，学校にも行けたら行きたい」との言葉を受け，祖母の通院や生活上の支援のために，地域包括支援センターが定期的に訪問するようになりました。また，ひとり親家庭等日常生活支援事業でタケシくんが担っていた家事を支えてくれることになりました。タケシくんは，ひとり親家庭の子どもたちが集まる学習支援の場に通うようになりました。

生活上の困難を抱えている人のすべてが社会福祉の制度やサービスについて詳しく理解しているわけではありません。また，学校のなかで見えてくる問題について，教員だけで対応していくには限界があります。地域のなかで子どもが安心・安全な環境で育つために，SSW の存在がますます重要となっています。

（石田賀奈子）

参考文献
文部科学省（2015）「チームとしての学校の在り方と今後の改善方策について（答申）」資料。

その他の専門職等

　ここでは，子ども家庭福祉領域における保育実践，ソーシャルワーク実践を行っていく上で連携が必要となってくる専門職として，家庭裁判所調査官とオンブズパーソンを紹介します。

 家庭裁判所調査官

　家庭裁判所は，夫婦や親族間の争いなど，家庭に関する問題を家事審判や家事調停，人事訴訟などによって解決するほか，非行をした少年について処分を決定したり，特別養子縁組の申し立てに対応するなど，子ども家庭福祉実践において重要な裁判所です。

　家庭裁判所調査官は，裁判所法に基づいて家庭裁判所に配置される専門職です。家庭裁判所における家事事件の裁判，調停や少年の保護事件の裁判などに必要な調査，面接などを行っています。

　少年保護事件はもちろんのこと，家事事件に関しても，単に法律的な解決を図るだけではなく，その事件の背景や環境，人間関係などを十分に把握した上で解決していく必要があります。家庭裁判所調査官は，保護事件の適切な解決のために必要な調査，面接を行って，その結果を裁判官に報告します。また，必要に応じてカウンセリングや心理検査なども行います。裁判官は，これらを参考にして処分を決定します。家事事件や少年保護事件には複雑な背景があることが少なくありません。家庭裁判所調査官には，人間関係諸科学（心理学，教育学，社会学，社会福祉学など）の知見を活用して，当事者とともに解決に向けて粘り強く取り組んでいくことが求められます。

　家庭裁判所調査官になるためには，家庭裁判所調査官補として採用後，裁判所職員総合研修所に入所し，約2年間養成研修を受ける必要があります。

　養成研修では憲法，民法，刑法，民事訴訟法，家事裁判法，少年法，社会福祉関係の法令などの法律関係学科をはじめとして，心理学，社会学，教育学，社会福祉学，精神医学，刑事政策，家事・少年事件調査などの人間関係諸科学についての講義や実技指導を受けます。研修終了後，家庭裁判所調査官に任命され，全国の家庭裁判所に配属されます。このような養成研修を足がかりに，各種の研修，スーパービジョンなどによって高い専門性が担保されています。

②　子どもの人権オンブズパーソン

○子どもの人権オンブズパーソンとは

　1994年，わが国は児童の権利に関する条約を批准しました。この条約に規定されている権利を含めて児童の人権を保障する行政上の措置の一つとして，子どもの人権専門委員制度が導入されました。子どもの人権オンブズパーソンとは，この子どもの人権専門委員の通称です。子どもをめぐる人権問題に適切に対処するため，特に弁護士，教育関係者などの人権擁護委員のなかから選任されていて，子どもの人権問題に対して重点的に取り組んでいます。ここでは，全国でもいちはやく子どもの人権オンブズパーソンの導入に取り組んだ兵庫県川西市の事例をみてみましょう。

○兵庫県川西市の「子どもの人権オンブズパーソン」

　兵庫県川西市では，1998年12月に市の条例で「子どもの人権オンブズパーソン」が制定されました。いじめ，体罰，差別，不登校，虐待など，さまざまな悩みを抱えた子どもたちのSOSを受け止め，具体的な人権侵害からの擁護および救済を目的として，表Ⅶ-5のような人員配置で活動しています。

　この制度では，「子どもの声を聞く」ということが非常に大切にされています。子どもにまつわる相談は，子ども自身だけではなく，家庭や学校など，まわりの環境への働きかけなしには解決できないものが少なくありません。オンブズパーソンは，子どもの権利を守るため，子どもの代弁を通してまわりの大人との関係を調整し，問題の解決を図ります。子どもにとっては，オンブズパーソンに相談したことで，まわりの大人との関係性に変化が感じられ，自分が意見を表明することで日常をよりよくつくり替えていけることを経験できるのです。

　オンブズパーソンの仕組みは，乳幼児や障害のある子どもなど意見を表明することが難しい子どもたちに，どのように意見表明権を保障していくかなどの課題はあります。しかし，このような活動をとおして，先駆的な取り組みとして他の自治体へも広がっていくこと，そのなかで，声を上げにくい子どもの権利をどのように保障していくかについて，議論が深まることが望まれます。

（石田賀奈子）

表Ⅶ-5　川西市におけるオンブズパーソン実施体制

職名（人数）	業務内容
オンブズパーソン（3名）	法曹界，学識経験者，子どもの人権関係のNPO関係者等から，市長が委嘱。
調査相談専門員（4名）	平日週4日勤務し，オンブズパーソンのアシスタントとして日常的かつ継続的な活動に従事。子どもや保護者等からの相談や申立てを最初に受け，オンブズパーソンに報告。4名のうち1名はチーフ相談員として，相談・調査等の関係機関との連絡調整を担当。
専門員（9名）	オンブズパーソン経験者等から選任され，オンブズパーソンや相談員を助ける専門家（法律，医療，学校教育，心理，福祉等）。オンブズパーソンから必要な専門的知見や情報提供を求められたときに活動。
事務局職員（1名）	オンブズパーソン及び相談員の業務の補佐。事務局の庶務等を担当。

出所：兵庫県川西市「子どもオンブズ・レポート2021」より筆者作成。

参考文献

　兵庫県川西市「子どもオンブズ・レポート2021」。
　渡邊充佳（2010）「代弁を通じた子ども参加――兵庫県川西市における子どもオンブズパーソン活動の検討」『生活科学研究誌』8，189-209。

母子保健

① 母子保健とは何か

　母子保健は，母性ならびに乳児および幼児の健康の保持および増進を図るため，保健指導，健康診査，医療その他のサービスを提供することにより，国民保健の向上に寄与することを目的として推進されているものです。次世代を担うすべての子どもたちを健やかに育てるための基礎といえます。

　歴史的には，死亡率の高かった乳児および妊産婦の健康の保持増進のため，児童福祉法による母子保健施策が実施されてきましたが，1965年制定の母子保健法により母性の保護と尊重，母性および乳幼児の健康の保持・増進等，総合的な母子保健の充実が図られるようになりました。近年の高度化・多様化する保健ニーズへの対応や地域で身近なサービスを提供するために，1994年に保健所法が地域保健法に変わり，同年，母子保健法も改正されました。この改正により，1997年から住民に対して提供される対人保健サービスは原則的に市町村実施になったため，健康診査等の母子保健サービスについても市町村によって実施されることになっています。専門的・広域的な母子保健サービスについては保健所において行われ，基本的な母子保健サービスについては地域住民に身近な市町村保健センターにおいて行われています。

② 母子保健サービス

　母子保健サービスは，胎児，新生児，乳児期・幼児期・学童期・思春期の子ども，妊娠中・出産後・育児中・更年期等の女性等，子どもと女性の生涯に一貫したサービスを提供するものです。母子保健サービスを提供する主な機関としては，保健所，市町村保健センター，**母子健康包括支援センター**（通称：子育て世代包括支援センター），子ども病院や小児医療センター等の乳幼児の総合医療施設，一般病院，診療所等があります。提供されるサービスとしては，図Ⅷ-1のとおり，健康診査等，保健指導等，医療対策等，その他があります。

○健康診査等

　健康診査等としては，①妊産婦健康診査（妊娠初期から分娩まで公費で計14回程度），②乳幼児健康診査（1歳6か月児健康診査，3歳児健康診査等），③先天性代謝異常等検査（**フェニルケトン尿症**等の**先天性代謝異常**および**先天性甲状腺機能低下症（クレチン症）**等），④新生児聴覚検査，⑤HTLV-1母子感染対策事業，

▷1　母子健康包括支援センター
2022年の児童福祉法改正で，2024年から市町村にこども家庭センターが設置されることになり，従来の子ども家庭総合支援拠点と母子健康包括支援センターの一体的運営を目指すことになっている（⇨Ⅴ-4参照）。

▷2　フェニルケトン尿症
必須アミノ酸の一つであるフェニルアラニンを代謝する酵素の働きが先天的に十分ではないため，食物中に含まれるフェニルアラニンが体内に蓄積し，脳の発育に障害を起こしてしまう疾患。

▷3　先天性代謝異常
酵素が先天的に異常を生じて起こる遺伝性疾患。症状としては発育障害，知的障害等がある。なかには早期発見により病気の進行を防ぐことができる疾患もあり，早期診断が重視されている。

▷4　先天性甲状腺機能低下症（クレチン症）
先天的に甲状腺で甲状腺ホルモンをつくる働きが弱いため，発育障害，知的障害，精神発達の遅れ等を起こしてしまう疾患。不足している甲状腺ホルモンを薬剤によって補うことで病気の進行を防ぐことができるため，早期発見・早期治療が重要とされている。

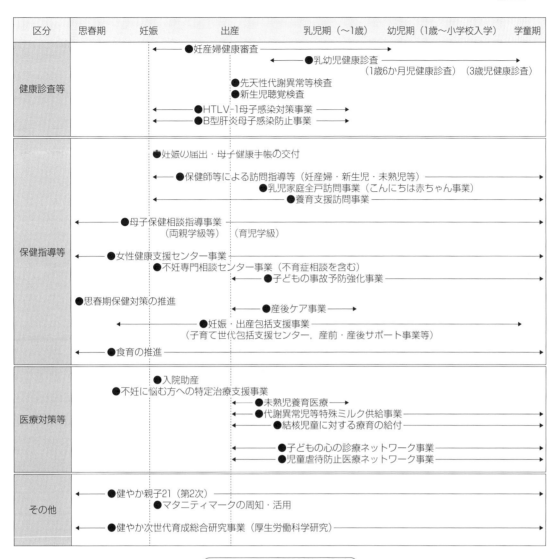

区分	思春期	妊娠	出産	乳児期（～1歳）	幼児期（1歳～小学校入学）	学童期
健康診査等		◀●妊産婦健康審査▶				
				◀●乳幼児健康診査▶		
					（1歳6か月児健康診査）（3歳児健康診査）	
			●先天性代謝異常等検査			
			●新生児聴覚検査			
		◀●HTLV-1母子感染対策事業▶				
		◀●B型肝炎母子感染防止事業▶				
保健指導等		●妊娠の届出・母子健康手帳の交付				
		◀●保健師等による訪問指導等（妊産婦・新生児・未熟児等）▶				
				◀●乳児家庭全戸訪問事業（こんにちは赤ちゃん事業）▶		
			◀●養育支援訪問事業▶			
	◀●母子保健相談指導事業▶					
	（両親学級等） （育児学級）					
	◀●女性健康支援センター事業▶					
		◀●不妊専門相談センター事業（不育症相談を含む）▶				
			◀●子どもの事故予防強化事業▶			
	●思春期保健対策の推進		◀●産後ケア事業▶			
	◀●妊娠・出産包括支援事業▶					
	（子育て世代包括支援センター，産前・産後サポート事業等）					
	◀●食育の推進▶					
医療対策等		●入院助産				
	●不妊に悩む方への特定治療支援事業					
			◀●未熟児養育医療▶			
		◀●代謝異常児等特殊ミルク供給事業▶				
		◀●結核児童に対する療育の給付▶				
		◀●子どもの心の診療ネットワーク事業▶				
		◀●児童虐待防止医療ネットワーク事業▶				
その他	◀●健やか親子21（第2次）▶					
	●マタニティマークの周知・活用					
	◀●健やか次世代育成総合研究事業（厚生労働科学研究）▶					

図Ⅷ-1　母子保健対策の体系

注：2022（令和4）年4月現在。
出所：厚生労働省（2022）『令和4年版 厚生労働白書（資料編）』（https://mhlw.go.jp/wp/hakusyo/kousei/212/dl/07.pdf，2022.12.5）。

⑥B型肝炎母子感染防止事業等が実施されています。

◯保健指導等・医療対策等・その他

　保健指導等の主なものとしては，①妊娠の届出・母子健康手帳の交付，②保健師等による訪問指導等（妊産婦・新生児・未熟児等），③乳児家庭全戸訪問事業（こんにちは赤ちゃん事業），④養育支援訪問事業，⑤母子保健相談指導事業（両親学級等，育児学級），⑥女性健康支援センター事業，⑦不妊専門相談センター事業（不育症相談を含む），⑧子どもの事故予防強化事業，⑨思春期保健対策の推進，⑩産後ケア事業，⑪妊娠・出産包括支援事業（子育て世代包括支援センター，産前・産後サポート事業等），⑫食育の推進等があります。

　医療対策等の主なものとしては，①入院助産，②不妊に悩む方への特定治療

▶5　HTLV-1
ヒトT細胞白血病ウイルスの略称。血液中の白血球の一つであるリンパ球に感染するウイルスであり，母親が感染している場合，授乳により母子感染の恐れがあるため，感染者は医師や保健師に相談しながら母子感染予防をすることが推奨されている。

支援事業，③未熟児養育医療，④代謝異常児等特殊ミルク供給事業，⑤結核児童に対する療育の給付，⑥子どもの心の診療ネットワーク事業，⑦児童虐待防止医療ネットワーク事業等があります。

　その他，①健やか親子21（第2次），②マタニティマークの周知・活用，③健やか次世代育成総合研究事業（厚生労働科学研究）等が展開されています。

③　健やか親子21

　健やか親子21は，2001年から開始された**国民運動計画**であり，母子の健康水準を向上させるためのさまざまな取り組みのことをいいます。安心して子どもを産み，健やかに育てることの基礎である少子化対策の意義に加え，少子化社会において，国民が健康で明るく元気に生活できる社会の実現を図るための**国民健康づくり運動（健康日本21）**の一翼を担うものです。

　健やか親子21は，まず第1次計画が，中間評価・見直しを含め2001年から2014年まで実施されていました。そこでは4つの主要課題が取り上げられました。①思春期の保健対策の強化と健康教育の推進，②妊娠・出産に関する安全性と快適さの確保と不妊への支援，③小児保健医療水準を維持・向上させるための環境整備，④子どもの心の安らかな発達の促進と育児不安の軽減です。以上の課題について69指標74項目で評価し，約8割から「目標を達成した」あるいは「目標に達していないが改善した」との結果が得られています。しかし，10代の自殺率，全出生数中の極低出生体重児・低出生体重児の割合は増加しています。

　そして，これらの結果をふまえて，2015年から健やか親子21の第2次計画が開始されました。健やか親子21（第2次）は，2024年度まで実施予定であり，10年後にめざす姿を「すべての子どもが健やかに育つ社会」として，すべての国民が地域や家庭環境等の違いにかかわらず，一定の質の母子保健サービスが受けられることをめざしています。これまでの健やか親子21における課題を見直し，現在の母子保健を取り巻く状況をふまえて3つの基盤課題（A～C）を設定し，2つの重点課題を提示しています。

　これらの課題解決に向けて指標および目標が設定されており，国および地方公共団体，関係機関等の積極的な取り組みが求められています。

④　医療給付

　子どもに関する医療給付には，①養育医療（未熟児養育医療），②自立支援医療（育成医療）および療育指導，③療育の給付，④小児慢性特定疾病対策・その他があります。

○養育医療（未熟児養育医療）
　養育医療とは，母子保健法に規定されている未熟児養育対策の一つであり，

▶6　国民運動計画
関係者，関係機関・団体が一体となって推進する社会的な運動計画のこと。政府が主導する運動計画，国民が自発的に行う運動計画等，さまざまなものがある。

▶7　国民健康づくり運動（健康日本21）
2000年に厚生省（現，厚生労働省）によって開始された施策であり，国において，これからの少子高齢社会を健康で活力あるものにするため，生活習慣病等を予防し，壮年期死亡の減少，健康寿命の延伸等を目標とする「21世紀における国民健康づくり運動」のことを指す。2000年から2012年までは「健康日本21」，2013年から2022年までは「健康日本21（第2次）」が行われている。これはさらに1年延長となった。

▶8　基盤課題Aは，切れ目ない妊産婦・乳幼児への保健対策，基盤課題Bは，学童期・思春期から青年期に向けた保健対策，基盤課題Cは，子どもの健やかな成長を見守り育む地域づくりとなっている。

▶9　重点課題①は，育てにくさを感じる親に寄り添う支援，重点課題②は，妊娠期からの児童虐待防止対策となっている。

養育のために入院を必要とする未熟児に対して，養育に必要な医療給付を行い，乳児の健康管理と健全な育成を図ることを目的としています。対象は，出生時体重が2,000 g以下，あるいは特定の症状にある未熟児で，医師が入院養育を認めたものとなります。養育医療給付の内容は，①診察，②薬剤，治療材料の支給，③医学的処置，手術およびその他の治療ならびに施術，④居宅における療養上の管理およびその治療に伴う世話，その他の看護，⑤病院等への入院およびその療養に伴う世話，その他の看護，⑥移送であり，これらは厚生労働大臣または都道府県知事の指定養育医療機関で行われます。医療の必要な未熟児に対しては，医療給付の他，未熟児訪問指導が行われています。

❍自立支援医療（育成医療）および療育指導

自立支援医療（育成医療）とは，身体障害児（障害に係る医療を行わない時は将来障害を残すと認められる疾患がある児童を含む）で，その身体障害を除去，軽減する手術等の治療によって確実に効果が期待できる者に対して提供される，生活の能力を得るために必要な自立支援医療費の給付を行うものです。自立支援医療（育成医療）は，都道府県・政令指定都市から指定された指定自立支援医療機関で受けることができます。自立支援医療（育成医療）は，2006年の障害者自立支援法（現，**障害者総合支援法**）の施行に伴って，自立支援医療（更生医療・育成医療・精神通院医療）の一つとなっています。

また，身体障害あるいは機能障害を招く恐れのある児童に対して，保健所を中心に療育指導が実施されています。療育指導とは，障害を早期に発見し，その治癒や軽減を図るべく必要な指導を行ったり，相談に応じたりするものです。必要に応じて，巡回指導や訪問指導も行われています。

❍療育の給付

療育の給付は，結核児の健全な育成を図ることを目的として，療育の給付（医療，学習，療養生活に必要な物品の支給）を行うものです。児童福祉法第20条に定められているもので，骨関節結核その他の結核にかかっている児童を対象としています。

❍小児慢性特定疾病対策・その他

小児慢性特定疾病対策は，**小児慢性特定疾病**にかかっており，厚生労働大臣が定める疾病の程度である18歳未満の児童（ただし，18歳到達時点において本制度の対象になっており，かつ，18歳到達後も引き続き治療が認められる場合には，20歳未満の者を含む）が対象であり，対象児童の健全育成の観点から，患児家庭の医療費の負担軽減を図るため，その医療費の自己負担分の一部を助成する制度です。

その他，低所得世帯を対象とした妊娠高血圧症候群（妊娠中毒症）等療養援護費の支給，特定不妊治療費助成事業，**周産期医療対策整備事業**があります。

（水野和代）

▷10 **障害者総合支援法**
正式名称は，「障害者の日常生活及び社会生活を総合的に支援するための法律」である。

▷11 **小児慢性特定疾病**
①悪性新生物，②慢性腎疾患，③慢性呼吸器疾患，④慢性心疾患，⑤内分泌疾患，⑥膠原病，⑦糖尿病，⑧先天性代謝異常，⑨血液疾患，⑩免疫疾患，⑪神経・筋疾患，⑫慢性消化器疾患，⑬染色体又は遺伝子に変化を伴う症候群，⑭皮膚疾患，⑮骨系統疾患，⑯脈管系疾患の疾患区分がある。

▷12 以前は，不妊の原因を明確にするための検査や症状の治療のみに保険が適用されていたが，2022年4月から，人工授精等の「一般不妊治療」や体外受精・顕微授精等の「生殖補助医療」も保険の適用対象となった。

▷13 **周産期医療対策整備事業**
診療体制の整備された分娩環境や未熟児に対する最善の対応等，充実した周産期医療に対する需要の増加に応えるため，地域において妊娠，出産から新生児に至る高度専門的な医療を効果的に提供する，総合的な周産期医療体制を整備し，安心して子どもを生み育てることができる環境づくりの推進を図ることを目的としている。

（参考文献）

厚生労働省（2015）「母子保健関連施策」（https://www.mhlw.go.jp/file/05-Shingikai-12401000-Hokenkyoku-Soumuka/0000096263.pdf，2022.8.28）。
公益財団法人母子衛生研究会（2017）「わが国の母子保健——平成29年」母子保健事業団。

子ども・子育て支援の位置づけと考え方

 すべての家庭を対象とした子育て支援

　かつて，社会的な支援や援助を行う子どもや家庭の対象は，要保護児童や障害児など，特別な支援が必要な子どもとその家庭に限定されていました。しかし，少子化や核家族化等の社会変化に伴い，子育てを家庭内の問題にせず，社会全体で支えることが求められています。また，要保護児童等だけでなく，すべての子どもの育ちを地域全体で支えること，加えて，子どもが育つ家庭の場や，子どもにとって一番の存在である保護者を含めて子育て支援を捉える視点が不可欠です。

　その視点を具体化するために，国はさまざまな対策を立てています。2003年に「次世代育成支援対策推進法」「少子化社会対策基本法」が制定されました。また，2004年には「児童福祉法」が改正されました。それらは，子どもとその家庭，さらには子どもが育つ地域環境に焦点を当て，子育てを家庭だけの問題とせず，国や地方公共団体も含め社会全体で支え合う社会を形成することを示しています。

　2012年には子ども・子育て支援法が制定され，2015年4月から本格的に施行されました。2016年には「ニッポン一億総活躍プラン」，2017年には「子育て安心プラン」や「働き方改革実行計画」が示されました。一般の企業や公共施設，保護者の仕事の場なども含め，地域社会全体が，子育て家庭を支える一翼となることが求められました。加えて2020年の「新子育て安心プラン[1]」では，地域特性に応じた支援や地域の子育て資源の活用など，支援の充実を図っています。

幼児教育・保育の無償化

　子育て支援の大きな政策の一つとして，2019年10月の「子ども・子育て支援法」の改正に伴って開始された幼児教育・保育の無償化があります。3歳から5歳児クラスまでの子どもおよび住民税非課税世帯の0歳から2歳クラスまでの子どもの，幼稚園，保育所，認定こども園等の利用料が無料になりました[2]。無償化によって子育て家庭に経済的なゆとりができます。これまで利用料の支払いが難しく保育施設の利用に至らなかった家庭にも，安定した保育を提供できる可能性が高くなります。

　しかし，課題点もあります。まずは①財源が消費税であることです。利用料

▷1　厚生労働省（2020）「新子育て安心プラン」。

▷2　3～5歳児クラスの幼稚園利用児及び認定こども園を利用する1号認定児は月2.57万円（＋預かり保育1.13万円）まで，認可外保育施設等の利用は月3.7万円までの上限額がある。障害児通園施設の利用は無償。0～2歳児クラスの住民税非課税世帯の認可外保育施設等の利用は月4.2万円まで無償。内閣府・文部科学省・厚生労働省（2019）「幼児教育・保育の無償化について」。

が無料であっても，消費税率が上がると，結果的に家計負担が無償化された金額を上回る場合もあります。次に②副食費（おかず代）についてです。これまでは保育所等に運営費として給付されていた2号認定の子どもの副食費が，無償化に伴い給付対象から外され，保護者への負担になりました。世帯によっては，年間10万円を超える支払いが生じ，無償化前よりも費用負担が増したというケースも生じています。さらに③不平等さがあります。1号認定の子どもは，3歳の誕生日を迎えた日から無償化の対象になります。しかし2号認定の子どもは，3歳になった後の4月以降からです。子どもの誕生日が同じでも，どの保育施設に通うかによって無償化の期間が変わる場合もあります。また，インターナショナルスクールなどの外国人学校の幼児教育・保育施設は無償化の対象外です。

　幼児教育・保育無償化が導入されたことは子育て支援にとって大きな前進です。しかし，十分とはいえない現状もあります。今後，制度がどのように見直されていくべきか，感心をもっておく必要があります。

③ 子ども・子育て支援の視点

　厚生労働省「人口減少社会に関する意識調査」(2015年) によると，子育てに対し不安があると答えた女性は約77％，男性は約67％です。具体的な子育て負担・不安の内容として，経済的負担感や，自分の自由な時間がもてないこと，精神的・身体的な疲労があがっています。

　宮里 (2014) は，保育者による保護者支援の視点として，①子どもの親としての立場につきあうこと，②保護者とひとりの人間として向き合うこと，③親子関係に働きかけること，④保護者同士の関係に関わること，の4点をあげています。これは保育者だけでなく，社会全体が同じ視点をもつことが必要だと考えられます。

　①子どもの親としての立場には，子育て技術や知識・知恵を伝えていく支援があります。②保護者とひとりの人間として向き合うことには，保護者が個人の仕事等に充分に携わることができるよう，保育施設や関係サービスの整備，子育て中でも余暇を楽しめるような社会の雰囲気づくりなどがあります。③親子関係への働きかけは，子育て不安等に対して心理的ケア等のアプローチを行い，親子関係をサポートすることなどです。④保護者同士の関係については，子育ての仲間づくりや子育ての世代間伝承など，子育てが「孤育て」にならないようにする支援があります。保護者同士のネットワークをきっかけに，子ども同士が関わることにもなり，子育ちの支援にもつながります。

　保護者であっても，場所や時間によって異なる姿をもちます。多様な姿を支えつつ，そのなかの一つである「親」としての姿も含めて，社会全体で支えていく視点が求められています。　　　　　　　　　　　　　　　　　（上原真幸）

▷3　⇨Ⅷ-4 表Ⅷ-2 参照。

▷4　伊藤舞虹 (2019)「幼保無償化なのに『12万円負担増』制度の落とし穴」『朝日新聞デジタル』2019年10月23日付 (https://www.asahi.com/articles/ASMBK5G6FMBKUCLV00Z.html, 2022.8.20)。

▷5　厚生労働省 (2015)「人口減少社会に関する意識調査」。

▷6　宮里六郎 (2014)『『子どもを真ん中に』を疑う——これからの保育と子ども家庭福祉』かもがわ出版，116-128頁。

（参考文献）
中山徹 (2019)『幼児教育・保育無償化——ここが問題』大阪保育研究所・大阪保育運動連絡会。

3 就学前教育・保育施設の現状とあゆみ

1 就学前教育・保育施設の種類

　2015年に本格開始された子ども・子育て支援新制度に基づき，現在，主な就学前施設として「幼稚園」「保育所」「認定こども園」の３つがあります[1]。これまでは「幼稚園」と「保育所」の２つが中核を担っており，就学前施設の「二元化」という言葉であらわされていました。

2 幼稚園と保育所の二元化

　日本で最初の幼稚園は1876年に創設された東京女子師範学校（現・お茶の水女子大学）附属幼稚園とされています。早期教育を求める富裕層の子どもが通う場でした。同様の幼稚園が全国に普及し，文部省が1899年に「幼稚園保育及設備規程」を定め，幼稚園制度の基礎がつくられました。

　一方，保育所は，1890年に赤沢鐘美が設立した新潟静修学校の付設託児所が最初といわれています[2]。その後，貧困層を対象に，1895年にアメリカ人宣教師タムソンにより神戸に善隣幼稚園が誕生し，1900年には東京に二葉幼稚園（現・二葉保育園）が野口幽香と森島美根によって開設されました。そのようななか，国の感化救済事業の流れに伴い，1909年に内務省は，両親ともに就労が必要な貧民の乳幼児を保育する「幼児保育所」をつくり，補助金の支給を行いました。この幼児保育所事業をきっかけに，富裕層を中心とした幼稚園と，貧困層を対象とした保育所という図式が確立されるようになりました。

　また，日露戦争（1904〜1905年）以降，家族の出征により貧困に陥った家庭の防貧を目的とする，臨時の保育施設が各地につくられました。1908年に内務省の感化救済事業講習会では，防貧のための事業の一つとして「幼児保育所」をあげ，1909年からは，幼児保育事業への国からの補助も始まりました[3]。1938年の社会事業法では，幼児保育事業を「託児所」として法律に規定しました。

　第二次世界大戦後の1947年に，幼稚園は学校教育法による学校として，保育所は児童福祉法による児童福祉施設として位置づけられ，就学前施設は二元化されてきました。

3 幼保一元化の動き

　日本の幼児保育史において，すでに1920年代には幼保一元化構想が出されて

▷ 1　就学前教育・保育施設に関し，保育を行う施設としては，３施設の他に，小規模保育事業や家庭的保育事業などを行う施設や，認可外保育施設などもある。

▷ 2　子守りをしながら学校に通う生徒が授業に集中できるよう，乳幼児を別室に集め，専任の女性保育者が保育を行っていた。森川敬子（2017）「保育所的保育施設」汐見稔幸・松本園子・髙田文子・矢治夕起・森川敬子『日本の保育の歴史——子ども観と保育の歴史150年』萌文書林，98頁。

▷ 3　宍戸健夫（2014）『日本における保育園の誕生——子どもたちの貧困に挑んだ人びと』新読書社，276-277頁。特に生江孝之が指導した神戸市夫人奉公会による保育所づくりの活動は全国に影響を与えた。また，内務省は，二葉幼稚園等の貧困層を対象とした幼児保育事業を「昼間保育所」と呼び，その必要性を認めていた。

▷ 4　宍戸健夫（1989）『日本の幼児保育——昭和保育思想史 下』青木書店，3-14頁。

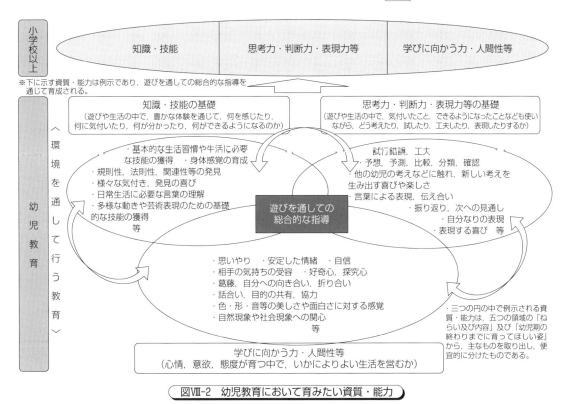

図Ⅷ-2 幼児教育において育みたい資質・能力

出所：文部科学省（2016）「幼児教育部会における審議の取りまとめ」。

いました。さらに戦後の1946年には，満４歳から就学前の２年間を「国民幼稚園」として一元化する案等も出されました。しかし，教育と福祉という目的・管轄・利用制度等の違いにより，一元化は実現には至りませんでした。

　一元化の議論が続くなか，2004年に「総合施設」の案が出され，モデル事業が実施されました。その後，保育所待機児童数の増加や子育て支援の必要性の高まりを受け，2012年８月に**子ども・子育て関連３法**が国会で成立し，「子ども・子育て支援新制度」が2015年４月から施行されました。幼稚園，保育所に加え，教育・保育を一体的に行い，幼稚園と保育所の両方の特徴を併せもつ施設として「認定こども園」が位置づけられました。

④　就学前施設としての幼稚園・保育所・認定こども園

　2017年に「幼稚園教育要領」「保育所保育指針」「幼保連携型認定こども園教育・保育要領」の３法令が同時改訂されました。

　ただし，学校である幼稚園と，児童福祉施設である保育所とでは，求められるものや果たすべき内容が異なります。教育か福祉かのどちらかに偏るのではなく，共通部分を活かした統制を図りつつ，加えて各施設の特性を重視することで，すべての子ども・家庭に対して就学前に必要な教育・福祉が提供されることが期待されます。　　　　　　　　　　　　　　　　　　　（上原真幸）

▷5　正式名称は「就学前の教育・保育を一体として捉えた一貫した総合施設」という。

▷6　**子ども・子育て関連３法**
⇨Ⅲ-7参照。

▷7　その趣旨の一つに満３歳以上の子どもへの「幼児教育の共通化」がある。子どもが３施設のどこに入所・入園しても，１日４時間程度の幼児教育を受けることができるということである。また，５領域を中心とする幼児教育・保育内容や，「幼児教育において育みたい資質・能力（図Ⅷ-2）」「幼児期の終わりまでに育って欲しい姿」が共通して示されている。保育施設の種類に関係なく，小学校就学以降の子どもの育ちにつながる幼児教育・保育の実施が目指されている（Ⅲ-7参照）。

保育所・幼稚園・認定こども園

 保育所・幼稚園・認定こども園について

　就学前の子どもの教育・保育を行う主な施設として，都道府県知事の認可を受けた保育所，幼稚園，認定こども園（3種類）があります。各施設の比較を表Ⅷ-1にまとめています。いずれも「子ども・子育て支援新制度」において施設型給付を受ける施設に該当します（幼稚園に関しては，私学助成金によって運営する園もあります）（図Ⅷ-3）。

◯教育・保育の利用

　上記の施設等を利用したい場合，市町村において保育の必要性の認定を受けなければなりません。認定の区分として1号認定子ども（教育標準時間認定），2号認定子ども（保育認定），3号認定子ども（保育認定）の3つがあります（表Ⅷ-2）。認定後，認定証が保護者に公布されます。

　また，あわせて保育の必要量に応じて利用時間が決まります。保育標準時間（フルタイム就労を想定した利用時間：最長11時間），保育短時間（パートタイム就労を想定した利用時間：最長8時間）の2つに区分されています（表Ⅷ-3）。

◯保育所・幼稚園・幼保連携型認定こども園の特徴

　施設型給付の対象施設は，保育所，幼稚園，認定こども園の3施設です。3施設はそれぞれに根拠法令や管轄官庁，規定設備，保育従事者の違いがあります。正確に区別し，理解することが求められます。なお，認定こども園に関しては幼保連携型認定こども園に限定し一覧にしています。

　3施設とも満3歳児以上児に対する幼児教育を行う施設であることが共通点

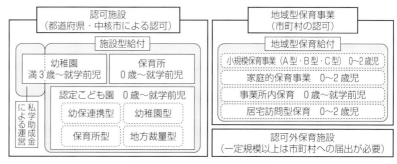

図Ⅷ-3　就学前の保育施設

出所：内閣府（2018）「子ども・子育て支援新制度について」より筆者作成。

表Ⅷ-1　保育所・幼稚園・幼保連携型認定こども園の比較

	保育所	幼稚園	幼保連携型認定こども園
根拠法令	児童福祉法	学校教育法	就学前の子どもに関する教育，保育等の総合的な提供の推進に関する法律（認定こども園法）
管轄官庁	厚生労働省	文部科学省	内閣府，厚生労働省，文部科学省
目　的	児童福祉法第39条：保育を必要とする乳児・幼児を日々保護者の下から通わせて保育を行うこと	学校教育法第22条：幼児を保育し，幼児の健やかな成長のために適当な環境を与えて，その心身の発達を助長すること	認定こども園法第2条第7項：義務教育及びその後の教育の基礎を培うものとしての満3歳以上の子どもに対する教育並びに保育を必要とする子どもに対する保育を一体的に行い，これらの子どもの健やかな成長が図られるよう適当な環境を与えて，その心身の発達を助長すること
対　象	2号・3号認定の子ども	1号認定の子ども	1号・2号・3号認定の子ども
保育内容の基準	保育所保育指針	幼稚園教育要領	幼保連携型認定こども園教育・保育要領
教育・保育時間	○日曜・祝日を除いた日が原則○1日の開所時間は，原則11時間○1日の保育時間は，原則8時間。保護者の労働時間等を考慮して定める。	○学期の区分・長期休業日を定める。○毎学年の教育週数は39週数を下らない。○1日の教育課程に係る教育時間は4時間を標準。	○保育所に準ずる。○満3歳以上の短時間利用児・長時間利用児の共通利用時間は4時間程度（教育標準時間）。
学級・職員配置	1学級数の人数規定なし。保育士は0歳児：3人に1人以上，1・2歳児：6人に1人以上，3歳児：20人に1人以上，4・5歳児：30人に1人以上とする。	1学級の幼児数は，35人以下とし，各学級に専任の教諭等を1人置かなければならない。	○満3歳以上の園児については，学級を編成する。1学級の園児数は35人以下を原則とする。○園児数あたりの職員数は保育所に準ずる。
保育者の資格	保育士資格	幼稚園教諭免許	保育士資格＋幼稚園教諭免許（保育教諭）
園　庭	満2歳以上の幼児を入所させる場合には，屋外遊戯場は原則設置（代替地可）	運動場を設置する	園庭を備えなければならない
給食の提供	自園調理により行わなければならない。ただし場合によって外部搬入が可能。	提供方法に関する規定なし	自園調理により行わなければならない。ただし場合によって外部搬入が可能。

出所：文部科学省（1956）「幼稚園設置基準」，厚生労働省（1948）「児童福祉施設の設備及び運営に関する基準」，内閣府・文部科学省・厚生労働省（2016）「幼保連携型認定こども園の学級の編制，職員，設備及び運営に関する基準」より筆者作成。

表Ⅷ-2　保育の必要性の認定区分

認定区分	対象	利用可能施設
1号認定子ども（教育標準時間認定）	満3歳以上児で，保育の必要性の認定を受けなかった者あるいは認められなかった者	幼稚園，認定こども園
2号認定子ども（保育認定）	満3歳以上児で，保育の必要性が認められた者	保育所，認定こども園
3号認定子ども（保育認定）	満3歳未満児で，保育の必要性が認められた者	保育所，認定こども園地域型保育事業

出所：内閣府（2018）「子ども・子育て支援新制度について」より筆者作成。

表Ⅷ-3　保育利用時間の区分

保育必要量の区分	対象
保育標準時間	フルタイム就労を想定した利用時間＝最長11時間保育
保育短時間	パートタイム就労を想定した利用時間＝最長8時間

出所：内閣府（2018）「子ども・子育て支援新制度について」より筆者作成。

表Ⅷ-4　認定こども園4類型の比較

	幼保連携型	幼稚園型	保育所型	地方裁量型
法的性格	学校かつ児童福祉施設	学校（幼稚園＋保育所機能）	児童福祉施設（保育所＋幼稚園機能）	幼稚園機能＋保育所機能
設置主体	国，自治体，学校法人社会福祉法人	国，自治体学校法人	制限なし	
職員の要件	保育教諭（幼稚園教諭免許＋保育士資格）	○満3歳以上：両免許・資格もしくはどちらか ○満3歳未満：保育士資格	○満3歳以上：両免許・資格もしくはどちらか ○満3歳未満：保育士資格	○満3歳以上：両免許・資格もしくはどちらか ○満3歳未満：保育士資格
給食の提供	2・3号の子どもに対する食事の提供義務　自園調理が原則・調理室の設置義務（満3歳以上は外部搬入可）			
開園日・開園時間	11時間開園，土曜日の開園が原則（弾力運用可）	地域の実情に応じて設定	11時間開園，土曜日の開園が原則（弾力運用可）	地域の実情に応じて設定

出所：内閣府（2018）「子ども・子育て支援新制度について」より筆者作成。

▷1　「幼稚園教育要領」「保育所保育指針」「幼保連携型認定こども園教育・保育要領」。

▷2　「育みたい資質・能力」として，（ア）豊かな体験を通じて，感じたり，気付いたり，分かったり，できるようになったりする「知識及び技能の基礎」，（イ）気付いたことや，できるようになったことなどを使い，考えたり，試したり，工夫したり，表現したりする「思考力，判断力，表現力等の基礎」，（ウ）心情，意欲，態度が育つ中で，よりよい生活を営もうとする「学びに向かう力，人間性等」の3つの柱が示されている。これらの資質・能力が，遊びを通しての総合的な指導を通じて育成される。

▷3　「幼児期の終わりまでに育ってほしい姿」として，①健康な心と体，②自立心，③協同性，④道徳性・規範意識の芽生え，⑤社会生活との関わり，⑥思考力の芽生え，⑦自然との関わり・生命尊重，⑧数量や図形，標識や文字などへの関心・感覚，⑨言葉による伝え合い，⑩豊かな感性と表現，が示されている。これら10の姿は，育ちの達成目標ではなく，保育者が指導を行う際に考慮するものである。

としてあげられます。これは2017年に改定された3要領・指針[※1]に基づきます。満3歳以上の子どもは，どの施設に通っても1日4時間程度の幼児教育を共通に受けることができます。それにより，小学校に就学する際，どの施設に通っていた子どもであっても一定の育ちの姿を得ていることが期待されています。また，3要領・指針には幼児教育を行う施設として，「育みたい資質・能力」（3つの柱）[※2]と，「幼児期の終わりまでに育ってほしい姿」（10の姿）[※3]が共通に示されています。各施設の違いや共通部分を捉え，子どもや家庭に対し必要な教育・保育を実施することが求められています。

❷　認定こども園について

　認定こども園は，2006年に公布された認定こども園法に基づき開設されました。施設型給付の対象となる認定こども園は，①幼保連携型，②幼稚園型，③保育所型，④地方裁量型の4つに分けられます（表Ⅷ-4）。

　幼保連携型は，保育所でも幼稚園でもなく，新たな児童福祉施設であり学校です。幼稚園型は，学校教育法上は幼稚園で，施設が定員を設定した場合，保育の必要な子どもが0歳児から利用できるものです。保育所型は，児童福祉法上は保育所で，施設が定員設定をした場合，3歳以上の子どもについては，4時間程度の利用が可能です。地方裁量型は，児童福祉施設でも学校でもありま

せんが，保育が必要な子どもについては0歳から，3歳以上の子どもについては，4時間程度の利用（1号認定子ども）が可能です。

3　多様な保育ニーズに対する子育て支援事業

　普段，幼稚園や保育所等を利用する家庭も，利用できる子育て支援事業があります（別途利用料金が必要）。以下に主な事業を取り上げます。

◯延長保育事業

　保育認定を受けた子どもについて，通常の利用日や利用時間以外の日や時間に，認定こども園や保育所等で保育を実施する事業です。

　保育標準時間認定の場合は11時間を超えて利用する場合，保育短時間認定の場合は8時間を超えて利用する場合，それぞれの利用時間を超えた時間帯が延長保育の対象となります。

◯一時預かり事業

　幼稚園に通う子どもを，教育標準時間の4時間を超えて園に預ける場合，一時預かり事業を利用することになります。市町村から一時預かり事業を受託した幼稚園が実施しています。また，施設型給付を受けていない幼稚園では「預かり保育」という名称で実施している場合もあります。

◯休日保育

　保育所・認定こども園等に入所している子どもに対し，日曜日や祝日等にも，保護者が就労等の理由で保育が必要な場合に保育を行います。

◯夜間保育

　夜間保育は，夜間まで就労する保護者の子どもを22時頃まで預かり，保育を行う事業をいいます。利用している施設が夜間までの延長保育事業を実施している場合，各保育施設が定めた通常保育時間を超えて夜間まで預けることもできます。基本的な保育時間（10〜22時）が夜間である夜間保育所もあります。

◯障害児保育

　子ども・子育て支援新制度において，障害児保育は特別加算の対象になっています。2号・3号認定を受けた障害児を，保育所や認定こども園で受け入れた場合，保育士等の加配が可能となります。集団での保育に加え，個別に必要な保育を行うことが求められています。　　　　　　　　　　　　　　　（上原真幸）

地域型保育・病児保育・認可外保育施設

① 地域型保育事業

　地域型保育事業は，児童福祉法第6条の3および子ども・子育て支援法第59条に定められ，実施には市町村の認可が必要です。種類として，①小規模保育事業，②家庭的保育事業，③事業所内保育事業，④居宅訪問型保育事業，の4つがあります。事業の種類によって利用できる子どもの年齢や，保育士等職員の配置基準も異なります（表Ⅷ-5）。

② 病児保育事業

　地域型保育事業と同様に，児童福祉法第6条の3および子ども・子育て支援法第59条に定められる事業に，病児保育事業があります。子どもが病気の際に自宅保育が困難な場合に，病院や保育所等で一時的に保育を行います。事業の種類としては，(1)病児対応型・病後児対応型，(2)体調不良児対応型，(3)非施設型（訪問型），(4)送迎対応，の4つがあります（表Ⅷ-6）。事業の実施には市町村の認可が必要です。また，本事業は小学生も利用できます。

▷1　「地域子ども・子育て支援事業」。ただし，厚生労働省「病児保育事業実施について」では，病児対応型と病後児対応型を区別した5分類で示されている（内閣府〔2022〕「子ども・子育て支援新制度について（Ⅸ）」。

表Ⅷ-5　地域型保育事業の比較

事業類型		事業主体	認可定員	職員数	職員資格	保育の実施場所	給食
小規模保育事業	A型	・市町村 ・民間事業者等	6～19人	保育所配置基準＋1名	保育士	保育者の居宅その他の場所・施設	自園調理（連携施設等からの搬入可）調理設備調理員
	B型				1/2以上が保育士		
	C型			0～2歳児3：1（補助者を置く場合5：2）	家庭的保育者		
家庭的保育事業		・市町村 ・民間事業者等	1～5人	0～2歳児3：1（補助者を置く場合5：2）	家庭的保育者（＋家庭的保育補助者）	保育者の居宅その他の場所・施設	
事業所内保育事業		・事業主等	―	定員20名以上：保育所と同様 定員19名以下：小規模事業A／B型と同様		企業内，従業員の居宅地域，駅前等	
居宅訪問型保育事業		・市町村 ・民間事業者等	―	0～2歳児 1：1	研修を修了するなど市町村長が認める者	子どもの居宅	―

出所：内閣府（2018）「子ども・子育て支援新制度について」より筆者作成。

表Ⅷ-6 病児保育事業の類型

	(1) 病児対応型・病後児対応型	(2) 体調不良児対応型	(3) 非施設型（訪問型）	(4) 送迎対応
内容	地域の病児・病後児について，病院・保育所等に付設された専用スペース等において看護師等が一時的に保育する事業。	保育中の体調不良児を一時的に預かるほか，保育所入所児に対する保健的な対応や地域の子育て家庭や妊産婦等に対する相談支援を実施する事業。	地域の病児・病後児について，看護師等が保護者の自宅へ訪問し，一時的に保育する事業。	病児・病後児対応型及び体調不良児対応型について，保育中に体調不良となった児童を送迎し，病院等の専用スペースで一時的に保育をする事業。
対象児	当面症状の急変は認められないが，病気の回復期に至っていないことから（病後児の場合は，病気の回復期），集団保育が困難であり，かつ保護者の勤務等の都合により家庭で保育を行うことが困難な児童であって，市町村が必要と認めた乳幼児又は小学校に就学している児童。	事業実施保育所に通所しており，保育中に微熱を出すなど体調不良となった児童であって，保護者が迎えに来るまでの間，緊急的な対応を必要とする児童。	病児及び病後児。	保育中に体調不良となった児童であって，保護者が迎えに来るまでの間，緊急的な対応を必要とする児童。

出所：内閣府（2022）「子ども・子育て支援新制度について Ⅸ. 地域子ども・子育て支援事業」より筆者作成。

③ 認可外保育施設

　認可外保育施設とは，都道府県知事や市町村長の認可を受けていない保育施設です。「認証保育所」などの地方単独保育事業の施設も含みます。2021年3月時点で，2万263か所の認可外保育施設があります。

　1990年代後半頃から，認可保育施設に子どもを預けられなかった家庭が，認可外保育施設を利用するケースも増えました。認可外保育施設の利用は，乳幼児に限らず，両親が夜間に働いているなどの理由で小学生児童も利用できます。保護者の就労や急用等，預けたい日時に子どもを預けられる等の利点がある一方で，認可外保育施設で生じた事故も問題になっています。2021年の1年間に生じた認可外保育施設における子どもの死亡事故は3件でした。

　2017年以降，厚生労働省は認可外保育施設に対し，重大事故が起きた場合，自治体への報告を義務づけました。施設への立入調査を原則として年1回以上行うなど安全対策が図られていますが，調査対象が，都道府県等に届出があった施設に限られてしまう課題もあります。認可外保育施設においても，保護者が安心して子ども預けられる環境の整備が必要です。

④ ベビーシッター

　ベビーシッターは，主に小学生の子どもまでを対象に，保育者が子どもの家庭に赴いて一時的に保育を提供するものです。ベビーシッターには，①地域型保育事業の一つである居宅訪問型保育事業として，市町村の認可を受けて3歳未満児を対象に行うもの，②全国保育サービス協会と就労事業所の契約により，子どもの年齢制限なく行うもの，③公的な制度外で，民間事業者が独自に行うもの，の3種類があります。

（上原真幸）

▷2 認可外保育施設のなかでも，①夜8時以降の保育，②宿泊を伴う保育，③一時預かりの子どもが利用児童の半数以上，のいずれかを常時運営している施設を「ベビーホテル」という（厚生労働省〔2021〕「令和元年度 認可外保育施設の現況取りまとめ」）。

▷3 3件のうち，1件が0歳児，2件が1歳児で生じている。死因は窒息1件，その他（原因不明を含む）が2件である。同年の認可保育施設における子どもの死亡事故は2件（原因不明）である（内閣府子ども・子育て本部〔2022〕『令和3年教育・保育施設等における事故報告集計』の公表について」）。

利用者支援事業

1　利用者支援事業の目的と役割

　2012年8月に**子ども・子育て関連3法**が成立し，幼児教育・保育，地域の子ども・子育て支援が総合的に推進されることになりました。子ども・子育て関連3法の1つである子ども・子育て支援法では，**市町村子ども・子育て支援事業計画**の策定が義務づけられており，第59条において，地域子ども・子育て支援事業の1類型として利用者支援事業が規定されています。そして，2015年4月から子ども・子育て支援新制度が本格施行され，利用者支援事業が実施されています。利用者支援事業は，子育て家庭や妊産婦が，教育・保育施設や地域子ども・子育て支援事業，保健・医療・福祉等の関係機関を円滑に利用できるように，身近な場所での相談や情報提供，助言等必要な支援を行うとともに，関係機関との連絡調整，連携・協働の体制づくり等を行うことを目的としたものです。実施主体は，市区町村（ただし，市区町村が認めた者への委託等が可能）であり，**地域子育て支援拠点事業**と一体的に運営することで，市区町村における子育て家庭支援の機能強化を推進しています。

　利用者支援事業の役割は，子ども・保護者の置かれている環境に応じ，保護者の選択に基づき，多様な施設・事業者から，良質かつ適切な教育・保育，子育て支援を総合的に提供する体制を確保することにあります。市町村子ども・子育て支援事業計画と利用者支援事業は，車の両輪といえるものであり，地域の子育て家庭にとって適切な施設・事業の利用の実現をめざすものです。

2　利用者支援事業の事業内容

　利用者支援事業には，2014年度から開始された基本型，特定型，2015年度から開始された母子保健型の3つの事業類型があります。

　基本型は，利用者支援と地域連携の2つの柱で構成されています。利用者支援は，地域子育て支援拠点等の身近な場所で，①子育て家庭等から日常的に相談を受け，個別のニーズ等を把握，②子育て支援に関する情報の収集・提供，③子育て支援事業や保育所等の利用に当たっての助言・支援等，当事者の目線に立った寄り添い型の支援を提供するものです。つまり，個別の子育て家庭のニーズを把握して，適切な施設・事業等を円滑に利用できるような支援のことを指します。地域連携は，①効果的に利用者が必要とする支援につながるよう，

地域の関係機関との連絡調整，連携・協働の体制づくり，②地域に展開する子育て支援資源の育成，③地域で必要な社会資源の開発等，地域における，子育て支援のネットワークに基づく支援を提供するものです。つまり，利用者支援機能を果たすために，日常的に地域のさまざまな子育て支援関係者とのネットワークの構築，不足している社会資源の開発を実施することを指します。基本型の事業では，専任職員（利用者支援専門員）を1名以上配置することになっています。利用者支援専門員には，子ども・子育て支援に関する事業（地域子育て支援拠点事業等）の一定の実務経験を有する者で，子育て支援員基本研修および専門研修（地域子育て支援コース）の「利用者支援事業（基本型）」の研修を修了した者等が配置されています。

特定型は，**保育コンシェルジュ**とも呼ばれるもので，主として市区町村の窓口で，子育て家庭等から保育サービスに関する相談に応じ，地域における保育所や各種の保育サービスに関する情報提供や利用に向けての支援などを行います。特定型の事業では，専任職員（利用者支援専門員）を1名以上配置することになっています。利用者支援専門員には，子育て支援員基本研修および専門研修（地域子育て支援コース）の「利用者支援事業（特定型）」の研修を修了している者が望ましいとされています。

母子保健型は，2014年度では，妊娠・出産包括支援モデル事業の1事業（母子保健相談支援事業）として実施されていましたが，2014年12月に閣議決定された「まち・ひと・しごと創生総合戦略」において，子育て世代包括支援センターとして全国展開をめざす方向性になったため，2015年から利用者支援事業の母子保健型として新設されています。主として市町村保健センター等で，保健師等の専門職が，妊娠期から子育て期にわたるまでの母子保健や育児に関する妊産婦等からのさまざまな相談に応じ，その状況を継続的に把握し，支援を必要とする者が利用できる母子保健サービス等の情報提供を行うとともに，関係機関と協力して支援プランの策定等を行います。母子保健型の事業では，母子保健に関する専門知識を有する保健師，助産師等を1名以上配置しています。

③ こども家庭センター

2023年4月に「こども家庭庁」が創設されたことに伴い，市町村において**こども家庭センター**が設置されることになります。こども家庭センターでは，これまでの子育て世代包括支援センターと子ども家庭総合支援拠点を一体化し，すべての妊産婦，子育て世帯，子どもへ一体的に相談支援を行うとされています。

（水野和代）

▷4　保育コンシェルジュ
保育サービス等の利用に関する相談業務，保育所に入所できなかった家庭へのアフターケアの業務，保育サービス等の情報収集業務等を行う。

▷5　こども家庭センター
⇨Ⅴ-1 Ⅴ-4 参照。

（参考文献）
　厚生労働省「子ども・子育て支援」（https://www.mhlw.go.jp/stf/seisakunitsuite/bunya/kodomo/kodomo_kosodate/index.html, 2022. 8. 28）。

地域子育て支援拠点事業

 地域子育て支援サービスの推進

　地域子育て支援サービスが推進される背景として，まず3歳未満児の約7〜8割は家庭で子育てがなされている一方で，核家族化や近隣との人間関係の希薄化により，子育て中の親が子育てについて気軽に相談できる相手や仲間が身近な地域にいないことなどがあげられます。さらに男性の子育てへの関わりが少ない点やそもそも子どもの数自体が減少しているといった背景も指摘されています。

　このような状況のなかで，親の就労のいかんにかかわらず，3歳未満を中心としたあるいは保育所，幼稚園，認定こども園等を利用していない子育て親子を地域で支え，家庭のなかだけでの孤独な子育て（**密室育児**）[1]をなくしていくことが喫緊の課題となっています。

　このような背景のもと，2007年度から地域子育て支援拠点事業が新たに創設されました。また，2012年に成立した子ども・子育て支援法では，地域子ども・子育て支援事業の一つとして位置づけられました。

② 地域子育て支援拠点事業とは

○事業の目的
　少子化や核家族化の進行，地域社会の変化など，子どもや子育てをめぐる環境が大きく変化するなかで，家庭や地域における子育て機能の低下や子育て中の親の孤独感や不安感の増大等に対応するため，地域において親子の交流等を促進する子育て支援拠点の設置を推進することにより，地域の子育て支援機能の充実を図り，子育ての不安感等を緩和し，子どもの健やかな育ちを支援することを目的としています。

○実施と運営の主体
　本事業の実施主体は，市町村です。運営に関しては，社会福祉法人，NPO法人，民間事業者等への委託もできることになっています。

○基本事業
　地域子育て支援拠点事業は，乳幼児およびその保護者が相互の交流を行う場所を開設し，子育てについての相談，情報の提供，助言その他の援助を行う事業です。

表Ⅷ-7　地域子育て支援拠点事業の実施形態

	一　般　型	連　携　型
開催日数等	原則として週3日以上，かつ1日5時間以上	原則として週3日以上，かつ1日3時間以上
従 事 者	親子の支援に関して意欲のある者であって，子育ての知識と経験を有する専任の者（2名以上）	親子の支援に関して意欲のある者であって，子育ての知識と経験を有する専任の者（1名以上）。児童福祉施設等の職員のバックアップを受けることができる体制を整える。
実施場所	保育所等の児童福祉施設，公民館，公共施設，空き店舗，一般住宅などの子育て親子が集う場として適した場所	児童館・児童センターにおける既設の遊戯室，相談室等であって子育て親子が交流し，集う場として適した場所

　基本事業として，①親子の交流の場の提供と交流の促進，②子育て等に関する相談・援助の実施，③地域の子育て関連情報の提供，④子育ておよび子育て支援に関する講習等の実施（月1回以上）があげられています。それぞれの拠点では，これらの4つの基本事業をすべて実施することとされています。

❍実施形態

　実施形態は，一般型，連携型があります。それぞれの拠点の機能に合わせて，開催日数・従事者・実施場所等が定められています（表Ⅷ-7）。

　一般型：常設の地域子育て支援拠点を開設して，基本事業を実施するとともに，子育て支援活動の展開を図ることを目的として，一時預かり事業や放課後児童健全育成事業（放課後児童クラブ）などを実施しています。多様な子育て支援活動を通じて，関係機関や子育て支援活動を行っているグループ等とネットワーク化を図り，連携しながら，地域の子育て家庭に対し，よりきめ細かな支援を実施することを目的として，**出張ひろば**[12]などの実施が可能です。

　連携型：効率的かつ効果的に地域の子育て支援のニーズに対応できるよう児童福祉施設・児童福祉事業を実施する施設（連携施設）において基本事業を実施するとともに，地域の子育て力を高めることを目的として，中・高校生や大学生等ボランティアの日常的な受け入れ・養成を行う取り組みの実施が可能です。

③　地域子育て支援の展望

　これからの地域での子育て支援を考える場合，地域子育て支援拠点事業の整備と合わせて，このような親子の来所型のサービスと**乳児家庭全戸訪問事業**[13]のような子育て親子の家庭への出前型のサービスが求められます。来所型と出前型のサービスを上手に組み合わせることによって，親と子の育ちを地域で支え，家庭のなかだけでの孤独な子育てをなくしていくといった，きめ細かい地域子育て支援の展開ができるようになると考えられます。　　　　　　　　　（福田公教）

▷2　出張ひろば
すでに拠点を開設している主体が，週1〜2回，1日5時間以上，親子が集う場を常設することが困難な地域に出向き，出張ひろばを開設すること。

▷3　乳児家庭全戸訪問事業
⇨Ⅷ-8 参照。

さまざまな訪問支援事業

① 子育て世帯訪問支援事業

　家事・育児等に対して不安・負担を抱えながら子育てを行う家庭が増加するとともに，子どもの養育だけではなく，保護者（妊産婦を含む）自身が支援を必要としている家庭も増加しています。こうしたニーズに対応するため，訪問支援員が，家事・育児等に対して不安・負担を抱えた子育て家庭，妊産婦，ヤングケアラー等がいる家庭を訪問し，家庭が抱える不安や悩みを傾聴するとともに，家事・育児等の支援を実施することにより，家庭や養育環境を整え，虐待リスク等の高まりを未然に防ぐことを目的としています。

　　　実施主体…市町村
　　　対　　　象…家事・育児等に対して不安・負担を抱えた要支援家庭および支
　　　　　　　　援の必要性の高い妊産婦
　　　支援内容…①家事支援（食事の準備，洗濯，掃除，買い物の代行支援等）
　　　　　　　　　②育児支援（保育所等の送迎支援や各種情報提供等を含む）

② 妊婦訪問支援事業

　妊娠届の提出時に妊婦の状態等を確認し，若年，経済的不安，生育歴，パートナー・家庭の状況から，孤立した育児に陥るなど育児が困難になることが予測される妊婦や，妊婦健診未受診の妊婦に対し，その家庭を訪問し継続的に妊婦の状況を把握することにより，ハイリスク妊婦を早期に発見し，適切な支援につなげることを目的としています。

　　　実施主体…市町村
　　　対　象　者…妊婦健診未受診の妊婦その他継続的な状況把握が必要な妊婦
　　　支援内容…妊婦の状況把握と健診受診の促進

③ 乳児家庭全戸訪問事業

　乳児家庭全戸訪問事業は，すべての乳児のいる家庭を訪問し，子育ての孤立化を防ぐために，その居宅においてさまざまな不安や悩みを聞き，子育て支援に関する必要な情報提供を行うとともに，支援が必要な家庭に対しては適切なサービス提供に結びつけることにより，地域のなかで子どもが健やかに育成できる環境整備を図ることを目的とした，広く一般を対象とした子育て支援事業

▷1　乳児家庭全戸訪問事業
法定化前は，「生後4か月までの全戸訪問事業」や「こんにちは赤ちゃん事業」として実施されており，これらの通称で事業を展開している市町村もある。

です。このようにして，乳児のいる家庭と地域社会をつなぐ最初の機会とすることにより，乳児家庭の孤立化を防ぎ，乳児の健全な育成環境の確保を図っています。

実施主体…市町村

対　象　者…原則として生後4か月を迎えるまでのすべての乳児のいる家庭

訪問時期…原則として対象乳児が生後4か月を迎えるまでの間に1回訪問

訪　問　者…必要な研修を受けた，保健師，助産師，看護師の他，保育士，児童委員，母親クラブ，子育て経験者等から市町村の判断で登用

実施内容…①育児に関する不安や悩みの傾聴・相談
②子育て支援に関する情報提供
③乳児とその保護者の心身の様子，養育環境の把握（表VIII-8）
④支援が必要な家庭に対する提供サービスの検討，関係機関との連絡調整

表VIII-8　養育環境等の把握のための項目の例
• 訪問家庭，住所，連絡先 • 保護者氏名，年齢 • 赤ちゃんの名前，性別，生年月日 • 訪問日時，訪問者 • 訪問時の赤ちゃんの様子 • 訪問時のお母さんの様子 • 同居家族の構成，育児家事の応援，相談相手 • 家の中の様子 • 育児で困っていること，心配なこと • 家庭で困っていること，心配なこと • 相談，支援の希望 □地域の子育て支援の情報提供 　• 子育て支援サービスの紹介 　• 母子保健等のお知らせ　等

❹ 養育支援訪問事業

養育支援訪問事業は，養育支援が特に必要であると判断した家庭に対し，保健師・助産師・保育士等がその居宅を訪問し，養育に関する指導，助言等を行うことにより，当該家庭の適切な養育の実施を確保することを目的としています。

実施主体…市町村

対　象　者…乳児家庭全戸訪問事業や母子保健事業等により把握され，養育支援が特に必要と認められる家庭[2]

中核機関…市町村が指定した事業の中核機関（市町村保健センターや児童福祉主管課等）において，対象となる家庭を関係機関からの情報提供等により把握し，その情報をもとに訪問家庭や支援内容を決定する。

訪　問　者…専門的支援は保健師，助産師等が行い，育児や家事援助は，子育て経験者，ヘルパー等が行う。

支援内容…①産褥期の母子に対する育児指導や簡単な家事等の援助
②未熟児や多胎児等に対する育児指導・栄養指導
③養育者に対する身体的・精神的不調状態に対する相談・指導
④若年の養育者に対する育児の相談・指導
⑤子どもが児童養護施設等を退所後にアフターケアを必要とする家庭等に対する養育の相談・支援　　　　　（福田公教）

▷2　具体的には，妊娠期からの継続的な支援を特に必要とする家庭（若年の妊娠，妊婦健診未受診，望まない妊娠等），強い子育て不安や孤立感等を抱える家庭（育児ストレス，産後うつ等），虐待のリスクを抱え支援が必要な家庭（衣食住が不適切な養育状態の家庭，虐待のリスクが高い家庭等）。

子育て援助活動支援事業（ファミリー・サポート・センター事業）

1　子育て援助活動支援事業（ファミリー・サポート・センター事業）とは

　子育て援助活動支援事業は，一般的にファミリー・サポート・センター事業と呼ばれています。この事業は，地域において乳幼児や小学生などの子どもを預かって欲しい人と子どもを預かることを希望する人をそれぞれ会員として登録する会員組織です。その両者の連絡，調整をファミリー・サポート・センターが行い，地域における育児の相互援助活動を推進するとともに，病児・病後児の預かり，早朝・夜間等の緊急時の預かりやひとり親家庭等の支援など多様なニーズへの対応を図ることを目的としています。実施主体は市町村（特別区及び一部事務組合を含む。以下，同じ。）ですが，**市区町村社会福祉協議会**^{▷1}など市町村が認めた事業者へ委託等を行うこともできるとされています。

　この事業は，1994年度に働く人々の仕事と子育てまたは介護の両立を支援する目的から創設され，「子ども・子育て支援新制度」の開始に伴い，2015年度からは「地域子ども・子育て支援事業」の一つとして実施されています。

2　活動内容

　子育ての援助を受けたい人（以下，依頼会員），援助を行いたい人（以下，提供会員）は，ファミリー・サポート・センターに申し込むことによって会員になります。依頼会員と提供会員の両方の会員になることもできます。会員の登録は，年度ごとに更新・整理が必要です（図Ⅷ-4）。会員になるために特別な資格は不要ですが，提供会員には，AED（自動体外式除細動器）の使用方法や心肺蘇生等の実習を含んだ緊急救命講習および事故防止に関する講習を必ず実施することになっています。また，預かり中の子どもの安全対策等を目的に，育児に関する知識・技術を身に付けるための講習を実施し，これを修了した提供会員が活動を行うよう努めることとされています。

　依頼会員から提供会員紹介の申し込みがあれば，ファミリー・サポート・センターに配置された相互援助活動の調整等の事務を行う「アドバイザー」が依頼会員と提供会員の仲介・紹介を行います。多くのセンターでは，活動に入る前の会員間の「事前打ち合わせ」を義務づけていて，活動内容や提供会員と子どもとの相性の確認をすることができます。

▷1　市区町村社会福祉協議会
⇨Ⅷ-12参照。

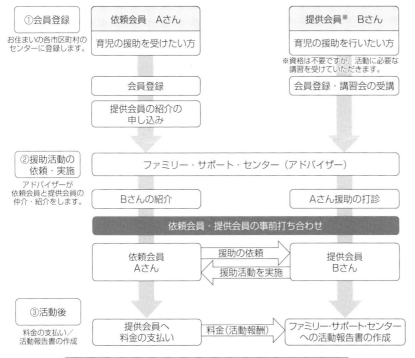

図Ⅷ-4　ファミリー・サポート・センター事業の活動の流れ

注：上記は一般的な例です。
　　会員間で行う相互援助活動は，提供会員と依頼会員との請負または準委任契約に基づくも
　　のです。
出所：厚生労働省（2016）「ファミリー・サポート・センターのご案内」（https://www.mhlw.go.jp/bunya/koyou
　　kintou/pamphlet/24.html，2018.1.8）。

　会員間で提供される主な援助活動は，幼稚園や保育所までの送迎，幼稚園や
保育所の開始前や終了後または学校の放課後や放課後児童クラブ終了後の子ど
もの預かり，保護者等の病気や急用等の場合の子どもの預かり，冠婚葬祭やき
ょうだいの学校行事の際の子どもの預かり，買い物等外出の際の子どもの預か
りなどがあげられます。さらに，病児・病後児の預かり，早朝・夜間等の緊急
時の子どもの預かりなどを行っている場合もあります。

　子どもを預かる場所は，原則として提供会員の自宅です。ただし，依頼会員
と提供会員との間で合意がある場合は，依頼会員の自宅などで行われる場合も
あります。

　依頼会員は活動終了後に規定の報酬と交通費や食事（ミルク）代，おむつ代
等の実費を提供会員に直接支払います。報酬金額は制度の趣旨，地域の実情等
を反映した額を，各ファミリー・サポート・センターが会則等で定めています
が，1時間500〜1,000円程度が多いようです。また，会員が行う相互援助活動
中の子どもの事故に備え，ファミリー・サポート・センター補償保険（提供会
員傷害保険，賠償責任保険，依頼子供傷害保険）に加入することとされています。

（松本しのぶ）

参考文献
　厚生労働省雇用均等・児
童家庭局長通知（2021）
「子育て援助活動支援事業
（ファミリー・サポート・
センター事業）の実施につ
いて」（https://www.mhlw.
go.jp/content/000892842.
pdf，2022.12.10）。
　一般財団法人女性労働協
会（2017）「平成28年度全国
ファミリー・サポート・セ
ンター活動実態調査結果」
（http://www.jaaww.or.jp/
about/pdf/document_pdf/
h28_emergency_koukoku.
pdf，2018.1.8）。

子どもの健全育成

1 子どもの健全育成とは何か

　子どもの健全育成とは，児童福祉法第2条に「全て国民は，児童が良好な環境において生まれ，かつ，社会のあらゆる分野において，児童の年齢及び発達の程度に応じて，その意見が尊重され，その最善の利益が優先して考慮され，心身ともに健やかに育成されるよう努めなければならない」と記されているとおり，すべての子どもが健やかに生まれ，育成されることを意味しています。子どもが心身ともに健やかに育成されるためには，子どもにとって適切な家庭環境，人間関係を育む場所，地域交流の場所等，家庭と社会全体で子どもを支えるという視点が大切です。しかし，近年の子どもの育成環境は，少子化，核家族化，長時間労働による親の不在，子ども虐待，地域とのつながりの希薄化，多様な大人や子ども同士の関わりの減少等，さまざまな課題を抱えています。児童福祉法第2条第3項には「国及び地方公共団体は，児童の保護者とともに，児童を心身ともに健やかに育成する責任を負う」と記されています。つまり，国と地方公共団体は，子どもが心身ともに健やかに育つために，また保護者が安心して子育てができるように，子どもの健全育成に関する施策を展開していかなければなりません。

2 児童厚生施設

　子どもの健全育成支援の一つとして，児童厚生施設があります。児童厚生施設は，児童福祉法第40条に規定されており，「児童厚生施設は，児童遊園，児童館等児童に健全な遊びを与えて，その健康を増進し，又は情操をゆたかにすることを目的とする施設」とされています。児童厚生施設には，児童館や児童遊園等の形態があります。

　児童館は，屋内を基本として集会室，遊戯室，図書館等が設置されており，児童がいろいろな遊びを楽しんだり，子ども会や母親クラブ等の地域におけるさまざまな活動を手助けしたりする等，児童の健全育成のための施設です。児童館には，**児童の遊びを指導する者（児童厚生員）**が配置され，いろいろな遊びの企画や指導を行っています。

　児童遊園は，屋外型の児童厚生施設であり，主に幼児や小学校低学年の子どもを対象として，子どもの遊び場が必要な地域に設置されています。都市公園

▷1　児童の遊びを指導する者（児童厚生員）
1999年「児童福祉法施行規則等の一部を改正する省令」により，児童厚生員から「児童の遊びを指導する者」に名称変更されているが，現在も児童厚生員と呼ばれることが多くみられる。⇨Ⅶ-5 参照。

法に基づく街区公園（旧・児童公園）とは異なります。

③　放課後児童健全育成事業（放課後児童クラブ）

　放課後児童健全育成事業は，児童福祉法第6条の3第2項の規定に基づき，保護者が労働等により昼間家庭にいない小学校に就学している児童（特別支援学校の小学部の児童を含む）に対し，授業の終了後等に児童館，小学校の余裕教室，小学校敷地内の専用施設等を利用して適切な遊びおよび生活の場を与えて，家庭，地域等との連携の下，発達段階に応じた主体的な遊びや生活が可能となるよう，児童の自主性，社会性および創造性の向上，基本的な生活習慣の確立等を図り，その健全な育成を図るものです。一般的には学童保育と呼ばれています。2015年に放課後児童クラブ運営指針が新たに策定され，国として放課後児童クラブに対する運営や設備についてより具体的な内容が定められています。障害のある子どもへの対応や家庭環境等の状況から特に配慮を必要とする子どもへの対応については，運営指針のなかで受け入れにあたっての具体的な考え方や留意点が記述されています。放課後児童クラブにおける具体的な事業内容[2]は，①放課後の子どもの健康管理，安全確保，情緒の安定，②遊びの活動への意欲と態度の形成，③遊びを通しての自主性，社会性，創造性を培うこと，④放課後の子どもの遊びの活動状況の把握と家庭への連絡，⑤家庭や地域での遊びの環境づくりへの支援，⑥その他放課後の子どもの健全育成上必要な活動となっています。

▷2　厚生労働省（2020）「放課後児童健全育成事業について」（https://www.mhlw.go.jp/stf/seisakunitsuite/bunya//kodomo/kodomo-kosodate/kosodate/houkago/houkago.html, 2022.8.28）。

④　地域組織活動

　子どもの健全育成のためには，地域住民の参加による地域活動が重要です。地域活動としては，子ども会等の子どもが集団活動を行うもの，母親クラブ，親の会等の親による子どもの育成活動があります。子ども会は，小地域のすべての子どもが健全に育成されることを目的とした組織であり，遊びが主体となった活動が行われています。母親クラブや親の会は，母親同士の交流や研修等による知識の習得を通して，子どもの健全育成を図ることを目的としています。

⑤　食　　育

　食を通した子どもの健全育成も重要とされています。食育は，生きる上での基本であり，さまざまな経験を通じて「食」に関する知識と「食」を選択する力を習得し，健全な食生活を実現することができる人間を育てることです。2005年制定の食育基本法の前文では，「子どもたちに対する食育は，心身の成長及び人格の形成に大きな影響を及ぼし，生涯にわたって健全な心と身体を培い豊かな人間性をはぐくんでいく基礎となるものである」と記されています。

（水野和代）

放課後等デイサービス

 放課後等デイサービスとは

　放課後等デイサービスは，2012年度に法定化された事業です。具体的には，児童福祉法第6条の2の2第4項において「この法律で，放課後等デイサービスとは，学校教育法第1条に規定する学校（幼稚園及び大学を除く。）に就学している障害児につき，授業の終了後又は休業日に児童発達支援センターその他の厚生労働省令で定める施設に通わせ，生活能力の向上のために必要な訓練，社会との交流の促進その他の便宜を供与することをいう」と規定されています。

　支援が必要な障害児に対し，放課後の居場所や生活を保障するもので，いわば「障害児の学童保育」というべき存在です。

　放課後等デイサービスの提供にあたっては，障害の有無にかかわらず子ども集団の中での育ちを保障し，地域社会への参加とインクルージョン（包摂）を進めることが求められます。

　事業の運営主体には制限がなく，事業者は，施設面積や人員配置などの基準を満たした上で，都道府県から事業指定を受ければ，事業を開始できます。

　利用を希望する者は，サービス等利用計画案を作成の上，区市町村から放課後等デイサービスに通う日数を給付決定してもらいます。利用は，その決定に基づき，事業者と直接契約します。

　2024年から一部施行される改正児童福祉法では，これまで利用できなかった15歳から18歳未満の者では専修学校や各種学校へ通学している場合でも，障害の状態や発達段階，家庭環境等の状況から，学校終了後や休日に自立的に過ごすことが難しく，放課後等デイサービスによる発達支援を必要とするものとして，市町村長が認める場合については利用が可能となりました。

放課後等デイサービスの日常

　地域の小学校や特別支援学校の小学部の授業が終わる15時30分頃，子どもたちは続々と玄関へ集まります。そこには放課後等デイサービスの各事業所からお迎えの車がやってきて，子どもたちを乗せて各事業所へ移動します。

　各事業所の実践はさまざまです。ここでは，子どもたちの思いを受け止めて実践している事業所の様子を紹介します。事業所に着いて，荷物を片付けた子どもたちに，指導員が話しかけます。何をしたいのか，子どもたちと一緒に考

えるためです。その日は，近隣の公園へ出かけました。公園ではなく，部屋で遊びたいという子どもがいるときは，その気持ちを尊重して，指導員と一緒に残る子どももいます。

　子どもが楽しそうに指導員と関わっている様子からは，子どもたちの思いがしっかり受け止められていることがわかります。学校や家庭とは違う場として，放課後等デイサービスが子どもたちの居場所となっているようです。

　18時頃，家に子どもを送り届ける際には，指導員が1日の様子を保護者に伝えます。

③ 保護者や家族と放課後活動

　保護者や家族にとっての放課後活動の意義についても考えることが大切です。

　放課後活動は，地域のなかで保護者同士がつながっていくための拠点になる可能性をもっています。家族支援は，子育ての楽しさや大変さをわかちあえる保護者仲間を広げる，先輩の保護者から話を聞くことで子ども・子育てに前向きになる，学校を通した関係とは異なる保護者同士の関係を深める，といった仲間づくりという意味もあります。

　放課後の活動には，保護者のレスパイト（一時的休息）という役割もあります。また近年は，母親や保護者の就労を支える役割も担ってきています。「親の都合で子どもを預けるのはよくないのでは」という疑問が出されることもありますが，保護者が自分らしく社会参加できることは，子どもたちの育ちにとっても望ましいことだと考えられます。

　放課後等デイサービスにおいては，制度的には，保護者は「利用者」として，事業者と契約を結ぶ関係に置かれます。しかし，放課後活動は，保護者や家族と指導員や職員が一緒につくり上げてきたという側面もあります。互いの理解と信頼に基づく家族と職員との関係は，これからも大切なものであると考えられます。

④ 放課後等デイサービスガイドライン（2015，改訂）

　このガイドラインにおいて，放課後等デイサービスの基本的役割は「子どもの最善の利益の保障」「共生社会の実現に向けた後方支援」「保護者支援」とされています。

　この基本的役割を定めた上で，基本的活動として「自立支援と日常生活の充実のための活動」「創作活動」「地域交流の機会の提供」「余暇の提供」を組み合わせた支援を行うことを基本としています。

　そして，相談支援事業者や学校，児童発達支援事業所や保育所等との連携をとるよう記載されています。

（藤林清仁）

12　子ども家庭福祉に関連する地域活動

1　子ども家庭福祉に関連する地域活動の必要性

核家族の増加や地域とのつながりの希薄化などにより，育児について身近な人に相談をしたり，手伝ってもらったりすることができず，不安を抱えながら子育てをしている家庭が増えています。また，少子化や地域関係の希薄化は，子ども同士や子どもと地域の多様な大人との関わりの機会を失わせ，社会性の欠如など子どもの成長に影響を及ぼしているといわれています。

さらに，近年，子どもの貧困や子ども虐待など，子どもが苦しい立場に置かれる問題が増加，深刻化しています。子ども家庭福祉に関する課題は法制度を充実し，子どもやその親への援助を展開させていくことが重要です。しかし，公的支援だけでは行き届かない細やかな日常的支援や問題の早期発見・解決ができるように，地域における取り組みが求められています。

したがって，子ども家庭福祉に関する団体・機関だけでなく，高齢者や学生等の幅広い年代の地域住民や**特定非営利活動法人**（NPO 法人）・ボランティア団体，町内会等の地縁組織，**子育てサークル**などの当事者組織，民間企業等の参画を得て，地域全体で子育て負担を軽減し，子どもたちの健全育成を推進することに大きな期待が寄せられています。

2　地域活動の実際

子ども家庭福祉に関する地域活動は，多岐にわたります。たとえば，**市区町村社会福祉協議会**などによる子育てサロン活動は，公民館などで乳幼児の親子の交流や育児相談，子育て講座の開催などをボランティア，児童委員などの協力で実施し，孤立しがちな子育ての予防や子育てに関する悩みやストレスを軽減しています。NPO 法人などによる子育て講座や高齢者が行う登下校時の子どもの見守り活動なども地域活動の一つです。さらに，近年，子どもの貧困対策として，地域住民による「子ども食堂」の開催や近隣の大学生を巻き込んだ学習支援といった取り組みが活発化し，地域における子どもやその親の居場所づくりが行われていますが，それらも地域活動に位置づけられます。

一方，地域活動には，子育て中の親や子どもといった当事者自身による活動も含まれます。親同士で支え合う活動の代表的なものとして，子育てサークルがあげられます。乳幼児の親子がグループで定期的に集まって親子遊びなどの

活動を通じて交流を深めるとともに，親同士で子育てに関する悩み相談や情報交換をすることで子育ての不安や孤独を支え合いで緩和する効果があります。子育てサークルは，子育て中の親の自主的なグループですが，グループづくりや活動内容の支援，活動場所の提供等は，地域子育て支援センターなどの機関と協働して，児童委員や地域のボランティアが支えていることが多いです。

また，子ども自身が地域の中で主体的に活動する取り組みも行われています。代表的なものとして，子ども会活動があげられます。子ども会は，同じ地域に居住する幼児から高校生程度までを構成員とし，遊びを中心とする活動を集団で行うことを通じて，自主性や創造性，社会性を育みます。活動の主体は子どもたちですが，親や町内会等の地域住民などがその活動を支援しています。

③ 子ども家庭福祉に関連する地域活動の課題と意義

最後に，子ども家庭福祉に関連する地域活動の課題と意義について考えます。

子ども家庭福祉に関連する地域活動の課題としては，地域活動を継続，発展させていくことがあげられます。そのためには，地域住民が積極的に地域活動に参加できるように，公的機関は地域の子育て支援活動の取り組みを支援するとともに，地域住民に対して地域活動の情報提供や意識啓発を行っていくことが求められます。また，ボランティア育成の講座を充実させるとともに，ボランティアの組織化や地域のニーズに合わせたボランティアのマッチングなどを社会福祉協議会のボランティアセンターなどが行う必要があります。さらに，支えられる側の親や子どもの主体性をエンパワメントしていくことも重要です。親が地域のサポートを受けながら子育てをするなかで，地域の支え合いの意義を理解し，主体的に親自身が地域活動の次の担い手として活動することが期待されます。また，子どもたちが成長するなかで地域への愛着を深め，意欲的に地域の課題解決に関わることができるよう，幼い頃から地域活動に参加する土壌づくりも必要です。

子ども家庭福祉に関連する地域活動の意義としては，地域のさまざまな人材，組織・団体がそれぞれの機能や特性を発揮して連携することで，多様なニーズへの対応や課題解決ができることがあげられます。また，公的機関にはできない自発性，独自性を発揮した支援を展開することもできます。さらに，子育て支援や次世代育成を目的とした活動を通じて，地域住民同士や関係団体・機関が連携・協働できる関係性を構築することで，その関係性を子どもに関する問題だけではなく他分野の福祉課題をも解決する社会的支援として活用できるように発展する可能性を秘めています。

子育てを地域の課題として地域住民や地域の組織・団体がともに考え，活動していくことは，地域づくりの大きな契機となるといえます。　（松本しのぶ）

参考文献

内閣府（2017）『平成29年版　少子化社会対策白書』日経印刷。

新たな子ども家庭福祉の推進基盤の形成に向けた取り組みに関する検討委員会（2014）『「子どもの育ちを支える新たなプラットフォーム」～みんなで取り組む地域の基盤づくり～新たな子ども家庭福祉の推進基盤の形成に向けた取り組みに関する検討委員会報告書』全国社会福祉協議会。

13 在宅児童を対象にした子ども家庭福祉の課題

1 就学前の子どもに対する保育・教育の量の拡充と質の向上

　近年，女性の社会参加が進み，保育等のサービスの利用が進んでいます。人格形成に重要な時期にある就学前の多くの子どもは，日中を保育所，認定こども園，幼稚園等で過ごしています。しかしながら，待機児童問題，保育士養成課程の見直し，保育士不足・待遇改善，保育士の専門性の向上，職員配置基準の改善等，さまざまな課題がみられます。また，就学前の子どもが発達に何らかの問題を抱えるケースもみられ，そうした「気になる子」に対する支援のために保育所，市町村保健センター，児童相談所等の関係機関との連携も必要です。政府もこうした課題の対策に乗り出しており，これまで保育所における3歳児の職員配置基準は20人に対して1人の職員でしたが，子ども・子育て支援新制度により，2015年度から加算制度によって15人に対して1人の職員の対応が可能となりました。今後も就学前の子どもに対する保育・教育の量の拡充と質の向上のため，こういった改善が引き続き求められています。

2 地域における子育て支援拠点の整備

　育児不安の解消等，子どものいる家庭への支援は，子育て中の親子にとって身近な市区町村等で行われることが望ましいといえます。そのため，地域における子育て支援拠点の整備が重要であり，2007年度から地域子育て支援拠点事業が始まっています。地域子育て支援拠点事業は，子育て中の親子が気軽に集い，相互交流や子育ての不安・悩みを相談できる場を提供するもので，公共施設，保育所，児童館等で行われています。また，2023年4月に「こども家庭庁」が創設されることに伴い，子育て世代包括支援センターは**こども家庭センター**[1]に移行します。すべての妊産婦，子育て世帯，子どもへ一体的に相談支援を行うことを目的としており，全国的な展開が期待されています。

3 子ども虐待に対する総合的な支援

　2020年度の全国の児童相談所での子ども虐待相談対応件数は20万5,044件で[2]過去最多となっています。子ども虐待は子どもの心身の発達および人格形成に重大な影響を与えるため，その防止に努めることが重要です。子ども虐待の防止には，①虐待の発生予防，②虐待の早期発見・早期対応，③虐待を受けた子

▶1　こども家庭センター
⇨Ⅴ-1 Ⅴ-4 Ⅵ-16 参照。

▶2　厚生労働省（2021）「令和2年度 福祉行政報告例の概況」（https://www.mhlw.go.jp/toukei/saikin/hw/gyousei/20/dl/kekka_gaiyo.pdf, 2022. 8. 28）。

▶3　特定妊婦
出産後の子どもの養育について，出産前において支援を行うことが特に必要と認められる妊婦のことを指す。妊娠中から家庭環境におけるハイリスク要因を特定できる妊婦であり，具体的には，不安定な就労等収入基盤が安定しないこと，家族構成の複雑さ，親の知的・精神障害等で育児困難が予想される場合等がある。

どもの保護・自立支援等があります。そのため，乳児家庭全戸訪問事業（こんにちは赤ちゃん事業）・養育支援訪問事業・地域子育て支援拠点事業等の国の施策の推進，社会的養護の質・量の拡充等が望まれます。子ども虐待防止は社会全体で取り組むべき課題であり，児童相談所と関係機関が連携しながら，切れ目のない総合的な支援体制の整備・充実が必要とされています。

4　母子保健による切れ目のない支援の実施

　妊娠や子育てに不安をもち，支援を必要とする家庭は増加傾向にあります。母子保健は，**特定妊婦**の発見と支援，**養育支援訪問事業**，子ども虐待の予防や早期発見に関して，重要な役割を果たしています。また，母子保健情報は，虐待の有無，重症度，要保護か要支援かを判断する上で貴重な資料となるため，保健・福祉・教育・医療機関等での情報共有が必要です。養育支援を必要とする家庭への妊娠期・出産後早期からの支援としては，①望まない妊娠に対する相談体制の充実，②妊娠期・出産後の早期支援のための医療機関との連携，③養育支援を必要とする家庭の把握・支援のための体制整備，④乳幼児健康診査や予防接種を受けていない家庭への対応等があります。子ども虐待の発生予防や支援の必要な子育て家庭を孤立させないためにも，特定妊婦の発見と支援から子育て期の養育支援に至るまで切れ目のない支援が大切です。

5　放課後児童健全育成事業（放課後児童クラブ）の量の拡充と質の向上

　放課後児童クラブは，共働き家庭等の小学校の就学児童に対し，授業終了後に児童館や学校の余裕教室等において，適切な遊びや生活の場を提供し，その健全育成を図るものです。現在，放課後児童クラブは登録児童数，設置数の増加が著しくなっています。2021年の登録児童数は134万8,275人であり，前年比3万7,267人増加しています。また，設置数も2万6,925か所であり，前年比300か所増加しています。待機児童数は，小学1年生から6年生では1万3,416人で前年比2,579人減となっています。18時半を超えて開所している放課後児童クラブが全体の約59.7％を占め，前年比672か所増加しており，長時間の開所が望まれていることがわかります。こうしたニーズを受け，政府は「**新・放課後子ども総合プラン**」「**ニッポン一億総活躍プラン**」により，2021年度末までに約25万人の受け皿整備をめざしています。しかしながら，放課後児童クラブの大規模化，放課後児童支援員の待遇改善と質の向上，障害児の入所増加への対応等，さまざまな課題への対応を迫られており，改善への取り組みが必要だといえます。

（水野和代）

▷4　**養育支援訪問事業**
養育に関する指導・助言を訪問により実施することにより，個々の家庭の抱える養育上の諸問題の解決・軽減を図るものである。
⇨Ⅷ-8　参照。

▷5　厚生労働省（2021）「令和3年　放課後児童健全育成事業（放課後児童クラブ）の実施状況（5月1日現在）」（https://www.mhlw.go.jp/stf/newpage_22864.html，2022.8.28）。

▷6　2015年から施行された子ども・子育て支援新制度で，放課後児童クラブの対象が小学4年生から6年生にまで拡大されている。

▷7　**新・放課後子ども総合プラン**
2018年に策定され，すべての就学児童が放課後等を安全・安心に過ごし，多様な体験・活動を行うことができるよう，一体型を中心とした放課後児童クラブおよび放課後子供教室の計画的な整備等を進めることを目的としている。

▷8　**ニッポン一億総活躍プラン**
2016年に閣議決定され，経済成長の困難な問題である少子高齢化に真正面から立ち向かい，広い意味での経済政策として，子育て支援や社会保障の基盤を強化，それが経済を強くするという新たな経済社会システムをつくることを目的としている。

子どもの貧困とひとり親家庭への支援

 子どもの貧困の現状

　子どもの貧困とは，18歳未満の子どものいる世帯が相対的貧困の状態にあることを示す言葉です。相対的貧困の状態にある人は，その社会で生活するために通常得られるものが得られない，できることができない状況にあります。たとえば体操服や習字道具をはじめとする学校教育で必要な学用品や高等学校等の進学費用など，日本社会で生活するほとんどの子どもが得ている物や機会を得られないことといえます。さらに，相対的貧困は，単なる経済状況の問題にとどまらず，社会的なつながりをもてているか，適切な食事がとれているか，教育の機会は均等に与えられているかなど，多角的な視点で取り組むべき問題です。また，このような相対的貧困を把握する尺度の一つとして「相対的貧困率」という数値があります。相対的貧困率とは，全世帯の年間所得の中央値の半分を下回っている人の割合で，その国の所得格差を表している数字です。OECD（経済協力開発機構）は，相対的貧困率の計算方法について，**等価可処分所得**が全人口の**中央値**の半分（貧困線）未満とし，それに該当する世帯員を相対的貧困者としています。なお，2018年時点のわが国の貧困線は127万円で，これに満たない金額で生活する人が全体の15.7％を占めており，相対的貧困の状態にあるといえます。

　一方，2018年の国民生活基礎調査によれば，わが国の子どもの貧困率は13.5％でした（図Ⅰ-6参照）。この数値は42か国中第21位で，OECDの平均値（12.8％）よりも高くなっています。また，わが国では「大人が1人いる世帯」（ひとり親家庭）の貧困率が48.1％を占めており，先進国のなかでも高水準といえます。

 子どもの貧困対策

　わが国では，2000年代後半に子どもの貧困問題が注目されるようになり，2013年には「子どもの貧困対策の推進に関する法律」が成立し，翌年施行されました。この法律は，国に対しては子どもの貧困対策大綱策定の義務，都道府県に対しては子どもの貧困対策についての計画（子どもの貧困対策計画）策定の努力義務を課しています。この法律に基づいて閣議決定された「子供の貧困対策に関する大綱」（表IX-1）は，法律の理念や方針，推進課題を示しています。

▷1　等価可処分所得
世帯の可処分所得を世帯人数の平方根で割って調整した金額。なお，可処分所得とは，所得から所得税・住民税・社会保険料・固定資産税を差し引いたもので，いわゆる「手取り」のことである。また，可処分所得には保育サービスのような社会保障給付による現物給付は含まれない。

▷2　中央値
等価可処分所得の値を小さいものから順に並べたとき，全体の中央に位置する値のこと。

表IX-1　子供の貧困対策に関する大綱の概要（2019年改定）

【目的・理念】
現在から将来にわたり，すべての子供たちが夢や希望を持てる社会を目指す
子育てや貧困を家庭のみの責任とせず，子供を第一に考えた支援を包括的・早期に実施
【基本的方針】
①　親の妊娠・出産期から子供の社会的自立までの切れ目のない支援
②　支援が届かない又は届きにくい子供・家庭への配慮
③　地方公共団体による取組の充実
【重点施策】
1.　教育の支援
学力保障，高校中退予防，中退後支援等，大学等の授業料減免・給付型奨学金の実施
2.　生活の支援
妊娠・出産期からの支援，困難を抱えた女性への支援，生活困窮家庭の親の自立支援
3.　保護者に対する就労支援
ひとり親への就労支援
4.　経済的支援
児童扶養手当制度の着実な実施，養育費確保の推進
5.　施策の推進体制等
地方公共団体の計画策定等支援，子供の未来応援国民運動の推進

出所：厚生労働省「子供の貧困対策に関する大綱のポイント」を一部改変。

　また，2013年には，生活困窮者自立支援法（2015年施行）も成立し，生活保護に至る前段階の自立支援策を強化するため，生活困窮者に対し自立相談支援事業や住居確保給付金の支給等を行っています。

　このように，子どもの貧困に対して法的整備が進んでいますが，一方で生活保護基準の引き下げが段階的に行われています。政策が矛盾しているため，実際に子どもの貧困対策の効果が上がるのか懸念されています。

③ ひとり親家庭の現状

　「全国ひとり親世帯等実態調査」（2021年）によると，全国に約134万4,000（母子家庭119万5,000，父子家庭14万9,000）のひとり親世帯が存在します。母子家庭になった理由は，かつては死別が多くを占めていましたが，1978年度の調査で離別と並び，現在は9割以上が離別で占めるようになりました。また，離別を理由とする人の9割弱は，離婚を理由としており，残る1割弱が未婚の母という内訳です。一方，父子家庭もほぼ同様の傾向にありますが，死別を理由とする人が約2割（21.3%）と，母子家庭に比べて多くなっています。

　経済状況については，母子家庭と父子家庭とで差があります。世帯の平均年間収入（同居親族を含む世帯全員の収入）は母子家庭373万円，父子家庭606万円で，233万円の差があります。また，世帯の平均年間収入を，国民生活基礎調査による児童のいる世帯の平均所得を100として比較すると，母子家庭は45.9，父子家庭は74.5にとどまっており，特に母子家庭の経済状況が厳しく，両者ともに十分な経済基盤があるとはいえない状況です。

　さらに，ひとり親家庭の場合，別れた親からの養育費も重要な経済資源となりますが，養育費の取り決めをしている家庭は多くありません（母子家庭46.7%，

父子家庭28.3％）。実際に養育費を受けているものはさらに少なく，母子家庭で28.1％，父子家庭で8.7％に過ぎません。養育費が支払われない理由としては，母子家庭，父子家庭ともに相手と関わりたくない，相手に支払う意思がないと思った，などが主にあげられています。

❹ ひとり親家庭等福祉施策

　ひとり親家庭を対象とした主要な福祉施策は，母子及び父子並びに寡婦福祉法を中心に展開されており，この法律では都道府県（福祉事務所を設置する市町村を含む）に対して自立促進計画の策定を求めています。そして，その内容は図Ⅸ-1に示される，子育てと生活支援，就業支援，養育費確保支援，経済的支援の4つで構成されています。

○子育てと生活支援

　ひとり親家庭の福祉に関する専門相談機関としては，福祉事務所が位置づけられています。福祉事務所には，母子・父子自立支援員（非常勤）が配置され，当事者の気持ちに寄り添った支援が心がけられています。

　一方，ひとり親家庭の生活を支援する取り組みとして，ひとり親家庭等日常生活支援事業，子育て短期支援事業などがあります。ひとり親家庭等日常生活支援事業は，自立のための資格取得や疾病等により一時的に家事援助や子どもの保育が必要になった場合に，家庭支援生活員を派遣するものです。子育て短期支援事業は，短期入所生活援助（ショートステイ）事業と夜間養護等（トワイライトステイ）事業から構成され，子どもを一時的に預かります。

▶ 3　母子生活支援施設
⇨ Ⅵ-10 参照。

　また生活拠点の確保策としては，**母子生活支援施設**[3]が設けられています。

○就業支援

　ひとり親家庭の生活の安定や自立のためには，就労による経済基盤の確立が重要です。ハローワーク制度の一つとして2006年からマザーズハローワーク（2022年現在21か所）が設置されており，福祉事務所に配属されている母子・父子自立支援員にも職業能力の開発や求職活動支援が期待されています。

子育て・生活支援	就業支援	養育費確保支援	経済的支援
○母子・父子自立支援員による相談支援 ○ヘルパー派遣，保育所等の優先入所 ○子どもの生活・学習支援事業等による子どもへの支援 ○母子生活支援施設の機能拡充 　　　　　　など	○母子・父子自立支援プログラムの策定や，ハローワーク等との連携による就業支援の推進 ○母子家庭等就業・自立支援センター事業の推進 ○能力開発等のための給付金の支給 　　　　　　など	○養育費相談支援センター事業の推進 ○母子家庭等就業・自立支援センター等における養育費相談の推進 ○「養育費の手引き」やリーフレットの配布 　　　　　　など	○児童扶養手当の支給 ○母子父子寡婦福祉資金の貸付 　就職のための技能習得や児童の修学など12種類の福祉資金を貸付 　　　　　　など

図Ⅸ-1　ひとり親家庭等の自立支援策の概要

出所：厚生労働省（2022）『令和4年版 厚生労働白書資料編』190頁を一部改変。

このほかに，就業支援策として国では，**母子家庭等就業・自立支援センター事業**[14]，**母子・父子自立支援プログラム策定事業**[15]，**母子家庭・父子家庭自立支援給付金制度**[16]などを設けています。

❍**養育費確保支援**

養育費については，先に述べた通り，離婚時に取り決めをしていない割合が高く，取り決めをしていても支払いが滞ることが少なくありません。そのため，母子家庭等就業・自立支援センターに養育費専門相談員を配置し，離婚時の取り決めやその後の支払い継続についての法律相談などが実施されています。また，民事訴訟法の改正により，養育費支払いに滞納があった場合には，裁判所で所定の手続きをすることで将来分も含め差し押さえることができます。

❍**経済的支援**

ひとり親家庭に対する主な経済的支援は，遺族（基礎）年金，児童扶養手当，**母子福祉資金・父子福祉資金および寡婦福祉資金**[17]の貸付けの３つです。遺族（基礎）年金は，国民年金の加入者（国が定めた保険料納入期間を満たしている者）である親が死亡した場合，子どもが18歳を迎えた後の最初の３月31日まで支給されます。一方，離別や遺族（基礎）年金の受給資格を満たさないひとり親家庭には，児童扶養手当が支給されます。手当額は所得に応じて設定されており，子どもの要件は，遺族（基礎）年金と同様です。なお，2010年からは父子家庭も支給の対象となりました。

5 今後の課題

今後のひとり親家庭等福祉施策は，離別母子世帯の増加を背景に４つの課題があると考えられます。第１は相談体制の整備拡充です。民生委員・児童委員等，地域に根づいた相談員の強化とネットワーク化が求められます。第２は経済的・社会的自立の促進です。現状の年金や手当では十分ではないので，多様な就労支援が必要です。第３は住宅の確保です。とりわけ，離別の母子家庭にとって当面の住宅確保は重要な課題です。一般住宅やグループホーム的な住宅などの確保が有効です。第４は，父子家庭福祉施策の充実です。父子家庭に対する支援は開始されて間もないので，浸透を図ることが期待されます。

（吉田幸恵）

▶4　**母子家庭等就業・自立支援センター事業**
都道府県を実施主体とするもので，母子家庭の母等に対して就業相談や就業支援講習会の実施，就業情報の提供等，一貫した就業支援サービスを展開する事業。

▶5　**母子・父子自立支援プログラム策定事業**
児童扶養手当受給者のための個別の支援計画等に基づく総合的取り組み。ハローワーク（就労支援コーディネーター）と，福祉事務所（母子・父子自立支援プログラム策定員）が協働で策定し，ハローワークに設置される就労支援ナビゲーターが個別に関わり支援を行う。

▶6　**母子家庭・父子家庭自立支援給付金制度**
就業に向けた教育訓練講座の受講料の一部負担（自立支援教育訓練給付）や，介護福祉士などの専門資格取得のための教育を受ける際に生活費の支援（母子家庭高等技能訓練促進費）を行う。

▶7　**母子福祉資金・父子福祉資金および寡婦福祉資金**
事業開始資金，事業継続資金，修学資金，技能習得資金，修業資金，就職支度資金，医療介護資金，生活資金，住宅資金，転宅資金，就学支度資金，結婚資金の12種類がある。

（参考文献）
　厚生労働省（2021）「全国ひとり親世帯等調査」。
　山縣文治（2018）『子ども家庭福祉論 第２版』ミネルヴァ書房。

2 外国籍等の子どものいる家庭への支援

▷１　出入国在留管理庁（2022）「在留外国人統計（令和３年12月現在）」。

▷２　厚生労働省（2022）『外国人雇用状況』の届出状況まとめ（令和３年10月現在）」。

▷３　「外国籍等の子ども」には，さまざまなかたちで外国にルーツ・つながりをもつ子どもが含まれる。外国籍の両親とともに来日した子どもだけでなく，国際結婚等により国籍の異なる両親のもとに生まれた子ども，外国籍だが生まれも育ちも日本である子ども，国籍を問わず海外での生活が長い子どもなど，子どもたちの背景は多様である。

▷４　外国人の受け入れ環境に関する施策の指針として，2022年度には「外国人との共生社会の実現に向けたロードマップ」が策定された（2022年６月14日，外国人の受け入れ・共生に関する関係閣僚会議で決定）。そのなかで子ども・保護者支援に関する事項としては，「子育てしやすい環境の整備」「外国人の子どもの就学支援」「外国人の子どもの母語や母文化に配慮した日本人指導体制の構築」「学校教育における共生のための教育の推進」の４点があげられている。

▷５　2022年６月14日，外国人材の受入れ・共生に関する関係閣僚会議で決定。

2021年現在，日本に住む外国人の数は約276万人，そのうち外国人労働者として日本で働く人の数は過去最高の約173万人となっています（図Ⅸ-2）。少子高齢化とともに人口減少が加速する日本において，新たな労働力として外国人労働者の受け入れが期待されるなか，その数は近年増加傾向にあります。また外国人の両親とともに来日する子どもなど，大人だけではなく日本で生活する外国籍等の子どもも今後ますます増加することが見込まれています。ここでは外国人の受け入れ環境の整備における外国籍等の子どもおよび保護者・家庭に関する支援課題について解説します。

1 外国人の受け入れ環境整備と子ども・家庭への支援

2022年度には，外国人の受け入れ環境に関する施策の指針として，「外国人との共生社会の実現に向けたロードマップ」が策定されました。これは政府において，日本が目指すべき共生社会のビジョンや，その実現に向けて取り組むべき中長期的な課題や具体的な施策等を示したものです。そのなかで乳幼児期・学齢期にある外国籍等の子どもや保護者に対する支援の充実，および学校教育における共生社会の実現に関する事項としては，「子育てしやすい環境の整備」「外国人の子どもの就学支援等」「外国人の子どもの母語や母文化に配慮した日本語指導体制の構築」「学校教育における共生のための教育の推進」などがあげられます。以下，この４点に注目しながら保護者および子どもに対する支援・配慮の課題について詳しくみていきます。

2 外国籍等の保護者に対する支援・配慮

保護者に対する支援・配慮で課題となっているのは，子育て支援の一環として行われるべき子育てしやすい環境の整備についてです。特に日本語を母語とせず，日本語での意思疎通がスムーズにできない保護者にとって，日本語中心の環境で子どもを育てることにはさまざまな難しさがあります。そのため保育所等には，通訳者の配置や翻訳機器の活用等によって，保育の場におけるコミュニケーションや情報提供のあり方を多言語化していくことが求められています。さらに文化の違いによる問題もあります。日本と異なる文化や生活習慣をもつ外国籍等の保護者にとって，日本での生活や子育てに慣れると同時に，子育てにおける孤立を防ぐためには，子育て支援に関わる保育者等を中心とした

（人）

図IX-2 在留外国人の推移

出所：出入国在留管理庁（2022）「在留外国人統計」より筆者作成。

周囲の理解や協力が必要です。これらの課題に関してロードマップでは，外国籍等の保護者が日本での子育てにおいて抱える孤独感や不安感等に対応するため，子育て中の親子同士の交流の場を提供することや，子育てに関する相談・援助等の場として，地域子育て支援事業を実施する自治体を支援する方針が示されています。

ロードマップに盛り込まれた施策については，その進捗状況および社会情勢や外国人を取り巻く環境の変化等をふまえて，計画期間を2026年度までとしている。

③ 外国籍等の子どもに対する支援・配慮

　子どもに対する支援・配慮の課題として求められるのが，まずは就学支援の充実です。保育所等が市区町村および地域の小学校・中学校と連携しながら進める就学支援では，保育所等に在籍する子どもの人数および就学に関するニーズの把握に始まり，多言語での就学情報の発信や提供，就学状況の一体的管理・把握に努めることなどが必要です。

　また保育・教育における大きな課題となっているのが，異文化理解・多文化共生の考え方に基づく保育・教育の推進です。共生をめざした保育・教育の普及・充実として，さまざまな背景をもつ子どもたちが共に学び育ち合う環境づくりをすすめることは，子どもたちのダイバーシティ（多様性）を尊重する価値観や態度を育むことにもつながります。たとえば，具体的な支援内容である日本語指導においても，子どもたちの母語や母文化に配慮するなど，それぞれのアイデンティティを尊重した指導体制の構築が求められています。

（古山萌衣）

▷6　このような保育・教育の取り組みは，多様な人々を包摂するインクルーシブ社会の構築・実現においても重要である。

障害のある子どもへの支援

① 障害児支援の取り組み

○障害児の定義

　児童福祉法では，対象とする障害児について，身体に障害のある児童，知的障害のある児童，精神に障害のある児童（発達障害児を含む），または治療方法が確立していない疾病その他の特殊の疾病がある児童として規定しています。[1] 障害種別ごとにみた障害児・者の全体の状況は表IX-2の通りです。身体障害，知的障害，精神障害の3区分に障害児数を整理すると，2022年度の調査では，身体障害児が7万2,000人，知的障害児が22万5,000人，精神障害児が27万6,000人となっています。[2]

○児童福祉法による障害児支援

　障害のある子どもを対象にした福祉サービスは，児童福祉法が規定する通所支援および入所支援など，専門の施設・事業者による障害児支援を中心として行われています。これまで障害児支援に関する施設・事業については，児童デイサービス等の事業関係は障害者自立支援法（現，障害者総合支援法），施設入所等は児童福祉法というように分けて規定されていました。しかし障害の重度重複化への対応や地域支援の充実等，障害児支援の強化を図ることを目的とし

▷1　障害者総合支援法の対象とする障害児については，児童福祉法による規定に基づく障害児のうち18歳未満である者としている（第4条第1項及び同条第2項）。

▷2　身体障害児および知的障害児については18歳未満，精神障害児については20歳未満をカウントしている。

表IX-2　全国の障害児・者数		

（万人）

身体障害児・者	18歳未満	7.2
	18歳以上	419.5
	年齢不詳	9.3
	総　計	436
知的障害児・者	18歳未満	22.5
	18歳以上	85.1
	年齢不詳	1.8
	総　計	109.4
精神障害者	20歳未満	27.6
	20歳以上	391.6
	年齢不詳	0.7
	総　計	419.3

注：人数を四捨五入で集計しているため，内訳と合計が一致しない場合がある。

出所：内閣府（2022）『障害者白書 令和4年版』より筆者作成。

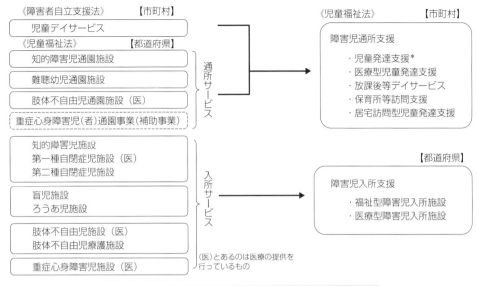

図Ⅸ-3　児童福祉法改正による障害児施設・事業の一元化

注：＊　2022年の児童福祉法改正により，2024年4月から障害種別をなくし，児童発達支援に一元化される。
出所：厚生労働省障害保健福祉部「障害児支援施策の概要」を一部改変。

て，2012年に児童福祉法に基づいた制度体系のなかで行われるように一元化されました（図Ⅸ-3）。このことによる大きな変化としては，以前は障害種別ごとに分かれて規定されていた施設・事業が，通所・入所の利用形態の別により一元化されるようになったことがあげられます。たとえば，従来の通所支援サービスとして行われていた，児童福祉法による知的障害児通園施設，難聴幼児通園施設，肢体不自由児通園施設，重症心身障害児（者）通園事業，および障害者自立支援法による児童デイサービスは，「障害児通所支援」として再編されました。そのなかで児童発達支援（医療型を含む），そして新しいサービスとして**放課後等デイサービス**▷4，**保育所等訪問支援事業**▷5，**居宅訪問型児童発達支援**▷6が行われるようになりました。同様に，それまで児童福祉法による各種の入所サービスとして行われていた施設・事業は，「障害児入所支援」として実施されることになりました。

○障害者総合支援法による障害児支援

　障害者総合支援法は，正式名称を「障害者の日常生活及び社会生活を総合的に支援するための法律」といい，障害者の地域における日常生活・社会生活に対する支援の充実を目的として，障害者自立支援法の改正により2012年に施行された法律です。障害者総合支援法に基づき実施されている障害者支援サービスには，障害児が利用可能なサービスも含まれています。障害児の場合は，居宅サービスとして，居宅介護（ホームヘルプ），同行援護，行動援護，重度障害者等包括支援および短期入所（ショートステイ）を利用することができます。またサービス利用に関する相談支援として，計画相談支援も利用可能となっています（表Ⅸ-3）。

▷3　18歳以上の障害児における施設入所者には，障害者総合支援法に基づく障害福祉サービスが提供されている。

▷4　放課後等デイサービス
⇨Ⅶ-11 参照。

▷5　保育所等訪問支援事業
児童が集団生活を営む施設を訪問し，他の児童との集団生活への適応のための専門的な支援等を行う事業。

▷6　居宅訪問型児童発達支援
外出が著しく困難な重症心身障害児等の重度の障害児及び医療的ケア児等を対象として，その居宅を訪問し行われる発達支援サービス。

表Ⅸ-3　障害児が利用可能な支援の体系

		サービス名	内　容
障害者総合支援法	訪問系	居宅介護（ホームヘルプ）	自宅で，入浴，排せつ，食事の介護等を行う
		同行援護	重度の視覚障害のある人が外出する時，必要な情報提供や介護を行う
		行動援護	自己判断能力が制限されている人が行動するときに，危険を回避するために必要な支援，外出支援を行う
		重度障害者等包括支援	介護の必要性がとても高い人に，居宅介護等複数のサービスを包括的に行う
	日中活動系	短期入所（ショートステイ）	自宅で介護する人が病気の場合などに，短期間，夜間も含め施設で，入浴，排せつ，食事の介護等を行う
児童福祉法	障害児通所系	児童発達支援	日常生活における基本的な動作の指導，知識技能の付与，集団生活への適応訓練などの支援を行う。
		医療型児童発達支援(1)	日常生活における基本的な動作の指導，知識技能の付与，集団生活への適応訓練などの支援及び治療を行う。
		放課後等デイサービス	授業の終了後又は休校日に，児童発達支援センター等の施設に通わせ，生活能力向上のための必要な訓練，社会との交流促進などの支援を行う
		居宅訪問型児童発達支援	通所が著しく困難な障害児に対し居宅で発達支援の提供を行う。
		保育所等訪問支援	保育所等（乳児院及び児童養護施設を含む）を訪問し，障害児に対して，障害児以外の児童との集団生活への適応のための専門的な支援などを行う。
	障害児入所系	福祉型障害児入所施設	施設に入所している障害児に対して，保護，日常生活の指導及び知識技能の付与を行う。
		医療型障害児入所施設	施設に入所又は指定医療機関に入院している障害児に対して，保護，日常生活の指導及び知識技能の付与並びに治療を行う。
障害者総合支援法	相談支援系	計画相談支援	【サービス利用支援】 •サービス申請に係る支給決定前にサービス等利用計画案を作成 •支給決定後，事業者等と連絡調整等を行い，サービス等利用計画を作成 【継続サービス利用支援】 •サービス等の利用状況等の検証（モニタリング） •事業所等と連絡調整，必要に応じて新たな支給決定等に係る申請の勧奨
児童福祉法		障害児相談支援	【障害児利用援助】 •障害児通所支援の申請に係る給付決定の前に利用計画案を作成 •給付決定後，事業者等と連絡調整等を行うとともに利用計画を作成 【継続障害児支援利用援助】

注：(1) 2024年4月より児童発達支援に一元化される。
出所：厚生労働省障害福祉サービス等報酬改定検討チーム「障害福祉サービス等について」を一部改変。

◯障害児支援サービスの利用

　市町村の対応による障害児通所支援サービス（通所施設および居宅サービス）を利用する際は，まず市町村に障害支援区分の認定について申請を行います。そして2012年に新設された障害児相談支援事業による障害児利用支援計画の作成を経て，支給決定を受けることにより，利用する施設との契約を結ぶことができます。また都道府県の対応による障害児入所支援を利用する場合には，児童相談所への申請を行うことになります。

◯障害児支援の課題

　障害のある人を含め，「誰もが相互に人格と個性を尊重し支え合い，人々の多様な在り方を相互に認め合える全員参加型の社会」としての共生社会の実現がめざされているなかで，障害児支援についても地域社会への参加と包容（イ

▶7　文部科学省初等中等教育分科会（2012）「共生社会の形成に向けたインクルーシブ教育システム構築のための特別支援教育の推進（報告）」。

ンクルージョン）を基本理念として展開することが求められています。具体的には，一般的な子育て支援施策における障害児の受け入れを進めると同時に，障害児支援を施設・事業所等のもつ専門的な知識・経験に基づいて一般的な子育て支援施策をバックアップする後方支援として位置づけ，保育所等における障害児への支援にも協力できるような体制づくりを進めていくことが必要とされています。こうした課題に対して，2015年度よりスタートした子ども・子育て支援新制度においても，すべての子どもを対象とする一般支援施策として，児童福祉法に基づく専門支援施策との連携した障害児支援に関する対応が行われています。

2 特別支援教育の広がりと課題

　障害があることにより，通常の学級における指導だけではその能力を十分に伸ばすことが困難な子どもたちを対象にした教育は，通常学級における支援指導を含め，特別な配慮の下に行われる特別支援学校，特別支援学級および通級による指導における教育を中心とした特別支援教育のなかで展開されています。この「特別支援教育」は，2006年の学校教育法改正により，それまでの「特殊教育」からの転換として，障害のある子ども一人ひとりの教育的ニーズに応じて適切な指導および必要な支援を行うという理念に基づいてスタートしました。「特別支援教育」導入の背景には，子どもの障害の重度重複化，また発達障害を含めた障害の多様化への対応とともに，障害によるものだけではない子どもたちのもつさまざまな教育的ニーズへの対応を求める「インクルーシブ教育」および「特別ニーズ教育」という教育理念[8]の世界的な広まりによる影響が指摘できます。

　近年の障害児・者教育の動向として，学校教育における支援等の実施にとどまらず，障害のある人が生涯にわたり，自らの可能性を追求できる環境を整え，地域の一員として豊かな人生を送ることができるようにすることが重要であるという認識が広まりつつあります。この流れには，2013年に成立した「障害を理由とする差別の解消の推進に関する法律（通称，障害者差別解消法）」や，2014年に批准した「障害者の権利に関する条約」が大きな影響を与えています。これまで学校教育が中心となって取り組まれてきた特別支援教育の展開を生涯学習にまで拡大させ（特別支援教育の生涯学習化），障害のある人の就学前から学齢期，そして学校卒業後の社会参加に至るまでの生涯を通じた多様な学習活動の充実を図ること，およびその支援体制を整備することが課題となっています。そのなかで，障害児・者教育は福祉，保健，医療，労働等の障害児・者支援に関わる各分野と広く連携し，ライフステージに沿って一貫した支援体制を地域において構築させていくことが求められています。

（古山萌衣）

▷8　1994年にスペイン政府およびユネスコによって開催された「特別ニーズ教育世界会議」では「サラマンカ宣言」が採択された。ここでのインクルーシブ教育，特別ニーズ教育の考え方は，障害児を含む特別な教育的ニーズをもつ子どもたちを包摂（包容）した教育の方向性を示している。

（参考文献）
　厚生労働省（2014）「今後の障害児支援の在り方について（報告書）――「発達支援」が必要な子どもの支援はどうあるべきか」。

4 虐待を受けている子どもへの支援

1 子ども虐待の定義

　2000年11月に施行された「児童虐待の防止等に関する法律（以下，児童虐待防止法)」は，第１条で，児童虐待が「児童の人権を著しく侵害し，その心身の成長及び人格の形成に重大な影響を与える」ことを明記しています。また，同法第２条は児童虐待の定義として虐待行為を４つに分けて示しています[▶1]。

　① 児童の身体に外傷が生じ，又は生じるおそれのある暴行を加えること。

　② 児童にわいせつな行為をすること又は児童をしてわいせつな行為をさせること。

　③ 児童の心身の正常な発達を妨げるような著しい減食又は長時間の放置…（中略)…，その他の保護者としての監護を著しく怠ること。

　④ 児童に対する著しい暴言又は著しく拒絶的な対応，児童が同居する家庭における配偶者に対する暴力…（中略)…その他の児童に著しい心理的外傷を与える言動を行うこと。

　虐待とは，保護者が子どもに対して行う上記の行為をいいますが，保護者には，親権者だけでなく，同居人など保護者の役割を現に果たす者も含みます。

2 しつけと称した体罰の禁止

　2016年の児童福祉法改正に伴い，同法第14条において，しつけを理由とした子ども虐待の禁止が明記されました。しかし2018年３月，東京都で５歳の女児が両親から虐待を受けて亡くなり，2019年１月にも，千葉県で10歳の女児が父親から虐待を受けて亡くなりました。この２つの事件では，加害者等は虐待をした理由として「しつけのつもりだった」と答えています。

　このような背景から，2019年６月の児童虐待防止法改正では，同法第14条に「児童の親権を行う者は，児童のしつけに際して，体罰を加えることその他…（中略)…監護及び教育に必要な範囲を超える行為により当該児童を懲戒してはならず，当該児童の親権の適切な行使に配慮しなければならない」と記し，しつけによる体罰や懲戒の禁止が示されました[▶2]。たとえ保護者が「子どものため」を思ったしつけや，それに伴う体罰や懲戒であると主張しても，必要な範囲を超えて子どもの権利を侵害する行為は虐待です。

　厚生労働省は，2020年２月に体罰防止のガイドラインとして「体罰等によら

▶1　児童虐待防止法は，４つの虐待行為に名称を付していない。厚生労働省による「児童虐待の定義」では，それぞれに名称を付け以下のように具体的に示している。

・身体的虐待（殴る，蹴る，叩く，投げ落とす，激しく揺さぶる，やけどを負わせる，溺れさせる，首を絞める，縄などにより一室に拘束する　など)。

・性的虐待（子どもへの性的行為，性的行為を見せる，性器を触る又は触らせる，ポルノグラフィの被写体にする　など)。

・ネグレクト（家に閉じ込める，食事を与えない，ひどく不潔にする，自動車の中に放置する，重い病気になっても病院に連れて行かない　など)。

・心理的虐待（言葉による脅し，無視，きょうだい間での差別的扱い，子どもの目の前で家族に対して暴力をふるう：DV，きょうだいに虐待行為を行う　など)。

▶2　民法に規定されていた懲戒権は，2022年の改正で廃止された。

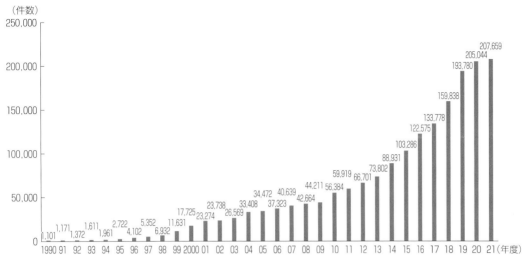

（件数）

図IX-4　児童相談所での児童虐待相談対応件数とその推移

出所：厚生労働省「令和3年度　児童相談所での児童虐待相談対応件数」より引用

ない子育てのために」を公表しました。体罰は子どもの人権侵害であり，法で禁止されていることが掲載され，体罰ではない子どもとの関わり方のポイントが取り上げられています。

❸　子ども虐待の現状

　2021年度の児童相談所による「児童虐待相談対応件数」（以下，虐待対応件数）は，20万7,659件（速報値）でした。調査が開始された1990年度以降，ほぼ毎年増加しています（図IX-4）。ただし，虐待相談対応件数と実際に社会で生じた子ども虐待の件数は一致するわけではありません。1994年に「児童の権利に関する条約」を日本が批准したことなどを背景に，日本の子ども虐待への関心が高まりました。1990年度時点では，虐待が見過ごされていた可能性もあり，現在より虐待発生数が少なかったとはいい切れません。

　虐待相談対応件数を虐待の種類別にみると（図IX-5），2021年度は，心理的虐待が半数以上（60.1％）を占め，身体的虐待（23.7％），ネグレクト（15.1％），性的虐待（1.1％）という割合です。心理的虐待の割合の高さには面前DVによる被害の増加も背景にあります。性的虐待の割合は低いですが，性的虐待は発見・通告しづらい現状があり，実数はもっと多いと考えられます。

❹　子どもと関わる専門職に求められる虐待対応

○虐待の早期発見と通告

　子ども虐待は，場合によっては死に至ります。重篤化を防ぐためには，早期発見と通告が不可欠です。発見と通告は全国民に求められていますが，児童虐待防止法では，特に児童の福祉に関係のある者に対し，「児童虐待を発見しや

▶ 3　厚生労働省（2022）「子ども虐待による死亡事例等の検証結果等について（第18次報告）」によると，2020年度に把握された心中以外の子ども虐待死亡事例は47例（49人）であった。

すい立場にあることを自覚し，児童虐待の早期発見に努めなければならない」（第5条）と定めています。また，同法は2004年の改正において，通告の対象を「児童虐待を受けた児童」から「児童虐待を受けたと思われる児童」（法第6条）へと拡大しました。虐待の断定ができなくとも，疑いの時点で通告することが，親子を早い段階で支援の対象として把握することにつながります。

○子どもへの対応

虐待通告を受けた際，児童相談所は48時間以内に当該児と直接会って状況を確認します。子どもの状況に応じ，緊急性が高い場合は児童相談所等での**一時保護**[44]を行います。一時保護の期間中，保護された子どもの家庭状況等を調査し，一時保護の解除後，在宅支援，施設入所，里親への委託等，子どもにとってどのような支援が適切かを検討し判断されます。

在宅支援の場合は，子どもや家庭と関わるさまざまな機関と連携しながら，地域で当該家族を見守り，相談に応じるなど，虐待状況の改善に向けて支援します。施設入所等の親子分離がなされた場合は，まず子どもに安全で安心できる生活環境を与えます。その上で，自立支援や家庭復帰（再統合）に向けた支援を行います。

虐待は子どもの心身にさまざまな害を及ぼします。大人や社会への恐怖感・不信感・絶望感等を抱え，トラウマとなって長期的に影響を受けることもあります。身体の治療や生活環境の整備に加え，心理面接やプレイセラピーなど，児童相談所の児童心理司や医師等による専門的な治療を行い，子どもが受けた傷を少しずつ癒すケアが求められています。

○保護者への対応

2021年度の虐待相談対応件数において，虐待の主な加害者は実母（47.5％），実父（41.5％）の割合です（図Ⅸ-5）。虐待の背景には，保護者の子育て不安やストレス，貧困，DV被害や，保護者自身の被虐待経験による連鎖，疾病，障害を抱えている等の場合もあります。「虐待する親＝悪」という見方ではなく，子ども虐待は子育て支援のSOSととらえ，支援を行う必要があります。

▶4　一時保護

児童福祉法第33条および「一時保護ガイドライン」において，児童相談所長又は都道府県知事等が必要と認める場合には，子どもを一時保護所に一時保護し，又は警察署，福祉事務所，児童福祉施設，里親その他児童福祉に深い理解と経験を有する適当な者に一時保護を委託することができると定められている。一時保護の期間は，原則2か月を超えてはならず，一時保護の目的を達成するために必要な最小限の期間とされている。

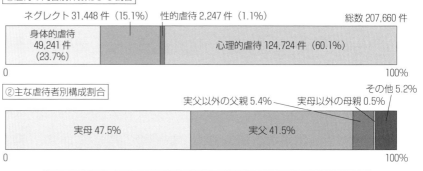

図Ⅸ-5　2021年度　児童相談所での虐待相談対応件数における各割合

出所：厚生労働省「令和3年度福祉行政報告例の概況」より筆者作成。

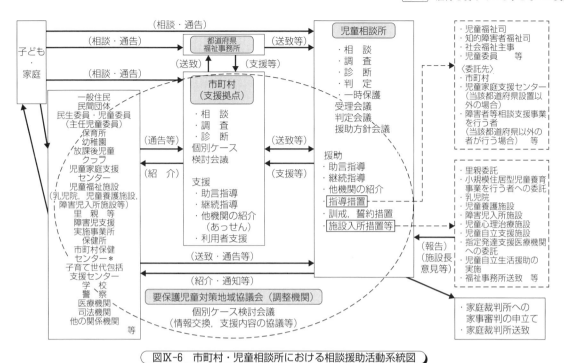

図IX-6 市町村・児童相談所における相談援助活動系統図

注：＊ 市町村保健センターについては，市町村の児童家庭相談の窓口として，一般住民等からの通告等を受け，支援業務を実施する場合も想定される。

出所：厚生労働省「市町村児童家庭相談援助指針について」（https://www.mhlw.go.jp/bunya/kodomo/dv-soudanjo-sisin.html, 2022.8.20）。

具体的には，相談面接や心理的ケア，経済的な支援，子どもへの関わり方のサポートなど多くの支援が求められます。親子分離に至った場合は，再統合に向けた支援が行われます。重篤なケースの場合は，実刑判決や親権の停止等，法的な対応が求められることもあります。どのようなケースにおいても，地域のさまざまな専門機関による継続的な支援が不可欠です。

○地域における虐待対応

虐待対応は，児童相談所が単独で行うのではなく，さまざまな機関が連携した対応が求められます。子どもが過ごす学校や保育施設はもちろんのこと，役所，保健センター，病院，民生委員等，親子が生活する地域のさまざまな機関が連携し，適切な情報共有をした上で支援の役割を果たすことが可能となります。

2014年以降，虐待を受けた子どもをはじめとする支援対象児童とその保護者への対応を図るために，地方公共団体において「要保護児童対策地域協議会」が運営されています（図IX-6）。地域のなかで情報共有を図りつつ，虐待の早期発見や支援，また支援の対象を**特定妊婦**にも広げ，虐待の発生予防に努めています。

（上原真幸）

▷5 2020年改正の児童虐待防止法は第11条において，都道府県知事または児童相談所所長が行うよう努める内容として，虐待を行った保護者に対する医学的・心理学的知見に基づく指導を明示した。

▷6 特定妊婦
児童福祉法第6条の3第5項において「出産後の養育について出産前において支援を行うことが特に必要と認められる妊婦」と定義されている。若年妊娠，予期しない妊娠，経済的困難，多胎妊娠等が該当する。

参考文献
厚生労働省（2020）「体罰等によらない子育てを広げよう！（リーフレット）」（https://www.mhlw.go.jp/no-taibatsu/assets/pdf/no_taibatsu_leaflet.pdf, 2022.08.20）。

社会的養護経験者への支援

① 社会的養護経験者への支援の意義

　児童養護施設等の施設や里親，ファミリーホームなどで生活してきた子ども（**ケアリーバー**〔社会的養護経験者〕）は，親（保護者）の生活状況が改善すれば家庭に復帰，特別養子縁組等が決まれば新しい家庭で生活，あるいは，中学卒業後就職が決まったり，18歳（措置延長可能で年齢制限なし）を過ぎていれば自立に向けて準備（リービングケア）をした上で，施設や里親等から離れて社会の一員として生活することになります。さらに，施設等を措置解除となった後でも，「**自立援助ホーム**」を利用して生活指導や就業の支援などの社会的自立に向けた準備を行うことも可能となっています。

　しかし，社会的養護経験者は，制度的枠組みのもとで養育されてきたこともあり，年金や健康保険などの社会保障制度，電気・ガスや住居等の契約手続きをはじめ，社会生活に必要な基本的知識に乏しい場合があります。また，親（保護者）や親族等による支援機能が弱く，ほとんど期待できない場合があるのに加え，アイデンティティや対人関係の形成に困難を抱えている場合もあります。そのため，家庭復帰後の生活や社会人としての生活をスムーズに送ることが難しい場合が多々あります。そして，このような困難が続けば貧困の再生産などの問題を抱える可能性があるため，支援を行う必要があります。

② 社会的養護経験者の現状

　近年は，社会的養護経験者の現状を正確にとらえ，これまでに提供されてきたケアを評価し，今後のケアのあり方を考えることが重視され，求められるようになっています。

○社会的養護経験者の現状

　2021年に社会的養護経験者の全国調査が実施されました。この調査は，2015年4月以前に中学を卒業していたもので中学卒業後，2015年4月～2020年3月の間に，児童養護施設や里親家庭などを離れた2万690人を対象に行われました（回答数2,980件，回答率14.4％）。現在の生活状況や課題，支援の必要性を知るため，退所から現在までの状況が尋ねられました。なお，この調査は，調査対象者の3分の2に連絡が取れず，調査票さえ発送できませんでした。そのため，この調査に回答した人は，相対的に安定した状況にあると推測されます。

▷1　ケアリーバー（care leaver：ケアを離れた人）とも呼ばれている。

▷2　社会的養護に関わる施設では，個々の子どもについて作成された自立支援計画に基づき段階的なケアが実施されており，入所前にはアドミッションケア，入所中にはインケア，退所前にはリービングケア，退所後にはアフターケアが行われている。このうち，リービングケアは，退所後の生活を円滑に行うため，社会生活で必要な生活技術を身につけるトレーニングや実際に自立生活体験を積むなど年齢や退所後の状況に応じた支援がなされるものである。

▷3　自立援助ホーム
⇨Ⅵ-13参照。

▷4　三菱UFJリサーチ＆コンサルティング（2021）「施設や里親家庭等で生活していた人の生活やサポートに関するアンケート調査」。

仕事・学校のこと

今の仕事や登校の状況は？

 働いている 63.6%

 学校に通っている 15.6%

 働いて，学校にも通っている 7.4%

どんな働き方をしている？（TOP 3）

 働いている人

1位	正社員	57.3%
2位	パート・アルバイト	27.9%
3位	契約社員・派遣社員	9.2%

 働いて，学校にも通っている人

1位	パート・アルバイト	90.5%
2位	正社員	5.0%
3位	契約社員・派遣社員	3.2%

どんな学校に通っている？

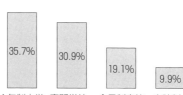

4年制大学 35.7%　専門学校・短期大学 30.9%　全日制高校 19.1%　定時制・通信制高校 9.9%

図Ⅸ-7　社会的養護経験者の仕事や学校の状況

出所：三菱 UFJ リサーチ＆コンサルティング（2021）「児童養護施設等への入所措置や里親委託等が解除された者の実態把握に関する全国調査概要版」（https://www.murc.jp/wp-content/uploads/2021/04/koukai_210528.pdf）。

不安なことやサポートのこと

今の暮らしで困っていること，不安なこと，心配なことは何？（TOP10）

 1位 生活費や学費のこと 33.6%

 2位 将来のこと 31.5%

 3位 仕事のこと 26.6%

4位	人間関係のこと	20.6%
5位	健康（精神的）のこと	19.2%
6位	家族・親せきのこと	14.5%
7位	孤独感のこと	12.7%
8位	住まいのこと	12.2%
9位	健康（身体的）のこと	11.6%
10位	借金のこと	9.1%

困っていることや不安なことはない 24.7%

実際に寄せられた声　※一部抜粋

どんなに働いてもアルバイトだから，貰える給料は低いから貯金も出来ないし，身体は疲れるし今後が不安

コロナで収入が減り，奨学金を払っていけるか不安です

お金の出費が多く，学費が払えるか心配

親との接し方，関わり方が分からない

今後のキャリアをどう積んでいったらいいか分からない。もう一度やり直したり，チャンスがほしい

出産をするにあたって，子供の頃に受けた態度を，自分の子供にしてしまうのではないかとの不安があります

周りに相談する人が少なく，誰を頼ればいいか分からない。頼れる人がいても頼り方が分からない

今後利用したいサポートやサービスの内容は？（TOP 3）　※「困っていることや不安なことはない」を回答した人を除く

1位 奨学金や，生活費の貸付，生活保護などの金銭面に関する支援 29.0%

2位 住宅の確保に活用できる給付金や，食事の提供など，住居や食事・食料に関する支援 26.7%

3位 悩み事やメンタルヘルスについて電話や SNS で相談できるなど，心身の健康に関する支援 16.8%

利用してみたいサポート・サービス等はない 26.7%

図Ⅸ-8　社会的養護経験者の不安と利用したいサポート

出所：図Ⅸ-7 と同じ。

それをふまえて，以下の調査結果を見てみましょう。

　まず，現在の仕事や学校については，働いている人が63.6％，学校に通っている人が15.6％，働いて，学校にも通っている人が7.4％でした。働いている人のうち，正社員が57.3％，パート・アルバイトが27.9％，契約・派遣社員が9.2％でした。この結果については，一般の若者の状況と大きな差は認められませんでした（図Ⅸ-7）。次に，学校に通っている人については，4年制大学が35.7％，専門学校・短期大学が30.9％，全日制高校が19.1％，定時制・通信制高校が9.9％でした。文部科学省の学校基本調査（確定値）では，2021年度の4年制大学への進学率は54.9％で，短期大学と専門学校も含めた高等教育機関への進学率は83.8％でした。社会的養護経験者の高等教育機関への進学率は，66.6％（4年制大学35.7％＋専門学校・短大30.9％）で，一般と比べると2割弱ほど低いです。また，同調査では，学校に通っている人以外の最終学歴についても尋ねましたが，中学・高校卒が79.4％である一方，高等教育機関を卒業した人は12.6％にとどまり，社会的養護経験者の高等教育機関への進学は，一般と比べると大幅に低いことがわかります。

　最後に，現在困っていること等については，回答の多かった順に「生活費や学費のこと」「将来のこと」「仕事のこと」でした。一方，約4人に1人が「困っていることや不安なことはない」と回答しました。また，今後利用したいサポート等については，「金銭面に関する支援」「住居や食事・食料に関する支援」「心身の健康に関する支援」などがあげられました（図Ⅸ-8）。

○その他の調査から得られる手がかり

　上記とは別の調査において社会的養護経験者を分析したところ，以下3つの結果が得られました。まず1つめは生活保護受給率の高さです。各地域の同年代の生活保護受給率の平均と比較すると，児童養護施設等の退所者の生活保護受給率は18倍以上にもなります。2つめは進学の格差です。児童養護施設等のもとで暮らす子どもの高校中退率は一般の若者の約10倍にものぼります。また，大学等への進学率は社会全体との格差に加え，地域間の差も生じています。3つめは，社会から孤立する状況にあることです。退所後3年間で退所者の3分の1が連絡先不明になっています。さらに，社会的養護経験者へのインタビュー調査からは，自分の「生まれ」や「命」について根源的な部分で不安定な気持ちを抱えているため，生い立ちを整理する取り組みなどを通じて自分自身を肯定し，生きることの基盤をつくることの重要性とその支援の必要性が指摘されています。

3　社会的養護経験者への支援

○アフターケアの義務化

　2004年の児童福祉法改正では，社会的養護に関わる施設の目的に「退所した

▷5　厚生労働省「生活保護と社会的養護の現状について（2022）」。

▷6　有村大士・永野咲ほか（2013）「児童養護施設におけるアフターケアの専門性と課題に関する研究」『日本子ども家庭総合研究所紀要』第50集。

▷7　全国社会福祉協議会全国退所児童等支援事業連絡会「社会的養護施設等の退所児童に関する支援の実態把握等調査研究等事業」報告書。

▷8　永野咲（2017）「社会的養護のもとで育った若者はどう生きているか」『子どもと福祉』10，明石書店，26-29頁。

者に対する相談その他の自立のための援助」（**アフターケア**[9]）が義務づけられました。里親やファミリーホームに委託された子どもについても，児童養護施設または乳児院に置かれる**里親支援専門相談員**[10]や児童相談所の職員等によってアフターケアを行うことが通知「里親委託ガイドライン」（2011）に定められました。しかし，制度的枠組みが十分ではなかったため，実際には個々の施設や児童相談所の努力，里親の善意ある取り組みに任されてきました。そのため，具体的かつ実効的なアフターケアの仕組みが望まれてきました。

◯当事者団体による支援

2000年代以降は，社会的養護経験者が中心となって当事者団体を結成し，社会的養護経験者等のための居場所づくりや各種相談，マスメディアやインターネット等を利用し活動を社会へ発信する取り組み等が行われています。社会的養護経験者は孤立しやすく，問題があっても1人で抱えてしまいがちであるため，お互いに境遇や気持ちを理解し合い，つながることのできる「居場所」を設けることはとても重要な支援です。

◯今後の支援の方向性

2017年の「**新しい社会的養育ビジョン**[11]」では，社会的養護経験者の実態把握，自立支援ガイドラインの作成，里親や児童養護施設等のアフターケア機関の自立支援機能の強化，都道府県等による自立支援計画の策定等が目指されました。これを受け，2017年には，原則措置解除される18歳到達後も原則22歳の年度末まで，里親家庭や施設等に居住し必要な支援が受けられる「社会的養護自立支援事業」が開始されました。さらに，この事業は2022年の児童福祉法改正において対象者の年齢制限が撤廃され，22歳の年度末を越えても利用できるようになりました。

さらに，2022年の児童福祉法改正では，社会的養護経験者（施設や里親だけでなく，児童相談所付設の一時保護所利用児や在宅指導等を受けた子どもなども含む）の実態把握と自立支援については，都道府県が行わなければならない業務となりました。加えて，社会的養護経験者の相互交流の場の提供，自立した生活に関する情報提供，就労に関する相談支援・助言，関係機関との連絡調整などを行う「社会的養護自立支援拠点事業」が創設されることになりました。

今後は，地域生活における自立支援を継続的に機能させていくため，予算措置や人的配置，住居の確保，自立援助ホーム等の居住型資源の整備が必要です。

さらに，一人ひとりの状況に応じたきめ細やかな支援を地域のなかで行うことが求められます。アフターケアは経済的自立だけでなく精神的自立を支援することも含むため，長期に及ぶ場合が多いです。そのため，アフターケアの担当者が継続して支援を行えるよう環境整備していくことが大切です。

（吉田幸恵）

▷9　**アフターケア**
社会的養護経験者が地域社会で一定程度自立するまでの継続的な支援のことで，施設退所後あるいは里親委託解除後に行われる。具体的には通信（手紙，電話，メールなど）や家庭訪問・職場訪問を定期的かつ必要に応じて実施するなど，社会的養護に関わる施設，里親，児童相談所，学校，市町村，児童委員・主任児童委員等が互いに連携しながら子どもとの関係づくりを積極的に行うものである。

▷10　**里親支援専門相談員**
⇨ VII-5 参照。

▷11　**新しい社会的養育ビジョン**
⇨ VI-17 参照。

心理的な課題を抱える子どもへの支援

子どもの心理的な課題

　子どもの抱える心理的な課題としては，①不登校，緘黙（かんもく），孤立などの非社会的問題行動，②反抗，乱暴，盗み，金銭持ち出し，怠学，授業妨害などの反社会的問題行動，③チック，爪かみ，夜尿・遺尿，偏食・拒食，吃音などの神経症性習癖といった情緒面の問題があげられます。これらの問題は，人間関係の軋轢（あつれき）などの心理社会的な要因から生じるものであり，身体疾患や発達障害などの生物学的な要因によって生じるわけではありません。

　しかし，一般的に発達障害のある子どもは，虐待やいじめといった暴力の被害者になりやすい傾向があり，こうした被害体験による二次障害として，パニックや引きこもりなどの情緒面の問題が著しくなることもあります。また，心理的な課題が先に生じている子どもの場合でも，学校に行きにくい状況などが長く続けば，何らかの発達の問題にまで進むことも稀ではありません。

　以上のように，子どもの心理的な課題は，発達障害と重なり合って生じることが少なくありません。まずは周囲の大人が発達障害に対する理解を深め，それぞれの子どもに合った環境を整え，適切な支援をしていくことが重要です。

② 発達障害とは

◯法令上の定義

　発達障害の定義は，**発達障害者支援法**[*1]第２条に定められています。この法律によると，発達障害を「自閉症，アスペルガー症候群その他の広汎性発達障害，学習障害，注意欠陥多動性障害その他これに類する脳機能の障害であってその症状が通常低年齢において発現するものとして政令で定めるもの」，発達障害者を「発達障害および社会的障壁により，日常生活または社会生活に制限を受けるもの」と定義しています。発達障害とは，何らかの脳機能障害が存在していることが前提であり，親の育て方などの問題で生じるものではありません。

◯ライフステージに応じた支援の必要性

　代表的な発達障害の概要については，図Ⅸ-9の通りです。こうした発達障害の中核的な特徴は，生涯を通して継続しますが，子どもの置かれている状況や環境によって症状のあらわれ方が変わっていきます。そのため，ライフステージの変化に応じた子どもと家族への支援が必要になります。

> **▷1　発達障害者支援法**
> 2004年に制定された発達障害児・者への適切な支援を推進するための法律。従来，障害者とは，主に「障害者基本法」で定められた３障害，つまり身体障害，知的障害，精神障害に限定されていたため，発達障害については，知的障害を伴う場合だけが支援の対象になっていた。しかし，この法律が制定されたことで，発達障害も他の精神疾患と同じく公的支援が受けられるようになった。

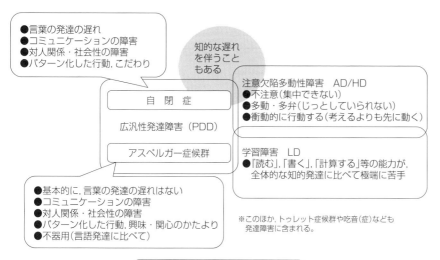

●言葉の発達の遅れ
●コミュニケーションの障害
●対人関係・社会性の障害
●パターン化した行動,こだわり

知的な遅れ
を伴うこと
もある

注意欠陥多動性障害　AD/HD
●不注意(集中できない)
●多動・多弁(じっとしていられない)
●衝動的に行動する(考えるよりも先に動く)

自　閉　症

広汎性発達障害（PDD）

アスペルガー症候群

学習障害　LD
●「読む」,「書く」,「計算する」等の能力が,
　全体的な知的発達に比べて極端に苦手

●基本的に,言葉の発達の遅れはない
●コミュニケーションの障害
●対人関係・社会性の障害
●パターン化した行動,興味・関心のかたより
●不器用(言語発達に比べて)

※このほか,トゥレット症候群や吃音(症)なども
　発達障害に含まれる。

図Ⅸ-9　代表的な発達障害の概要

出所：厚生労働省（2019）「発達障害の理解」(https://www.mhlw.go.jp/seisaku/dl/17b.pdf, 2022.7.19)。

　発達障害のある子どもには早期発見・早期支援が重要であり，発達障害者支援法にも国の責務として明記されています。乳幼児期は，言葉の発達をはじめとしたコミュニケーション能力，対人関係や社会性，さまざまな認知機能の習得など，将来的な自立に向けた基盤を形成するための大切な時期です。健全な発達が促されるよう，他の子どもたちとともに過ごせるための適切な配慮が求められます。発達障害のある子どものなかには，その特性から不適切な養育や虐待の対象になりやすい子どももいるため，親への支援が求められます。

　学齢期になると，学校などの集団で過ごす場面が増え，子ども自身の生活空間が広がります。また，同時に，子ども同士の親密な仲間関係を構築したり，自我の芽生えによって他者を強く意識し始める時期でもあります。発達障害のある子どもは，環境の変化への対応が苦手で，相手の立場にたって物事をとらえることや文脈に即した考え方をすることに困難があるため，不安や対人関係のストレス，不適応が高まることも少なくありません。なかには，からかいやいじめの対象にされて孤立したり，失敗体験の積み重ね等による自尊感情の著しい低下により，不登校になるなど，二次的問題が起こる場合があります。

3　発達障害や情緒面の問題への支援のあり方

○個別的な対応の必要性

　同じ発達障害という診断であっても，子どもの特徴は一人ひとり全く異なります。そのため，子どもの様子を根気よくみながら，じっくりと個別に対応していくことが大切です。

　また，診断名にかかわらず，親子ともに安心感をもち，子どもの育つ力を発揮できるように生活環境を整えていくことが基本となるのは共通します。発達障害や情緒面の問題に対する，薬物療法やカウンセリングなどの心理療法はあ

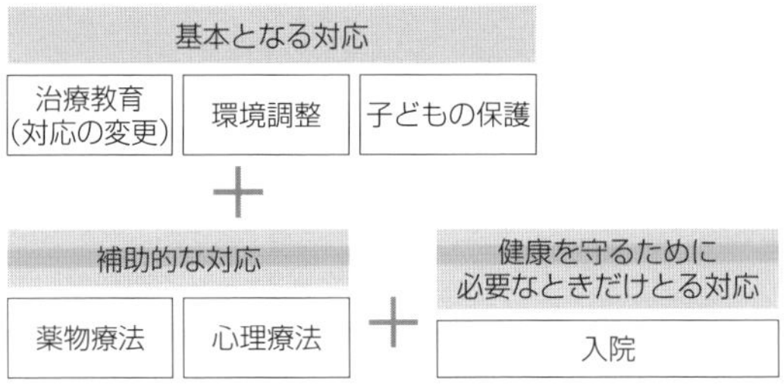

図Ⅸ-10　発達障害や情緒面の問題に対する支援の考え方

出所：杉山登志郎監修（2009）『子どもの発達障害と情緒障害』講談社。

くまでも補助的な支援方法に過ぎません。支援の基本は毎日の生活のなかにあります（図Ⅸ-10）。なお，発達障害等のある子どもへの支援方法としては以下のものなどがあげられます。

○ペアレント・トレーニング

発達障害等のある子どもは，いわゆる「育てにくい子ども」と捉えられがちです。周囲からは障害の有無がわからないことが多いため，子どもの困った行動は親のしつけや愛情不足の問題だと非難されることもあります。そのため，親は子どもの問題行動に対して自責的になり，子どもの行動を正そうとして，さらに子どもを叱責するなど，厳しく接するようになります。しかし，そうした対応は逆効果であり，子どもの行動はますます悪化してしまいます。その結果，親は子育てに自信を失い，親子関係も悪くなってしまいます。

このような悪循環を絶つためには，子どもへの支援だけでは不十分であり，親への支援が不可欠です。そのための有効な方法として，ペアレント・トレーニングがあります。ペアレント・トレーニングは，グループワークなどを通して，親に子どもとの接し方の技術を学んでもらい，子育てに対する自信を回復してもらうための心理教育的な支援方法です。こうした支援によって親の対応が変化することで，子どもにも望ましい変化をもたらします。

発達障害等への対応の中心は，治療教育です。子どもが社会に適応し，生活に困らない力を身に付けるためには，周囲が働きかけることが必要であり，子どもの養育に関わる大人が対応方法について学ぶことは大切なことです。

2022年の児童福祉法等の改正では，子育てに不安や負担を感じる家庭への支援や，虐待防止対策の強化に向け，親子関係の構築に向けて支援を行う「親子関係形成支援事業」が新設されました。この事業では，「親子間の適切な関係性の構築を目的とし，子どもの発達段階，置かれている状況等に応じた支援」を行います。

また，都道府県，政令指定都市，児童相談所設置市では，親子の再統合（親子関係の再構築など）が必要と認められる児童とその保護者を対象として，児童虐待の防止に資する情報の提供，相談，助言等を行う「親子再統合支援事業」

表IX-4 構造化の例

空間の構造化	空間の意味を伝えるために，場所と活動内容が一対一になるように衝立や棚などで空間を分けて使用すること。そうすることで，その場所の意味や目的がわかりやすくなる。
時間の構造化	時間という目に見えない概念を視覚的に示すこと。具体物，写真，絵，シンボル，文字などを，時間の流れに合わせて上から下または右から左に並べて見せることで，できるだけ視覚的にわかりやすくスケジュールを提示する。
作業活動の構造化	一人で作業に取り組めるように，何をどのように，どれだけの量を，いつまで行うのか，終わったら何をするのかといった手順を，目で見てわかるように伝えること。

出所：佐藤新治・田中新正・古賀精治（2008）『放送大学大学院教材　障害児・障害者心理学特論』放送大学教育振興会を参考に筆者作成。

に取り組み，「保護者支援プログラム」などが実施されます。

○構造化による環境調整

子どもの認知特性に合わせて，空間や時間の意味をわかりやすく示すために環境を再構成することを構造化といいます（表IX-4）。

構造化という考え方は，賞賛や叱責で行動を変えようとするのではなく，環境を調整することで，自分は何を求められているか，何をすればよいのかを理解しやすくすることに重点を置いています。構造化によって，子どもは見通しがもちやすくなり，自立的かつ安心して生活できるようになります。

○薬物療法について

発達障害の原因は現時点では明らかになっていないため，発達障害を根本的に治療する薬は存在していません。そのため，環境調整，対応改善などが第一選択になり，薬は補助的な手段となります。しかし，子どものパニックや抑うつ症状に周囲の大人が適切に対応できないと，子どもは不適応状態に苦しみ続け，状態がさらに悪化するという悪循環に陥ります。こうした場合には，薬の助けを借りて，状態を落ち着かせることを考える場合があります。[2]

○社会的スキル訓練（Social Skills Training：SST）

社会のなかで他者とうまく関わっていくための個々の技能を社会的スキルといいます。通常，多くの子どもたちは，他者とうまく付き合っていくために必要な対人関係のノウハウや暗黙のルールを，それほど意識せずに身につけていきます。しかし，発達障害等のある子どもは，そのような社会的スキルを自然に学習することは困難です。社会的スキルが身に付いていかないと，いじめ，不登校，抑うつなどの不適応状態に陥りやすくなります。そのため，発達障害等のある子どもは，さまざまな対人場面における適切な行動のスキルを，一つひとつ具体的に学んでいく必要があります。

SSTでは，そうしたスキルを丁寧に指導していきます。SSTはグループ指導の形態で行われることが多く，内容については，対象となる子どもの年齢，障害特性，生活状況に応じて選定されます。　　　　　　　　　　　（千賀則史）

▷2　現在，ADHDへの薬物療法に対しては，メチルフェニデート（コンサータ）とアトモキセチン（ストラテラ）グアンファシン（インチュニブ），リスデキサンフェタミン（ビバンセ）が使用されている。いずれも多動や不注意を改善させる効果がある。また，自閉症などの発達障害による乱暴，興奮に対しては，リスペリドン（リスパダール）やアリピプラゾール（エビリファイ）が使われている。

非行等の問題行動のある子どもへの支援

非行臨床機関の概要

　非行等の問題行動のある子どもへの支援に関わるさまざまな臨床現場があります。学校，教育・心理相談機関をはじめ，最近では，発達障害と関係する非行事件が社会的な関心を集めるなかで，医療機関や障害者支援機関での取り扱いもあります。公的な専門機関としては，警察，家庭裁判所，少年鑑別所，保護観察所，少年院といった少年法に基づくもの，児童相談所，児童自立支援施設などの児童福祉法に基づくものがあります（表IX-5）。

　非行臨床では，子どもの年齢等によって対応する専門機関が定められています。その根拠となる法律は少年法です。少年法は，「少年の健全な育成を期し，

▶1　法務技官
法務省採用の国家公務員で，少年鑑別所などに勤務し，心理学の専門的な知識や技術を活かして，心理アセスメント等の業務を行う。

▶2　法務教官
法務省採用の国家公務員で，少年院や少年鑑別所などに勤務し，矯正教育を担当する。

▶3　保護観察官
法務省採用の国家公務員で，保護観察所などに勤務し，少年院から仮退院した少年などが社会復帰後に健全な社会生活を送ることができるようにサポートする。

▶4　保護司
法務大臣から委嘱を受けた非常勤の一般職公務員。身分は国家公務員だが無給のため実質的にはボランティアである。保護観察において，保護観察官と協働して少年などの更生を支援する。

表IX-5　公的な非行臨床機関の一覧

支援機関	対象となる子ども	支援機関の特徴等
警察	非行や問題行動のある子ども・犯罪や非行の被害にあった子ども	警察官が非行少年の捜査，取り調べを中心に行っている。「少年サポートセンター」などの名称により保護者からの相談を中心に電話相談も行っている。
家庭裁判所	警察で補導・検挙された少年	非行を犯した少年の資質や家族・学校など少年を取り巻く環境を調査し，非行事実の認定と少年の処分の決定を行う。審判が開かれ，保護処分となる少年は限られるが，家庭裁判所調査官による少年・保護者への面接調査などの活動そのものが教育的措置という位置付けにある。
少年鑑別所	家庭裁判所の観護措置の決定により送致された少年	家庭裁判所の審判によって観護措置と呼ばれる収容決定がなされた少年を最高8週間まで収容し，**法務技官**[1]などが心理テストや面接により再非行のリスク・アセスメント，**法務教官**[2]が生活指導などの観護にあたっている。
保護観察所	家庭裁判所で保護観察に付された少年および少年院を仮退院中の少年	**保護観察官**[3]と**保護司**[4]が協働し，地域社会との連携により，生活指導や家族調整などの支援を行う。その期間は，原則20歳までである。
少年院	家庭裁判所で少年院送致となった少年	法務教官が少年と生活を共にし，教科教育や職業教育などを行う。収容年齢は12〜23歳未満で，6か月以内の短期処遇と原則2年以内の長期処遇がある。
児童相談所	問題行動やそのおそれのある18歳未満の子ども	児童福祉司や児童心理司による調査・診断に基づき，指導もしくは施設への措置を行う。子どもを保護する一時保護所を付設しているところもある。
児童自立支援施設	児童相談所や家庭裁判所の決定により送致された子ども	職員と子どもが生活をともにし，開放的な雰囲気のなかで生活指導や学科指導を行う。かつては実際の夫婦が親代わりとなって生活する小舎夫婦制が主だったが，現在では交代勤務制の施設が多い。

非行のある少年に対して性格の矯正及び環境の調整に関する保護処分を行うとともに，少年の刑事事件について特別の措置を講ずること」（少年法第1条）を目的としています。少年法は，**非行少年**を次のように分けています。

○犯罪少年

14歳（刑事上の責任を負う最少年齢）以上で罪を犯した少年をいいます。成人犯罪の多くが警察で微罪処分や検察庁で不起訴になるのとは異なり，非行少年は家庭裁判所へ原則全件送致されます。犯行時14歳以上，特に16歳以上で殺人など重大な事件を犯せば，原則として刑事裁判を受け，実刑となれば，16歳になるまでは少年院，その後は少年刑務所で受刑します。

○触法少年

14歳未満で刑罰法令に触れる行為を行った少年をいいます。刑事責任年齢に満たなくとも放置されるわけではなく，児童福祉法上の措置が優先されるため，警察に補導され，児童相談所に通告されます。その結果，児童自立支援施設などへの入所措置がなされることもあります。ただし，重大事件などの場合，家庭裁判所へ送致されて審判が開かれ，概ね12歳から少年院に送致されることもあります。

○ぐ犯少年

一定の事由があり，性格や環境から，将来，犯罪・触法行為に至るおそれのある少年をいいます。14歳未満であれば児童福祉法の措置が優先されますが，14歳以上なら児童相談所への通告か家庭裁判所への送致が選択されます。なお，改正少年法では，18歳以上の特定少年については，ぐ犯を理由とする保護処分は行わないこととなりました。

○特定少年

民法上の成人年齢の引き下げに伴い，18歳と19歳が「特定少年」に位置づけられました。特定少年は，原則逆送とされる対象事件が拡大され，起訴された後は，実名報道が可能となるなど実質的に厳罰化となりました。

❷　非行少年への支援の全体像

非行少年に対する手続きの流れは，図Ⅸ-11 の通りです。14歳未満の非行少年は，触法少年として児童相談所に通告されます。その一方で，14歳以上の非行少年は，原則，犯罪少年として全件家庭裁判所へ送致されます。

2020年には，家庭裁判所で4万3,872人の事件が処理されています。少年の身柄確保や鑑別のために少年鑑別所に入所したのは5,197人でした。**不処分**や**審判不開始**となることがほとんどで，保護観察などの保護処分となった少年は1万2,806人と限られています。そのなかで少年院送致となったのは1,624人で全体の約3％程度に過ぎません。

▷5　非行少年
民法上の成人年齢が20歳から18歳に引き下げられたことに伴い，2022年4月に改正少年法が施行されたが，改正少年法においても「少年」とは20歳に満たない者をいう。

▷6　家庭裁判所から検察に送致し，刑事事件として対応すること。

▷7　不処分
調査や審判などにおける教育的働きかけにより，少年に再非行のおそれがないと認められた場合に，少年に処分をしないこと。

▷8　審判不開始
軽微な事件であって調査などにおける教育的働きかけだけで十分な場合に，審判を開始せずに調査のみを行って事件を終わらせること。

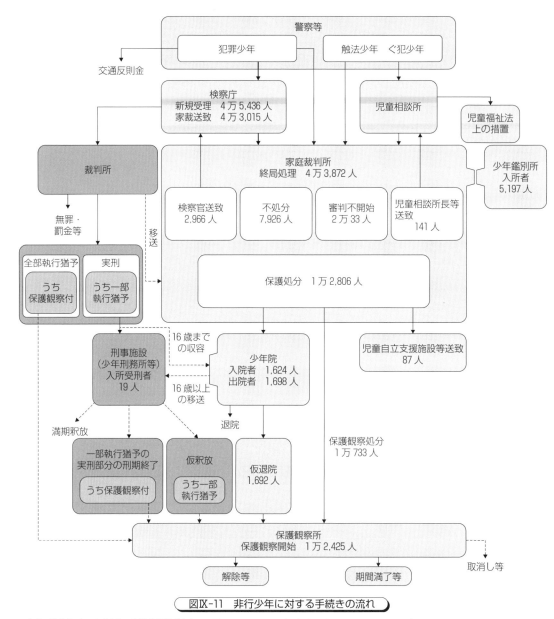

図Ⅸ-11　非行少年に対する手続きの流れ

出所：法務省（2021）『令和3年版 犯罪白書』（https://hakusyo1.moj.go.jp/jp/68/nfm/mokuji.html, 2022.8.12）。

3 非行からの立ち直り支援

　　従来の非行に関する研究のほとんどは，「人はなぜ非行をするのか」という問題意識のもと，その原因を追究するものでした。こうした研究から，有用な知見が数多く得られていることはいうまでもありません。しかし，非行の原因がわかったとしても，時間を過去に巻き戻して生育歴を変えることはできません。また，大抵の場合，原因は1つではなく複数あるため，そのすべてを解決することなど不可能です。しかし，非行のリスクを抱えながらも，その後の支援や社会資源を適切に活用することで，再犯を防止することは可能です。

　ここでは，諸外国で行われている立ち直り支援のモデルとして，リスク・ニーズ・応答性モデルを説明した上で，近年注目されている長所基盤アプローチであるグッドライフ・モデルについても紹介します。

○リスク・ニーズ・応答性モデル（RNR モデル）

　カナダのボンタ（Bonta, J.）らが提唱する RNR モデル[9]（Risk-Need-Responsivity Model）は，犯罪・非行の予測要因を確定し，それを処遇のターゲットとすることで，再犯リスクを下げることを目的とするものです。

　このモデルでは，リスク原則（犯罪者の再犯リスクの程度と提供される処遇サービスの水準を一致させること），ニード原則（将来の犯罪と関連性が強く，介入によって変化可能な犯罪誘発性要因を処遇ターゲットとすること），反応性原則（対象者の能力や学習スタイルに合致した方法で処遇を実施すること）という主要な3原則に沿った処遇を実施することで，再犯を効果的に防止することが可能になると考えられています。

　RNR モデルの特徴は，**エビデンスに基づくアプローチ**[10]であることであり，リスク・アセスメントとして，非行少年と家族の再犯危険因子を査定し，そのニーズである問題誘発要因に的を絞って，対象者の動機づけや長所といった応答性に関連する要因に焦点を当てた働きかけを行います。

　わが国の現場では，家庭裁判所や少年鑑別所で非行少年のニーズをターゲットとした処遇方針が立てられ，保護観察所の類型別処遇や少年院の問題性別指導などが実施されています。

○グッドライフ・モデル

　ニュージーランドのワード（Ward, T.）らが提唱するグッドライフ・モデル[11]は，非行少年自身の「立ち直る力」が重要であるとするもので，対象者の問題点やリスクではなく，長所に焦点を当てる長所基盤アプローチであることが大きな特徴です。このモデルでは，人間は生まれながらに何らかの「よさ」を追求し，犯罪行為はそれを不適切な手段で得ようとした結果であると考えます。

　RNR モデルに基づく処遇からのドロップアウトの多さから，改善モデルとして登場しており，最も再犯リスクが問題視される性犯罪者処遇から生まれました。その中核的な主張は，「犯罪者にも償いと和解のチャンスを得る権利がある」とする理念です。つまり，RNR モデルが再犯リスクを下げるための他者管理の技術を明示したものであるのに対して，グッドライフ・モデルは，「自分に価値を見出し，自分の人生は生きる価値があり，自分の行動にやりがいがある」という接近目標と自己管理を重視しています。

　「～してはいけない」という否定的な目標ではなく，「グッドライフ（よい人生）の追求」という肯定的な目標を導入する前向きなアプローチは，クライエントはもとより，支援者の動機づけを高めるものになると考えられます。

（千賀則史）

▶9　Bonta, J.（2012）*The RNR Model of Offender Treatment: Is There Value for Community Corrections in Japan?*（染田恵監訳「日本の犯罪者の社会内処遇制度における RNR モデルの有効性」『更生保護学研究』創刊号，29-56頁）。

▶10　エビデンスに基づくアプローチ
効果があるという科学的な根拠に基づいて支援を行うアプローチのこと。

▶11　Ward, T.（2012）*The Rehabilitation of Offenders: Risk Management and Seeking Good Lives.*（小長井賀與監訳「犯罪者の更生―再犯危険性の管理と善い人生の追求」『更生保護学研究』創刊号，57-95頁）。

さまざまな状況にある子どもを支える子ども家庭福祉の課題

最終章では，「さまざまな状況にある子どもを支える子ども家庭福祉の実際」として，子どもの貧困問題とひとり親家庭への支援，外国籍等の子どものいる家庭への支援，障害のある子どもへの支援，虐待を受けている子どもへの支援，社会的養護のもとを離れる子どもへの支援，心理的な課題を抱える子どもへの支援，非行等の問題行動のある子どもへの支援，の７点を重点的に取り上げてきました。これらに関わる当面の課題についてあげておきます。

1　子どもの人権保障に対する社会的意識の向上

児童の権利に関する条約には，意見表明権に代表される参加権などの能動的権利の保障が示されており，条約批准時にはそれらが先進的な子どもの権利であると評価され関心が寄せられました。しかし，子ども虐待や子どもの貧困などの問題の存在とその深刻さが指摘される通り，わが国においてはいまだに生存権や発達権などといった受動的権利の課題が多々あるといえます。特に，社会的養護に関しては，国連子どもの権利委員会による是正勧告がなされており，それが近年の一連の社会的養護改革として反映され，徐々に改善が試みられています。

このほかにも，そもそも条約自体が社会に浸透していないという課題や，厳罰化傾向にある少年司法[1]，体罰やいじめなどの学校教育，障害のある子どもやマイノリティの子どもに対する差別に関して指摘され続けています。しかし，政府はこれらの指摘について十分に対応していないばかりか，少年司法に関する指摘などについては勧告の方向に反した対応がとられています。また，児童福祉施設や学校等における意見表明権の保障といった能動的権利の保障についても十分な進展がみられるとはいえません。

▷1　保護者による体罰については，2019年の児童虐待防止法改正で禁止規定が設けられた（第14条第1項）。

そのため，子どもの人権保障について社会全体の意識を向上させる必要があります。2016年の児童福祉法改正において，理念を示す第1条に「児童の権利に関する条約の精神にのっとり」という文言などが加えられ，子ども家庭福祉が子どもの人権保障のためにあることが明確になったことなどからも，子ども家庭福祉に関わる専門職をはじめとする大人が，これまで以上に子どもの権利を尊重し，その重要性を広く伝えていくことが求められます。

2 子どもの権利擁護の仕組みのさらなる向上

これまで，社会的養護関係事業の従事者による子どもの人権侵害については，被措置児童等虐待として定義され，児童虐待の防止等に関する法律を根拠に対応されてきました。一方で，子ども・子育て支援新制度の開始により，保育所や認定こども園，地域型保育など，保育の事業形態と供給主体が多様化するなかで，保育系の事業従事者による子どもの人権侵害については対応する法制度が存在しておらず課題となっています。また，社会的養護における被措置児童等虐待についても，子ども間での暴力やいじめを放置すればネグレクトに値しますが，子どもの行為自体は防止の対象となっておらず，子ども自身への支援や啓発を含めた制度の構築が求められています。このように，子ども家庭福祉に関わる事業を総点検し，子どもの人権侵害を防止する仕組みを作る必要があります。

一方，1990年代の社会福祉基礎構造改革において措置制度から事業者との直接契約制度へと一部転換し，それに伴い情報提供や苦情解決制度，第三者評価制度などの利用者の能動的権利を保障する仕組みがつくられました。しかし，これらの仕組みが子ども家庭福祉に関わる事業のすべてに適用されていない上に効力が弱く，サービスの質的向上に十分結び付いていないという課題も浮上しています。そのため，これらの仕組みをもう一度見直し，利用者による選択が可能となるよう資源を整備し，選択の責任を利用者のみに課さない制度保障を充実させていくことが求められます。

3 子ども家庭福祉における専門性の向上

子ども家庭福祉問題については，直接解決し緩和するための制度の整備はもちろんのこと，子どもや親の視点に立ち，問題を整理し，必要な制度を検討して利用に結びつけるようなソーシャルワーク視点の支援も必要です。すでに子ども家庭福祉分野では，児童相談所や児童福祉施設におけるソーシャルワークについては制度化されており，質の高い実践に向けた取り組みが進められています。さらに，子ども・子育て支援制度の開始に伴って制度化された利用者支援事業についても，ソーシャルワーク，特に高齢者や障害者分野で取り入れられているケアマネジメントと同様の内容が含まれています。子ども家庭福祉においてソーシャルワークの専門性をどのように位置づけていくのかについて，さらなる検討が必要です。

一方，保育士をはじめとする子ども家庭福祉に関わるケアワーカーの専門性向上も引き続き課題となっています。特に，子ども・子育て支援制度の開始に伴い保育事業形態が多様化するなかで，保育に従事する人の資格をどのように位置づけていくのか，継続した検討が求められます。　　　　　（吉田幸恵）

さくいん

執筆者紹介 （氏名／よみがな／生年／現職／主著／子ども家庭福祉を学ぶ読者へのメッセージ）＊執筆担当は本文末に明記

吉田幸恵（よしだ　ゆきえ/1978年生まれ）

至学館大学准教授
『社会的養護の歴史的変遷』（単著・ミネルヴァ書房）『児童家庭福祉（新・プリマーズ）』（共著・ミネルヴァ書房）
すべての人が豊かな子ども時代を過ごせるような社会をつくっていくため，一緒に考えていきましょう。

千賀則史（せんが　のりふみ/1981年生まれ）

日本福祉大学准教授
『子ども虐待　家族再統合に向けた心理的支援』（単著・明石書店）『社会的養護内容（MINERVA はじめて学ぶ子どもの福祉）』（共著・ミネルヴァ書房）
支援者としてクライエントの幸せを考えるのは大切なことです。そのためには，まず自分が幸せであることが必要だと思います。

山縣文治（やまがた　ふみはる/1954年生まれ）

関西大学教授
『子ども家庭福祉論』（単著・ミネルヴァ書房）『よくわかる社会福祉』（共編著・ミネルヴァ書房）
あなたはいつから大人になる（なった）のでしょう。その境は，誰が，何を基準に決めるのでしょうか。考え続けてください。

原佳央理（はら　かおり/1976年生まれ）

元・相愛大学准教授
『児童家庭福祉（新・プリマーズ）』（共著・ミネルヴァ書房）
子どもは大人の所有物ではなく人権をもった一人の人間です。その子どもを守り育む社会を作るのは私たち大人の役目です。

石田賀奈子（いしだ　かなこ/1977年生まれ）

立命館大学教授
『社会的養護（新・プリマーズ）』（共著・ミネルヴァ書房）『社会的養護における措置変更』（共著・明石書店）
子どもが好き，子どもとかかわりたいといった思いをきっかけに，この本が子どもへの支援を考える入口になることを願います。

藤林清仁（ふじばやし　きよひと/1981年生まれ）

同朋大学准教授
『育ちの根っこ』（共著・全国障害者問題研究会出版部）『保育・療育・福祉から考えるとも育ち保育入門』（共著・民衆社）
よくわからないことを「理解したい」と思う気持ち，「知りたい」という思いを大切にしてください。

上原真幸（うえはら　まさき/1981年生まれ）

熊本学園大学講師
『書き方・あそび・保育のコツがわかる実習の日誌と指導案サポートブック』（共著・ナツメ社）『保育と社会福祉　第3版』（共著・みらい）
福祉の学びの先には必ず「誰か」がいます。学びと共に，誰かの喜びが自分の幸せとなる心を大切に育ててください。

福田公教（ふくだ　きみのり/1974年生まれ）

関西大学准教授
『児童家庭福祉（新・プリマーズ）』（共編著・ミネルヴァ書房）『社会的養護（MINERVA はじめて学ぶ子どもの福祉）』（共編著・ミネルヴァ書房）
"It takes a village to raise a child." 元々はアフリカの諺で「子どもは村中みんなで育てるもの」という意味です。一人ひとりが子育てに関わる社会に向けて，あなたに何ができるのか考えてください。

古山萌衣（こやま　もえ/1986年生まれ）

NPO 法人見晴台学園大学客員共同研究員／元・名古屋学院大学非常勤講師
『未来を見据えた保育者を目指して』（共著・鳴海出版）
みなさんの福祉や教育の学び・実践が，将来のインクルーシブ社会の実現につながることを期待しています。

福永英彦（ふくなが　ひでひこ/1966年生まれ）

元・平安女学院大学准教授
『社会福祉援助技術論（第2版）』（共著・勁草書房）『家族福祉論』（共著・ミネルヴァ書房）
子どもがのびのび話すのを見ると「光」「未来」を感じますね。
子どもの未来は家族の未来でもあります。

執筆者紹介（氏名／よみがな／生年／現職／主著／子ども家庭福祉を学ぶ読者へのメッセージ）＊執筆担当は本文末に明記

松本しのぶ（まつもと　しのぶ/1975年生まれ）

京都光華女子大学准教授
『家族・働き方・社会を変える父親への
子育て支援』（共編著・ミネルヴァ書房）
『よくわかる社会的養護』（共著・ミネル
ヴァ書房）
本書が，子どもとその家庭の幸せのため
にあなた自身ができることを考えるきっ
かけになれば嬉しいです。

水野和代（みずの　かずよ/1973年生まれ）

日本福祉大学講師
『イギリスにおけるインクルーシブ教育
政策の歴史的展開』（単著・風間書房）
『パワーポイントで学ぶ　教師になるた
めの特別支援教育』（共著・培風館）
学びを深め，すべての人々が生き生きと
生活できるインクルーシブな社会を創造
していきましょう。

やわらかアカデミズム・〈わかる〉シリーズ

新版 よくわかる子ども家庭福祉 第2版

2019 年 1 月 10 日　初　版第 1 刷発行	〈検印省略〉
2022 年 2 月 10 日　初　版第 5 刷発行	
2023 年 3 月 30 日　第 2 版第 1 刷発行	定価はカバーに
2023 年12月 30 日　第 2 版第 2 刷発行	表示しています

編 著 者	吉　田　幸　恵
	山　縣　文　治
発 行 者	杉　田　啓　三
印 刷 者	田　中　雅　博

発行所　株式会社　ミネルヴァ書房

607-8494　京都市山科区日ノ岡堤谷町 1
電話代表　(075) 581-5191
振替口座　01020-0-8076

© 吉田・山縣ほか, 2023　　創栄図書印刷・新生製本

ISBN978-4-623-09513-1
Printed in Japan

やわらかアカデミズム・〈わかる〉シリーズ

━━ ミネルヴァ書房 ━━
https://www.minervashobo.co.jp/